中国传统政治文化书系

主　编　齐　涛

副主编　蒋海升　谢　天

中国传统德治文化

马德青　著

泰山出版社·济南·

图书在版编目（CIP）数据

中国传统德治文化 /马德青著，齐涛主编；蒋海升，谢天副主编. -- 济南：泰山出版社，2023.1

ISBN 978-7-5519-0686-9

Ⅰ. ①中… Ⅱ. ①马… ②齐… ③蒋… ④谢… Ⅲ. ①社会公德教育—文化研究—中国—古代 Ⅳ. ①D648.3

中国版本图书馆CIP数据核字（2021）第242667号

ZHONGGUO CHUANTONG DEZHI WENHUA

中国传统德治文化

策　　划　胡　威
主　　编　齐　涛
副 主 编　蒋海升　谢　天
著　　者　马德青
责任编辑　池　骋
装帧设计　路渊源

出版发行　泰山出版社
社　　址　济南市泺源大街2号　邮编　250014
电　　话　综　合　部（0531）82023579　82022566
出版业务部（0531）82025510　82020455
网　　址　www.tscbs.com
电子信箱　tscbs@sohu.com
印　　刷　山东华立印务有限公司
成品尺寸　165 mm × 240 mm　16开
印　　张　19.5
字　　数　280千字
版　　次　2023年1月第1版
印　　次　2023年1月第1次印刷
标准书号　ISBN 978-7-5519-0686-9
定　　价　69.00元

总序

政治文化是基于政治制度和政治行为而形成的政治思想、政治观念与价值取向。它既是对政治制度和政治行为的抽象，又是社会文化中的客观实在，对政治制度与政治行为产生着重要影响。中国传统政治文化则是对中国传统政治制度和政治行为的抽象，具有丰富而深刻的内涵，影响着中国传统政治的构建，也影响着近代以来中国政治道路的选择。

相当长的一个时期以来，我们对传统政治文化没有给予应有的关注，更没有给予客观的评价。多数情况下，我们将其视为封建专制主义的糟粕，将其贴上落后、保守甚至反动的标签，其中一个重要原因是受西方学术范畴与话语体系的影响。

早在启蒙运动时代，一些著名的欧洲启蒙思想家便借中国古代政治之例抨击欧洲封建专制主义。孟德斯鸠在《论法的精神》中认为，历史上存在过三种政体，即共和政体、君主政体与专制政体：共和政体是全体人民或仅仅一部分人民握有最高权力的政体；君主政体由单独一个人执政，不过遵照已确立且被固定了的法律执政；专制政体既无法律又无规章，由单独一个人按照一己的意志与反复无常的性情领导一切。他认为，中国古代就是专制政体，在这种政体下，人的命运和牲畜一样，就是本能服从与接受惩罚，即使西方的暴君统治也强过东方的专制统治。

冷战时期，有的学者基于强烈的意识形态偏见，不遗余力地揭示东方专制主义的“罪恶”，其中最具代表性的就是美国历史学家魏特夫的《东方专制主义：对于极权力量的比较研究》一书。该书认为：东方国家的治水导致了专制政体与东方专制主义，“由此产生的权力是一种极权力量。在这样的治水社会中，政治上是君主暴政，经济上消灭土地私有制，文化上是奴性状态。生活在这种治水社会中的民众必然屈从于中央集权，处在全面恐怖之中，最终陷入全面的孤独”①。当然，也有许多严肃的西方学者从不同角度探讨和研究中国传统政治文化，但往往不得要领，比如，近代政治学的代表性学者马克斯·韦伯曾着力于中国古代政治研究，并认定中国古代政治体制是家产官僚制。所谓家产官僚制，就是以家产制国家为基础，家产制与官僚制相结合的政治体制。马克斯·韦伯认为：“当君侯以一种人身的强制，而非领主式的支配，扩展其政治权力于其家产制之外的地域与人民，然而其权力的行使仍依循家权力的行使方式时，我们即称之为家产制国家。”②当家产制国家继续扩大时，必然要借助于官僚制度，国家愈大，对官僚制度的依存就愈是绝对。马克斯·韦伯在《儒教与道教》一书中提到，自秦王朝开始，各王朝都是“家产官僚制”，在这一体制下，君主将国家政权作为私人权力与私人家产，置于其官僚制行政的管理之下。这一体制下的官僚不同于近代官僚，他们更像是君主的家臣与“包税人”，他们必须与君主建立人身依附关系，获准在其任职范围内充分的收益权，他们可以将其行政内所得的收入作为俸禄，事实上与

---

① 金寿福：《东方专制主义理论是冷战产物》，《历史评论》2020年第2期。

② 马克斯·韦伯：《韦伯作品集Ⅲ：支配社会学》，康乐、简惠美译，广西师范大学出版社，2004，第103页。

其私人收入并无区别。

对于孟德斯鸠出于工具目的对东方专制主义的批判可以另当别论，但其影响力不容忽视；对于魏特夫等人的观点，学界虽进行了较为充分的讨论，但并非从根本上解决了相关理论问题；对于为数颇多的严肃学者所进行的相关研究，国内学术界也进行了积极的回应与讨论，但对中国传统政治文化研究长期未见全面深入的突破，并未构建起完整的、客观的研究体系。究其原因，在于分析工具的选择。西方学者所使用的学术范畴与话语体系，都是在对西方文明的发展研究基础上形成的，他们往往以之为标准来评判中国传统政治文化。马克斯·韦伯这位严肃的学者，尽管注意到了中国传统社会种种内在逻辑与独特存在，但仍不愿放弃其既有的范畴，而是以家产制与官僚制这两个既有范畴打造出“家产官僚制”之履，削足适履，将中国传统政治塞入其中。国内学术界与西方学术界关于中国传统政治文化的对话、对中国传统政治文化的研究，也多是借用舶来的西方政治学的理论与范畴，难免力不从心，甚至还可能带来更严重的后果。中国台湾学者林端在21世纪初不无忧虑地认为，马克斯·韦伯对中国传统政治与法律存在诸多误解，“如果这些误解不断存续下去，甚至中国人的世界也越来越接受这种误解的说法，会是很可怕的事情，到最后中国人自己不了解中国文化的特征，却顺着西方人的眼睛来看自己的中国，看自己的文化”[①]。在以往的学术讨论中，我们总是说西方人戴着有色眼镜看中国问题，实际上，最大的问题在于我们自己也戴着西式有色眼镜看自己的问题。所以，我们的当务之急是摘下这副眼镜。

摘下西式有色眼镜，我们会蓦然发现，在人类政治文明进程

① 尤陈俊：《中国传统法律文化的重新解读与韦伯旧论的颠覆——〈韦伯论中国传统法律：韦伯比较社会学的批判〉评介》，《法制与社会发展》2006年第2期。

中，并不存在唯一正确的普世的政治思想、政治观念与价值取向。习近平总书记在2021年世界经济论坛“达沃斯议程”对话会上的特别致辞中指出：“世界上没有两片完全相同的树叶，也没有完全相同的历史文化和社会制度。各国历史文化和社会制度各有千秋，没有高低优劣之分，关键在于是否符合本国国情，能否获得人民拥护和支持，能否带来政治稳定、社会进步、民生改善，能否为人类进步事业作出贡献。各国历史文化和社会制度差异自古就存在，是人类文明的内在属性。没有多样性，就没有人类文明。多样性是客观现实，将长期存在。”①习近平总书记在中共十九届四中全会第二次全体会议的讲话中还指出：“一个国家选择什么样的国家制度和国家治理体系，是由这个国家的历史文化、社会性质、经济发展水平决定的。”②

西方近代政治文明就不是资本主义时代的专利，而是在欧洲独有的历史文化基础上产生的，如美国学者拉塞尔·柯克所说：“（美国）秩序的根基可蜿蜒曲折地追溯到希伯来人对上帝之下的有目的的道德生活的认知。它们涵括了古希腊人在哲学和政治上的自我意识；罗马人的法治与社会组织经验涵育了这些根基；它们与基督教对人之责任、希望和救赎的理解盘根错节地交织在一起；它们从中世纪的习俗、学问和英勇精神中吸取生命的养料；它们紧紧地抓住16世纪酝酿的宗教情绪；它们源自英格兰千辛万苦争来的法律之下的自由；殖民时期美国一百五十年的共同体经验强化了这些根基；它们得益于18世纪的辩论；它们借着《独立宣言》和美国宪法崭露峥嵘；它们经过美国内战的严酷考验后又全面恢复生机。”③

① 习近平：《让多边主义的火炬照亮人类前行之路——在世界经济论坛“达沃斯议程”对话会上的特别致辞》，《人民日报》2021年1月26日第2版。

② 习近平：《习近平谈治国理政》（第三卷），外文出版社，2020，第119页。

③ 拉塞尔·柯克：《美国秩序的根基》，张大军译，江苏凤凰文艺出版社，2018，第474页。

同样，中国现代政治文明也是在中国独有的社会土壤中生长起来的，其中，传统政治文化是十分重要的组成部分，如习近平总书记所指出的："像这样的思想和理念，不论过去还是现在，都有其鲜明的民族特色，都有其永不褪色的时代价值。这些思想和理念，既随着时间推移和时代变迁而不断与时俱进，又有其自身的连续性和稳定性。"①

因而，对中国传统政治文化的发掘与构建不仅可以让我们认识过去的中国，更可以助益于当代中国政治文明的发展，助益于中国特色社会主义制度和国家治理体系的进程。我们必须摘下西式有色眼镜去看中国自己独特的政治制度与政治行为，去把握与构建中国人自己的传统政治文化。

摘下西式有色眼镜，我们可以发现，在五千年中华文明发展进程中，我们创造了独具风格的传统国体，"天下"与"社稷"是基本的国家范畴。

中国早期政治家们坚定地认为，"天下"是他们政治作为的地理空间，也是国家政权覆盖的地理范围。从西周王朝的"普天之下，莫非王土；率土之滨，莫非王臣"，到孔子所秉持的"修身齐家治国平天下"，陈述的是同一政治表达。在这一政治框架中，"国"只是政权存在，无论是万国时代，还是西周各诸侯国都是如此。天子是天下的最高统治者，是各国的宗主，具有至高无上的地位。对于远近不同、关系不同的各国政权，均认定为同一天下，分为五服，设定不同的责任与义务，以德怀远、万国来朝是最为理想的天下治理状态。在秦汉统一王朝时代，虽然诸侯之国消失，但天下观并未改变，历代王朝仍认定自身为天下宗主，以天下为己任。

在这一政治框架中，正统与正朔成为非常重要的政治符号，统

① 习近平：《习近平谈治国理政》（第一卷），外文出版社，2014，第171页。

治者都认定自己是天下正统所在，而正统的标志就是奉其正朔。正朔是历法，使用其颁行的历法，就是奉其正朔，认可其正统地位。因而，对于天下各政权，历代王朝或有征讨，但并无掠夺，只要称臣纳贡，奉其正朔，便可换来封名，获得应有的保护。

在这一政治框架下，统一的王朝是历史发展的基本形态，每一个分裂时代都是被动的，分裂时代的任何一个王朝无不以正统自居，都想让其他王朝奉其正朔，都不肯偏安一方。海内为一的大一统是每个王朝共同的追求。

中国早期政治家们还敏锐地将天下细分为社稷、民、君三个组成部分。在《孟子·尽心下》中，孟子旗帜鲜明地认为："民为贵，社稷次之，君为轻。"这一论述的意义不仅仅是认识到了民众在社会历史中的地位，更是将社稷与君分离开来，以君主为代表的统治者只是社稷的管理者，并非社稷本身，这成为中国古代最为重要的政治传统。齐宣王曾问孟子，商汤推翻夏桀、周文王讨伐商纣王，是否真有此事？孟子说有。齐宣王又问，臣弑其君可否？孟子回答是，凡背弃仁义、残害百姓者，就是独夫民贼，人人可诛之。可以说，"民惟邦本"的政治理念在中国古代深入人心。唐太宗曾把君主与百姓的关系比之为舟与水的关系，说"水可载舟，亦可覆舟"，这也是认可君权并非神圣不可转移。因而，当统治者不足以维持其统治时，总是被农民起义拉下马来，实现改朝换代。

必须指出的是，在一次又一次的历史更替中，天下未变，文化人伦未变，天下之民及其共同的精神追求与心理取向未变，社稷也未变。所谓王朝的周期更替只是政权变动，而非国家变动。五千年的中华文明从未中断，赓续至今。

摘下西式有色眼镜，我们还会发现中国传统政体的明显特性，可以看到中国古代政治文明之路是一条不同于西方社会的文明之路，它有着集权一统的行政体制、充分发育的政府职能和平等开放的社会结构。

就传统行政体制而言，韩非为秦始皇设计了“事在四方，要在中央。圣人执要，四方来效”[①]的行政体制总则。这里所说的“圣人”就是君主。中央对于地方，“如身之使臂，臂之使指，莫不制从”[②]，指挥自如；君主对于全国，则是“天下之事无大小皆决于上”[③]。此总则通行于整个中国古代社会，各王朝自上而下设置层层相属的地方行政机构，又设置了分工明确、职责清晰的职能部门，确保各地权力集于中央王朝，中央王朝权力集于君主。

在这样一种体制下，基本不存在独立的政治实体。古代中国没有西方中世纪相对独立的自治城市，王朝的体系一直延伸到城市里坊；也没有西方中世纪自行其是的封建领主和自治村庄，王朝的体系也囊括了所有村落；更没有西方中世纪宗教的威权，各种宗教都在王朝行政体系的管理之中。还必须说明的是，中国古代各王朝均非所谓“家产制”国家，皇室财产与王朝财产始终有清晰的界限，君主私人财务与社会公共财政也并未合一。

就传统政府职能而言，“父母官”可以说是对传统政府职能的最好概括，王朝政府几乎是唯一的主体。中国古代各级政府是实施社会管理的全能的一元化政府，从中央到地方，有着构造齐全、涵盖几乎所有事务的机构与管理者。无论是国计民生，还是司法、治安、民政以及宗教、教化等，都在各级政府的一元化管理体系之中。如经济事务的管理，从农业到工商业，无一遗漏。中央王朝既有大农令、大农丞、劝农使，又有均输官、平准官，还有工部、户部、少府等。县一级则有工曹、户曹、市曹等，连县城中的市场也有市令与均平令进行市场秩序与物价管理。社会精神文化生活也是在一元化的管理下，倡导什么礼俗，尊崇什么宗教，甚至于表彰

① 高华平、王齐洲、张三夕译注：《韩非子》，中华书局，2010，第59页。

② 班固：《汉书》，中华书局，1962，第2237页。

③ 司马迁：《史记》，中华书局，1959，第258页。

孝子烈妇、调和邻里之争，都在政府的统辖之下，可以说是事无巨细，无所不包。尤其是基层地方政府，几乎就是一地之大家长。

在这样一种体制下，没有行政权力之外的权力存在，没有类似西方中世纪的各种社会中间组织分割其事权，也没有西方中世纪那样的各式法庭分割其司法裁判权，更没有西方中世纪的议会分割其税收或其他社会权力。中国古代社会存在着宗族与其他各色民间组织，但都不具有较为完整的权力，只是在行政权力的认可或赋予下，拥有一定的社会权力，是行政权力的补充或延伸。

就传统社会结构而言，中国古代社会的最大特点就是“编户齐民”制度，其实质是相对平等、开放的社会角色体系。中国古代社会存在着明显的角色差异、社会地位差异，但没有严格的社会鸿沟，不同角色的人们拥有一个共同的身份，即编户齐民，所有人户都在政府的编制管理之中，都可能实现社会角色的转换。

在这样一种体制下，中国古代的农民有可能转而为官或是经商，“朝为布衣，暮为卿相”并非个例；而西方却是严格的身份世袭制，中世纪的农民没有此通道。中国古代的“士”是文化的掌握者与传承者，也是社会流动的中转站；西方中世纪的文化都垄断在教会之手，直接制约了社会的活性。中国古代社会实行家产继承的诸子均分制，每一个子嗣都可以均等地继承家业，保障了社会结构的稳定；西方中世纪则是长子继承制，大量余子与骑士的沉淀成为其社会结构的一个顽疾。

摘下西式有色眼镜，我们又会发现，中国传统治理体系也独具风格，难以用现有政治范畴进行诠释，无论是中国传统政治治理体系、经济治理体系，还是文化治理体系，都是如此。

就中国传统政治治理体系而言，现有的民主、法治、专制等范畴都难以表达中国传统政治治理体系的本来。如，中国古代政治是民主政治吗？当然不是。是专制政治吗？也不全是。中国古代有君主专制，但君主的权力往往受到制约，实际是有限君权，最为典型的是唐朝的三省六部制，从诏令的起草、复核到执行，都有庞大的官僚部门负责，彼此制约。而且，还有较为完整的朝堂议事制度、监察制度、谏议制度，朝堂之上，并非君主一言九鼎。另外，中国古代王朝均有十分完整庞大的法律规定，从民事、刑事到社会事务、行政运转都有详尽规定，依法行政的色彩十分明显，但又难以认定这就是法治社会，因为从君主到各级地方官员，他们在各种事务中的自由裁量权还是比较突出的。这就是中国传统政治治理体系的实际：既非民主，又非专制；既非法治，又非人治。

就中国传统经济治理体系而言，现有的国有化、私有化等范畴，也都难以准确表达传统经济治理体系。以土地制度为例，在中国古代相当一个时期，土地一直没有明确的国有或私有的属性，虽然自秦王朝统一后，宣布“令黔首自实田”，似乎认可了农民的土地所有权，农民可以转让与买卖土地，但此后，各王朝仍不断进行土地的重新调整与分配：从西汉的授田制、王莽的王田制，到西晋的占田制、北朝与隋唐的均田制，王朝政权总在不断地否定私有，保障农民的土地占有；直到明清时期，农民仍不具备西方私有权属意义上的完整的土地私有权。以工商政策为例，中国早期国家形成于三次社会大分工完成之前，使工商业在出现之初就打上了明显的国家印记。春秋战国以来，虽然允许私营工商业发展，但“工商食官”制度并未终结，官营工商业一直未退出历史舞台，而且还处在不断发展中，从而出现了官营工商业和私营工商业并存，官营工商业一直处于垄断与主导地位的格局，这一格局贯穿中国古代社会两千年。

就中国传统文化治理体系而言，现有的文化专制、思想自由等范畴同样无法诠释中国传统的文化治理体系。以思想自由定性中国传统文化治理显然荒谬，但是，以文化专制指认中国传统文化治理同样不妥。中国历代王朝都重视文教，推广教化，中国古典文化的繁荣世所公认。更为重要的是，中国古代社会没有出现西方中世纪宗教力量钳制思想的现象，人们拥有较为宽松的信仰选择，除了以祭天为核心的垄断性信仰外，并无多少禁区。

中国传统政治的上述特性，当然是在中国长期稳定的农耕文明土壤中形成的，其中最根本的一点就是中国古代政治文明独特的发生与发展道路。中华文明有着独特的发生途径与成长历程，传统中的胎记遗存清晰可辨。一万多年前相当长的一个时期，由于受大理冰期的影响，全球性气温下降，冰川扩张，海平面大幅度降低，渤海、黄海、东海成为新的大陆，朝鲜半岛、日本列岛以及台澎诸岛都与东亚大陆连为一体。在这方新的土地上，我们的先民们拥有了更为广阔的生存空间，自北向南，依次活动着渔猎采集群落、初始农耕群落、高级采集狩猎群落。我们上古传说中的尧、舜、禹、共工、三苗、蚩尤等，都生存于其中。而当时的旧大陆，尤其是北部大陆，由于严寒与干旱，冻土带南移，人口较为稀少。一万年前左右，随着大理冰期的结束，全球性气温转暖，冰川融化，暴雨成灾，海水上涨，接踵而至的洪水淹没了新大陆，也湮没了新大陆上的所有文明。人们的生存空间大大缩小，幸存的群落与群落间发生了旷日持久的冲突，尧、舜、禹与共工、三苗的战争都在此列。①

在中华文明的发生史上，存在着一个一直没能解决的问题，那就是早期文明的源头究竟在何处？现在看来，答案应当有了，即这一时期的洪水与战争是中国早期文明的源头。在治洪、御洪的过程中，尧舜禹集团内部开始萌生社会分工、公共权力以及刑罚，尧舜禹的禅代、鲧的放逐以及四岳的存在，都为我们透露出了这样的信息。更为重要的是，洪水进逼所引起的大规模的群体战争同样在促成权力与统治的萌生。《吕氏春秋·荡兵》曾言："人曰'蚩尤作兵'，蚩尤非作兵也，利其械矣。未有蚩尤之时，民固剥林木以战矣，胜者为长。长则犹不足治之，故立君。君又不足以治之，

① 齐涛主编：《世界史纲·绪论》，泰山出版社，2012，第1~7页。

故立天子。天子之立也出于君，君之立也出于长，长之立也出于争。”“立长”“立君”“立天子”，实际上是国家形成三阶段的写照。尧、舜、禹与共工、三苗的战争，标志着“立长”阶段的开始，也意味着中国早期文明的滥觞。

中国早期文明萌生后所面临的主要压力仍是群体间的冲突与对抗。随着生产的进步、人口的膨胀，这种对抗愈演愈烈。群体内部的组织体系也开始完备。这种组织体系的完备首先是在聚落中实现的，尔后又逐渐延伸，进而形成了早期方国，其时间大约在五六千年前，这也就是古史上所谓的“万邦时代”。随着方国间对抗与联系的逐步加强，方国共同体开始出现，夏王朝的建立标志着更大范围方国共同体的出现，也标志着大一统王朝的萌生。此时的方国共同体并非方国联盟，而是诸方国对方国共同体的主导者的服从与认可；而作为方国共同体主导者的夏，对其他方国也并非征服与掠夺，而是视为同类，致力于人文教化的一统。商之代夏、周之代商，只是一个主导者对另一个主导者的取代，人文教化一统的方国共同体并未改变。在此基础上建立的国家政权已带有浓重的统一国家色彩。经过春秋战国的历史整合，至秦王朝建立，大一统的中央集权王朝已经形成，西方近代意义上的国家已经出现在两千多年前的中国，大一统传统由来已久，根深蒂固。

由于中华文明的萌生缘于冰后期群体间的对抗，其萌生之时，私有财产和贫富分化尚未出现，私有制与阶级也未产生，三次社会大分工更没有展开，氏族血缘组织还未被地缘组织所取代，因此这些历史任务都是由先行出现的国家机器渐次完成的。这一过程，必然要打上国家的烙印。国家政权对社会的控制与管理是全方位的，国家政权之外的其他力量难以生成。

与文明发生的途径相联系，国家产生之时，没有明显的阶级对立和阶级差别，没有内部奴隶，各成员之间的差别更多的是社会分工与角色的不同，社会成员都有一定的参政、议政权利。直到西周春秋时代，实行的仍是国人内部民主制，遇有重大事务，国君往往要与国人相商，甚至与之盟誓。国人废黜国君，另立新君之事也曾发生。战国以来，君权强化，君主专制体制不断发展，但民主制的基因并未中断，社会成员的平等性在一定程度上得以延续。

与文明发生的途径相联系，中国早期社会组织不是以地缘关系代替血缘组织，而是对血缘组织的确认与强化。家庭与家族是基本的社会组织，无论是群落，还是方国、方国联盟以及后代的夏、商、周，其组织结构基础都是家族。在此基础上，国家作为宗法血缘关系下的父家长制大家庭放大后的产物，必然会带来内部的集权化倾向，带来全能的政府职能；群体内部的纽带是血缘关系，又为父家长式的专制奠定了基础。

与文明发生的途径相联系，中国古代的三次社会大分工一直没有完整实现。西周及其以前的时代，土地为宗族所有，实行的是以家族为单位的大田集体劳动，家畜饲养与农业生产是在同一个劳动单位内完成的，纺织和陶器制作等手工业生产也是如此。家族之间和全社会所需的手工业商业活动则由王朝政府承担，此即商周王朝的工商食官制度。在此基础上，形成了独特的土地制度与官营工商制度。

与文明发生的途径相联系，中国早期政治是人文政治，而不是神祇政治，祭祀僧侣集团在中国政治上一直没有取得过主导地位。在文明的萌生中，中国也与西方世界一样，有祭祀与专职的祭祀人员，有通天人之际的“若木”与神山。从红山文化的祭坛到三星堆的神杖，从种种的民间神祇传说到遍布南北的新石器时代的岩画，我们都能感受到神仙世界对世俗世界的影响。但在中国社会，神职人员一直没有成为独立的政治集团，神职首领往往是世俗首领兼而领之，这种情况下的祭祀集团只能是政治的附庸。与之相对应，在中国传统政治生活中，一方面是世俗首领垄断了天人之际的通道，“天之子”“予一人”以至后世的封禅大典，充分体现了这种垄断；另一方面，人文与人伦成为基本的价值取向，从周公旦的“敬天保民”，到孔夫子的人文教化，反映的都是这一精神。因而，中国古代社会未曾出现欧洲中世纪宗教的桎梏与束缚，而是成就了中国古代社会的人文繁盛与相对宽松的信仰世界。

从上述内容我们可以清楚看到，中华文明的发生与西方迥异。西方文明的发生，走的是一条符合传统理论的基本道路，即在原始社会的后期，随着生产的进步，有了剩余产品与剩余劳动，又有了私有财产与私有观念，在此基础上，形成了贫富分化与阶级对立，国家机器在阶级对立的基础上应运而生，代表统治阶级的利益，实行阶级统治与阶级压迫。与之同时，原始的氏族血缘关系被打破，以地缘关系编制、管理其国民成为国家形成的重要标志。自国家出现到希腊罗马时代，欧洲社会完成了其政治基础的奠基与政治制度的完善，基于个人权利至上的公民权与财产私有权成为其社会的两大基点，城邦民主政治与自由文化精神构成了欧洲政治文明的基本框架。此后，虽然经历了中世纪的黑暗，但这一基础并未被完全摧毁，在许多方面仍以种种不同的方式在继承与发展，尤其在城乡二元结构下，城市文明崛起，为欧洲社会提供了另一个版本的治理体系。至文艺复兴，则在新的历史时期实现了对希腊罗马文化的续写与迸发。随着资本主义运动的进展，近代国家、近代法律、近代思想文化以及近代国际秩序逐步形成，从而完成了欧洲文明的构建。

中华文明的发生与欧洲社会已大不同，发生之后，中华文明仍旧沿着自己的基点行进。近百年来，不断有学者将中国的历史进程与欧洲的历史进程相比附，得出了种种结论。就历史的客观性而言，两者虽不乏相似之处，但仍是不同道路上的行进者。如中国春秋战国时期的变革与希腊、罗马的变革实际是同工异曲，中国的秦汉帝国与罗马帝国的强盛也并非一事，中国的封建社会也不能等同于欧洲的中世纪社会等。特别是春秋战国这一特定历史变革时期所造就的中华文明的框架，更是上承远古以来中华文明的发生，下启两千年中华文明的发展，有着独特的内涵与意义。

中国传统政治的特性已述于上，如何总结、提炼由中国传统政治制度与治理体系所凝聚的思想与文化，是这套书系的任务所在，如习近平总书记所指出的：

> 在几千年的历史演进中，中华民族创造了灿烂的古代文明，形成了关于国家制度和国家治理的丰富思想，包括大道之行、天下为公的大同理想，六合同风、四海一家的大一统传统，德主刑辅、以德化人的德治主张，民贵君轻、政在养民的民本思想，等贵贱均贫富、损有余补不足的平等观念，法不阿贵、绳不挠曲的正义追求，孝悌忠信、礼义廉耻的道德操守，任人唯贤、选贤与能的用人标准，周虽旧邦、其命维新的改革精神，亲仁善邻、协和万邦的外交之道，以和为贵、好战必亡的和平理念，等等。这些思想中的精华是中华优秀传统文化的重要组成部分，也是中华民族精神的重要内容。马克思主义传入中国后，科学社会主义的主张受到中国人民热烈欢迎，并最终扎根中国大地、开花结果，决不是偶然的，而是同我国传承了几千年的优秀历史文化和广大人民日用而不觉的价值观念融通的。①

这套“中国传统政治文化书系”就是以习近平总书记所指出的中华民族在几千年历史演进中所形成的关于国家制度和国家治理的丰富思想为纲，从不同方面对习近平总书记所提炼的中国传统政治文化进行阐释。我们要表达的不是政治史，也不是制度史，而是政治史与制度史中所蕴含的文化精神。这种精神通过政治事件、政治制度和政治人物来体现。也可以认为这是一个另类的政治史，是围绕问题说话的

① 习近平：《习近平谈治国理政》（第三卷），外文出版社，2020，第119～120页。

政治史。

为便于更多读者阅读，我们未把这套书系打造成深涩难懂的理论著作；为保障其科学性与可靠性，也不想把它制作成迎合市场的通俗演义。而是采用“非史”“非论”的叙述手法，既不是历史的，也不是理论的；既不是通俗的，也不是高大上的。力求以一种独特的模式，让人们从政治历史中感知传统政治文化精神之所在。在叙述中力避夸夸其谈，从概念到概念，力避事无巨细，面面俱到，而是画出三分，留白七分。用完整的叙事、画龙点睛的提炼，把传统政治文化的基点与内核告诉读者，读者自然可以领会其中的政治精神，构建自己心中的中国传统政治文化。

目录

绪论

德治文化是中国传统政治文化的底色，有着深厚的历史底蕴。作为一种经世思想和治国方略，德治可以从尧舜禹的时代找到源头。翻阅古籍文献，我们会被其中展现的德治之光深深吸引。中华文化的道德来源，最早可以追溯到三皇五帝时期，优良的个人品质与严格的自我约束能力在政治生活中起着重要作用，尧舜禹的禅让便体现了中国传统德治文化的核心，这是中国德治文化的肇始。尧舜禹时代对德治的论述和实践成为后世思想家进行抽象化归纳、总结和升华的基础，也成为历代为政者们施政的典范。

西周时期，面对殷商六百年国祚骤然断绝的惨痛教训，统治者终于意识到“天命无常”，认为道德品质才是人君南面而王的重要保障。西周统治者遂将德治进行了理论化发展，进而发展出“以德配天”“敬德保民”的思想，形成了“惟德是依”的理性政治观。这一认识奠定了后世德治文化发展的基调。

前770年，古代中国迎来了第一个大变革时期——春秋战国时期。彼时，西周用以维系社会秩序的礼乐制度已经名存实亡，社会失范，道德崩塌，旧的制度已经失去活力，而新的制度还没有建立起来。列国并争的时代环境让先秦思想家们深以为忧，他们从不同的角度提出了治世的思想。比如：儒家主张以德治国，倡导“选贤与能，讲信修睦”，建立“老有所终，壮有所用，幼有所长，鳏寡孤独废疾者，皆有所养”（《礼记·礼运》）的大同社会；道家向往无为而治，返璞归真，“甘其食，美其服，安其居，乐其俗。邻国相望，鸡犬之声相闻，民至老死不相往来”（《老子》第八十章）的小国寡民社会，这是其理想中的至德之世；法家在“不法古、不循今”历史观的指导下，推崇以法治国，信赏必罚，追求秩序和纪律；墨家则悲天悯人，主张兼爱非攻，以期实现“饥者得食，寒者得衣，乱者得治”的理想社会。从诸子的主张中可以看出，治国的思路或有不同，但终极目标是一致的，皆为现实社会和谐与政治稳定。

诸子百家中，对中国两千多年封建社会产生深刻影响的是儒、法两家。孔子是儒家学派的创始人，他提出了“为政以德”的思想，主张施政要“宽猛相济”。其后学孟子进一步发展了他的德治主张，提出了“仁政”思想，认为在王道与霸道之间，执政者应该施行王道。但是，在列国纷争、战火连天的时代环境下，儒家思想的复古倾向显得与发展大势格格不入，而法家信赏必罚、严刑峻法的主张对诸侯国在短期内迅速提升国力，集中民力发展生产，奖励耕战有着重要意义。法家思想因其明效大验而在战国时期大放异彩。地处西陲的秦国，就是因为选择了法家思想作为治国基本思想而走向强盛，成为一统天下的强者。

然而，秦朝二世而亡又是摆在眼前的一个教训。这说明，仅仅依靠法家的法与刑来治国并不能实现国家的长治久安。因为刑与法不能规范世俗社会的所有活动，而秦朝统治者所采取的法家思想，却认为施行厉法就能够让社会正常有序运转，这显然是错误的。在中国古代社会历史上，秦朝是最具有开拓进取精神的王朝之一，同时也是一个“另类”王朝，因为它完全颠覆了中国自尧舜禹时代就流传下来的道德价值。

秦朝的失败就摆在眼前，汉初的思想家们于是开始探索更有效的治国方略，先秦时期的德治思想又被提及，人们对德与法孰为治国之本的争论走向了非此即彼的极端。显然，法家思想因为秦朝的覆灭而不那么有底气，相反，儒家思想却因此受到统治者重视。在从法治到德治的转变过程中，汉武帝时期的董仲舒是一个关键人物。他在中国政治思想史上最突出的贡献，就是将儒家宗法思想和阴阳五行学说有机结合，把君权和神权统一起来。在这一思想指导下的政治实践中，德治是灵魂。如果国家发生灾异，则说明统治者无德，上天降下灾异以示惩戒，敦促统治者改弦易辙。若以今人的眼光来看，董仲舒的创建似乎缺少科学性，但从当时的政治环境来看，却“赋予君王实施仁政的动力”[①]。从这个角度来说，他的创建是进步的，也是顺应时代发展的。董仲舒向汉武帝建议“罢黜百家，独尊儒术”，汉武帝采纳了其建议，在施政方面遵循“刑者，德之辅”的理念，儒法并行，这实际上是对秦朝法治道路的一种纠偏，或者说是对秦朝以前德治思想的回归的呼唤。从此中国进入了以儒家思想为指导进行政治实践的时代，儒家所倡导的“德主刑辅”也为后世思想家和政治家所继承。

儒家德治思想的内涵是极其丰富的，不能简单地将其概括为重视道德。事实上，以德治国既要求执政者具备人格魅力，实行德政，能够施惠于民，不夺农时，不以政令侵扰百姓，要爱民、养民、护民，也要求对官员的选拔与任免应遵循德才兼备的标准，即便是末官小吏也要具备相应的官德，克勤克俭，忠诚谨慎。此外，德治还要求统治者要对百姓进行道德教化，使之在潜移默化中遵守国家倡导的伦理道德规范，事亲以孝，兄友弟恭，宗族相依，邻里谦让。如此则社会和谐，上下团结，国家长治久安也就计日可期

① 曾暐杰：《理性的迷信——董仲舒灾异理论的“奇里斯玛”结构》，载魏彦红《董仲舒与儒学研究》第8辑，巴蜀书社，2019，第236页。

了。这些都是德治的内涵和精华，直到今天仍然具有借鉴价值。

古代社会与当今社会在社会性质上有着根本的区别，但是重视发挥道德的作用却是一以贯之的。重视道德不等于唯道德论，这一点可以从德与才、德与法的辩证关系中予以把握。从德与才的关系来看，德治文化讲究的是德才兼备，以德为主。而从德与法的关系来看，德治文化并不排斥法治，而是认为法治要在道德的指导之下进行，司法实践也应该以维护伦理道德规范为要。西周初年周公倡导的“明德慎罚”，孔子提出的“宽猛相济”，西汉时期的“德主刑辅”，唐太宗李世民的“明刑弼教”，等等，都是针对德与法关系提出的施政思路。今天我们判断一个人是否有贤德的品质、一种政治策略是否合乎情理，依然可以从这两个方面入手。因此，德治文化有着超越时代的价值。

在封建伦理纲常的内涵中，君为臣纲是极其重要的。如果我们暂时跳出意识形态研究框架，就会很清晰地发现，君为臣纲强调的是官员的道德。无论在什么样的社会，官德建设都是治国基石。可以肯定地说，没有哪一个政权是不要求官员具备一定德行的。春秋时期，鲁定公曾向孔子请教君臣应当如何相处，孔子就强调“君使臣以礼，臣事君以忠”。虽然君以礼待臣是君臣维系关系的前提，但是臣以忠事君也是臣子必须具备的道德。为人臣者身在其位，应该忠于职守，做事出于忠心，在理政治民的过程中不以置身事外的态度敷衍了事。在秦始皇建立了中央集权制度之后，执政者对各级官员的道德规范提出了更明确的要求。尤其是地方官员，他们代君治民，是民众眼中的亲民之官，其政治道德和人格魅力很大程度上影响着一个政府的形象。古代社会很早就认识到治民先治吏的重要性，执政者对官德的要求和建设集中体现在“吏治”中，官员失德将对民心所向造成不可逆转的伤害。民心的凝聚往往需要数代之功，瓦解却像沙塔瞬间崩塌一样容易。所以历代统治者施行德政，都会对臣子的德行严格要求。有些帝王曾颁布过劝诫臣德的官箴书，如武则天的《臣轨》就是其中的代表。很多士大夫也从臣子的角度编撰过形形色色的官箴书，阐释为臣之德和施政之要。对中央官员、州县官员以及州府小吏、幕僚等的道德操守和行为规范，这些官箴书都有所涉及。

一个国家德治思想的践行效果如何，主要看地方政府在基层治理中是否承担了道德责任，这些责任包括兴办教育、治恶维安、移风易俗、息争止讼等诸多方面。先秦诸子思想中都有相关内容。比如，墨家希望不辞劳苦地为天下人服务，“兴天下大利，除天下之害”，这种舍我利他的精神集中体现在“摩顶放踵利天下，为之”①这句话中，哪怕从头到脚都磨伤了，只要对天下人有利，就要义无反顾地去做；而道家主张“大丈夫处其厚，不居其薄”，正所谓“上德无为而无以为”②，具备上德的人顺应自然而无心作为，远离权谋而以敦厚自处。墨、道两家在道德责任上处于两个极端，一个要求忘我，一个要求无为。像墨家主张的那样，所有官员整齐划一地完全忘我利他，在具体实践中其实并不容易做到。而像道家推崇的那般，以无为实现有为，则会模糊无为和懒政的界线。儒家则不偏不倚，主张官员应取中庸之道，在地方治理中本着一心为公的精神办事，在其位谋其政，做好教育、治安、移风易俗、整顿司法等关乎世道人心的事务，这种有迹可循的道德责任往往更容易实施，也更容易实现治理目标。

从历史的角度来看，德治有自己的优势。历史上凡是重法而轻德的王朝，都难以长治久安，只有那些德法并重的王朝，才有可能“成长治之业”。即便是重法的宋朝，也没有轻视德的指导价值。宋朝重法与复杂的社会环境有关。当时宋朝内忧外患，外部有辽兵侵扰北方边境，内部随着经济的繁荣发展，滋生了各种利益矛盾，

① 焦循撰：《孟子正义》卷二七《尽心上》，中华书局1987年版，第916页。

② 朱谦之：《老子校释》第三十八章，第150页。

风俗日益败坏，法律的威慑作用就凸显出来了。宋太祖认为“禁人之非，莫先于法令”，即位第四年就制定了宋朝的基本法典《宋刑统》。宋太宗继承了太祖重法的观念，直言“禁民为非者，莫大于法”。宋太祖、宋太宗两朝皆重视法制，奠定了北宋将法律作为理国之准绳的政治底色，宋神宗之后，历代帝王对法典进行修改补充，形成了日益严密的条法事类。南宋陈亮曾对汉、唐、宋三朝的政治文化特点做过总结，认为“汉，任人也；唐，人法并行也”，而宋朝则是“任法”。这从宋代统治者对待官员德行的态度上就能看出来。宋朝以优待文士而闻名，但对于士大夫贪墨枉法之罪丝毫不能容忍。宋太祖曾经公开告诫臣下：“固不吝惜爵赏，若犯吾法，惟有剑耳。”秦朝重法，宋朝亦重法，秦朝国祚二世而亡，两宋国祚却绵延三百余年，为什么产生了截然不同的结果？我们应该看到的是，宋代重法而不轻德，仍然继承了前朝德主刑辅的遗风余韵，这一点可以从《宋史·刑法志》的记载中看出来。《宋史·刑法志》：“先王有刑罚以纠其民，则必温慈惠和以行之。盖裁之以义，推之以仁，则震仇杀戮之威，非求民之死，所以求其生也。”在司法实践中，统治者也推崇“刑以弼教”，使百姓“畏威远罪”，以达到“导之以善”的最终目的。

宋朝重法，同时也重视文教。宋朝的基本国策之一是偃武修文，发展教育。宋仁宗曾下令在全国州县设立儒学，其影响可谓深远。两宋文士济济，司马光、欧阳修、苏轼、朱熹等大文士皆出于宋朝并非偶然，与宋代提倡文治息息相关。宋代程朱理学勃兴，进一步倡导儒家伦理道德的价值。南宋的理学大家朱熹即继承了“为政以德”的思想，提出“以德为本”，以刑为末，认为有德之人“必有其类从之”，依然认可道德教化对民心向善的作用。在具体的司法实践中，宋人也极其重视儒家伦理道德的教化作用。宋代的宰相赵普曾经对宋太宗说，一部《论语》在手，自己就可以“以其半辅太祖定天下”，“以其半辅陛下致太平”。这就是“半部《论语》治天下”的典故。宋代著名的《名公书判清明集》就非常强调道德教化，是当时德治思想的具体体现。

同样重视法律，秦朝则不然，统治者施法酷烈，以法为教，以吏为师，完全禁绝私学，除了“医药卜筮种树”这种务实技艺类的书籍，其余所有“文学诗书百家语”被完全禁绝。秦朝甚至完全走向重法以至惟法的极端，将百姓尤为看重的人伦情感和道德风尚弃之不顾。嬴秦惟法又轻德，赵宋重法而崇德，所以宋朝才能够在内忧外患的双重压力下依然维持三百余年。这就能看出德治的政治优势。

中国讲道德，西方也讲道德，也有德治，比如推崇贤人治国，重视道德教育等。但就内涵而言，东西方所推崇的道德有很大的差异。中国古代推行德治，是因为人们预设并相信人的本性是善而不是恶，所以人是可以被教化的。这是实行德治的前提。中国人的德治传统建立在宗法制下的家族血缘基础之上，注重个人的道德修养与国家整体道德风尚的关系，强调个人与家庭、社会、国家的和谐关系，旨在使国家的运行达到理想的状态，所以从本质上讲，德治是一种善治。中国人讲的德治，道德是其中最重要的元素。需要说明的是，这里的道德是以儒家三纲五常为核心的伦理规范，包括尊老、爱幼、孝悌、勤俭、正义等内容。很显然，德治不等于道德，而是指以道德为核心的国家道德教化体系，包括人君道德培养、官员道德建设和评价以及民众道德培育等，目的是使全社会形成积极向上的价值观和风气，以利于国家治理。古代中国道德教化的特征在争讼处理中体现得尤其明显，即判决的目的是要起到端正人心的作用。在中国的德治理念下，一个人只有具备忠、孝、悌等道德素质，社会才能稳定发展。

西方也有德治，也重视道德，但是从内涵上讲，西方道德不同于东方道德。与孔子同时期的苏格拉底认为，道德就是知识。通过学习知识，探求真理，人们就能获得明辨忠奸、善恶、是非的能力，就能具备正义、勇敢等道德素质。可见西方的道德建立在知识习得的基础之上，与宗族血缘无关。在处理社会纷争时，西方人更重视法律的理性价值，“通过理性的法律来调解社会矛盾，崇尚法制治国的理念。道德教育体现的是社会契约精神和个人权利，追求个体不可替代、不可侵犯的权利实现和个性解放”[①]。

那么，中西方德治文化孰优孰劣？其实草率地判断优劣，难免有武断肤浅之嫌。因为任何一种思想观念，都诞生于特定的历史文化土壤，与其民族文化性格相适相宜。正如习近平总书记所指出的：“文化是一个国家、一个民族的灵魂。”而一个国家、一个民族所特有的文化，是在其独特的自然环境和历史进程中形成的。尽管如此，我们依然可以从中、西方德治文化的比较中，发现中国德治文化的优势。

其一，规范社会秩序。处理各种纷繁复杂的国家与社会事务，寻求法律的介入自然是一种重要的手段，但是中国德治文化追求的理想境界是通过惩戒进行道德教化，打造一种安定和谐的社会秩序。成语“惩前毖后”说的就是这个道理，“惩前”不是终点，而是“毖后”的起点。

出于国家财政不足等原因，我国封建时期中央政府对地方的治理往往止步于县一级，县级以下的行政区域很大程度上需要靠当地的三老、乡绅进行自治。在这种情况下道德教化就显得尤为重要，因为“德治”的第一目的便是规范基层民众的生活秩序。德治讲究儒法相济，德在法先，以儒家伦理道德来规范人们的行为，德治达不到的地方再用法治来补充，这样可以用较小的治理成本来达到更好的治理效果。

其二，塑造文化性格。共同的文化性格是民众对国家产生归属感的必要前提。中国的德治文化中蕴含着丰富的伦理内涵，塑造着人们的价值理念，同时强调个人修身、社会形成崇尚人文关怀的良好风气。此外，德治文化主张以德怀柔四方，“远人不服，则施文德以来之”，体现了中华文化强大的包容性。前面讲到，在德治达

① 谢青文：《孔子与苏格拉底德育思想的比较研究》，《当代教育评论》2018年第7辑。

不到的地方，可以用法治来补充，反之亦然。法律代表国家意志，法律达不到的地方，也可以道德先行，如当中原王朝与外来文化发生碰撞时，中华文化能够更容易对异族文化进行包容、吸纳与融合，也利于中华文化的丰富和传播。

其三，锻造民族灵魂。一个人在人生漫长的旅途中，无时无刻不在寻找着精神的安慰和灵魂的归宿，一个民族亦是如此。民族灵魂是支撑着一个民族在饱经风霜苦难后继续前行的精神动力。德治文化的核心内涵是儒家伦理纲常，而儒家伦理纲常的基点是“孝”。大多数执政者认为行孝者必能尽忠，因此几千年间不断对民众进行道德教化，使中国人形成了个人、家族、国家命运一体的理念。正是这一深沉持久的家国情怀，使得中华文化在数千年治乱兴替的历史变迁中绵延不绝，总能保持着生机和活力。

德治文化是中华民族在漫长的历史发展进程中形成的独特的政治文化。在建设中国特色社会主义事业的过程中，我们更加认识到德治和法治都是治理国家必不可少的重要手段。社会治理不仅需要用法律惩治罪恶，更需要用道德塑造时代精神，巩固法治成果。党的第三代中央领导集体于千禧年提出的治国思想“以德治国”，既是对我国古代德治文化的继承，也是对社会发展现状的有效应对。党的十八大以来，习近平总书记进一步阐释了道德和法律的关系：“法律是成文的道德，道德是内心的法律”“我们要坚持把依法治国和以德治国结合起来，高度重视道德对公民行为的规范作用”。在道德和法律相辅相成的关系中，习近平总书记强调“坚持依法治国和以德治国相结合”的目的之一是使道德“根植在中国人内心，潜移默化影响着中国人的思想方式和行为方式”。中国古代德治文化源远流长，内涵丰富，涉及政治、文化、伦理、社会等各个领域，自信地继承和批判地借鉴其中的精华，并不断推陈出新，对于今天治国理政有着不言而喻的意义。本书通过梳理和分析中国古代德治文化的源流、内涵与价值等，旨在为今天的社会治理提供历史借鉴。

第一章 德治思想与德刑之争

夏商周三代兴亡更替和春秋战国时期诸国争霸兼并的政治实践，给后世王朝留下了丰富宝贵的政治遗产，表明了什么样的统治能够长治久安，什么样的统治是自掘坟墓。在这个过程中，德治和法治两种基本的治国思想诞生了。两者经过不断交锋，最终共同构成了为政以德、德主刑辅的治国方略。统治者唯有推行德治，尊重民意，爱护百姓，不做暴君昏君，不行暴政虐政，才能维护政权稳定，进而实现长治久安。

一、德治思想的形成

早在遥远的上古时代，我国就已经有了“德”的萌芽，在之后几千年政权更迭和社会发展中，形成了内涵丰富、价值鲜明的德治文化。古今中外，几乎没有哪一个国家敢说自己在社会治理中不需要道德。中国德治文化在世界上自成一格，有着丰富的内涵，并在几千年的政治实践中始终保持着旺盛的生命力。

1. 德治思想的历史渊源

德治思想在我国古代治国思想中总体上居于主导地位，其源头可追溯到夏商时期甚至传说中的三皇五帝时期。《尚书·尧典》

中记载："曰若稽古，帝尧……克明俊德，以亲九族，九族既睦，屏障百姓。百姓昭明，协和万邦。"这里的"俊德"即美德，倡导"俊德"的目的在于规范社会秩序，面向的对象从九族扩展至百姓，再扩展至天下万邦。"德"成为中国政治传统中的一个重要概念和价值规范，成为执政者理政治民的重要政治理念。这里的"德"不能完全等同于道德，而是一种社会治理方略，所谓"修己以安百姓"，意味着修身敬德的最终目的是"安百姓"。

西周代商是中国古代历史上一次巨大的政治变动，使人们对政权的兴替有了极其直观深刻的体会。殷商国祚将近六百年，但政权的轰然崩塌只在须臾之间。西周甫兴，殷商灭亡的教训仍历历在目，深切的忧患意识启发着周人不得不慎重思考"天命王祚的兴衰继绝"问题。到了殷商后期，执政者纣王，这位《史记》中记载"以酒为池，悬肉为林，使男女裸相逐其间，为长夜之饮"的臭名昭著的帝王，早已经忘记了先祖盘庚"式敷民德"、以德治民的谆谆教诲，以致身死国灭。如何保证一个王朝能够长治久安？西周初年，周公提出"敬德保民"的治国思路，重视德治教化。所谓"皇天无亲，惟德是辅"，殷商失德而失天下，周人有德而有万民，对长治久安的深度思考就落脚于一个"德"字上，于是周人提出了"敬德保民""明德慎刑""以德配天"的治国思想。这种将伦理道德和政治治理相结合的模式，正是后世德治思想的内核。

周公姬旦是西周初期优秀的政治家，《史记·鲁周公世家》中记载，周公曾告诉自己的儿子："我一沐三握发，一饭三吐哺，起以待士，犹恐失天下之贤人。"成为求贤用士、修身敬德的政治典范。正是因为他以"德"施政，才辅助周王实现了"天下归心"。

实行德治是西周的基本政治路线，到了后期，执政者仍然将继承先王德治传统视为施政的根本，《尚书》记载，"先王既勤用明德，怀为夹，庶邦享作，兄弟方来；亦既用明德，后式典集，庶邦丕享。皇天既付中国民越厥疆土于先王，肆王惟德用，和怿先后迷民，用怿先王受命。已，若兹监”，先王实行德政，所以贤臣都来辅佐，诸侯都来纳贡，兄弟邦国也表示臣服。只有实行德治，才可能实现长治久安。

综上所述，周王朝还没有形成系统的德治思想，但已经明确提出“德”的概念，并开始有意识地将伦理道德引入政治领域。

2. 德治思想的形成与确立

春秋战国时期，诸子并起，德治思想也在百家争鸣的盛况中得到进一步发展，并具备了丰富的内涵。春秋以降，周室式微，赖以维系社会秩序的礼乐制度崩坏，社会秩序失去了约束力，儒、墨、法、道等诸子百家为挽救时局，提出了不同的社会治理思路，其中以儒家孔子的德治思想对后世的影响最为深远。

《论语·为政》篇中提出了“为政以德”的思想，“道之以政，齐之以刑，民免而无耻；道之以德，齐之以礼，有耻且格”。由此可知孔子德治思想的两个基石，一个是礼，一个是仁。仁属内在的道德范畴，而礼是外在的行为规范。孔子重视“教之以德”的德政，认为执政者要用道德形塑民众观念，用礼仪规范民众行为，这样就能在全社会培育向善的风气。

春秋时期，孔子曾周游列国十四载，一度落魄到“惶惶若丧家之犬”的境地，但终生不移其志，其初心即在于向列国诸侯宣扬其以德治为中心的治国方略。《论语·乡党》篇记载的孔子在马棚失火时与别人的一段对话，很好地诠释了什么是“为政以德”：“厩焚。子退朝，曰：‘伤人乎？’不问马。”马棚失火，孔子退朝回到家，急忙问有没有人受伤，而不问马。这种对人的重视和爱护，就体现了孔子“仁者爱人”、以民为本的德治思想内涵。正如《礼记·缁衣》中所说：“故君民者，子以爱之，则民亲之；信以结之，则民不倍；恭以莅之，则民有逊心。”执政者若像父母之爱子一样爱护自己的百姓，那么百姓就会亲近他；若用诚信来结纳百姓，那么百姓就不会背叛他；若用恭敬的态度对待百姓，那么百姓就会顺从国家意志。

孟子继承了孔子“仁者爱人”的观念。在君民关系上，《孟子·尽心下》中载，孟子提出了“民为贵，社稷次之，君为轻”的超前思想观念，将爱护民众、争取民心作为国家运行的基石。在此基础上，他进一步提出了“仁者无敌”的思想，认为执政者如果能够推行仁政，就能在列国兼并战争中立于不败之地。执政者推行仁政的具体做法就是要反对暴政。孟子所说的“仁政”，具体来说，即要求施政者像尧、舜、禹、汤、周文王、周武王、周公等历代圣王先贤那样，“有不忍人之心，斯有不忍人之政，以不忍人之心，行不忍人之政，治天下可运于掌上”。

在儒家看来，德治就是王道。荀子对德治的关注，更多地在维护国家和社会稳定层面。荀子非常注重礼对于“化性起伪”的作用。《荀子·修身》篇中记载：“礼也者，贵者敬焉，老者孝焉，长者弟焉，幼者慈焉，贱者惠焉。”在荀子看来，有了礼的规范，整个社会就会秩序井然，那么国家必然能够走向稳定富强。可见荀子“隆礼”的目的是要建构一个上下有序的等级社会，而理想的等级社会一定程度上会呈现出仁德的光辉，在上者受到尊敬，老者受到奉养，年长者受到敬爱，幼者得到慈爱。

姜太公入齐，就提出过“德之所在，天下归之”“生天下者，天下德之”的德政思想，使齐国迅速成为春秋大国。管仲辅佐齐桓公时，继承了姜太公的德政思路，宣扬“尊贤授德”。管仲认为礼、义、廉、耻乃“国之四维”，“四维不张，国乃灭亡”，将执政者的德治策略提高到国家纲纪的高度。晏子相齐的时候，也把“德”放在了治国的首位，认为一个在征讨他国之前，国家应确保自己国内政安民和，即所谓“伐人者，德足以安其国，政足以和其民，国安民和，然后可以举兵而征暴”。

从西周鉴于殷商灭亡的教训，开始重视人民的力量，提出德治的思想，将德引入政治领域，到春秋战国时期进一步提出将人民置于君主之上，先秦时期的思想家们对德治思想的丰富完善，以及德治思想在各国的具体实践，都体现出德治思想在先秦时期发展到了一个较高的水平。后来，秦朝以睥睨天下的气势统一了六国，昭示了法家思想的胜利，儒家宣扬的德治思想遭受了巨大的打击。然而，秦朝二世而亡的惨痛教训，促使人们不得不思考法家一任刑法在国家治理中的弊端，所以在西汉建立之初，统治阶层即开始思考“长久之术”。

德治方略的回归需要一个缓慢的酝酿过程。陆贾提出，治国不能靠武力和峻法，秦若能“行仁义，法先圣”，就能长治久安。这些合理的主张被汉高祖刘邦采纳，汉文帝则进一步废除了由来已久的连坐之法，同时在社会救济方面做出改善，对鳏寡穷困之人进行救助，由政府出资敬养老人，并以此考核地方官员政绩。尽管此时德治仍未成为治国纲领，但已与秦国一任刑法的治国思路形成了鲜明对比。汉武帝“罢黜百家，独尊儒术”后，儒家思想成为西汉的正统思想，董仲舒在总结先秦儒家思想的基础上，吸收各家精华，确立了德刑并用、德主刑辅的德治主张，将“德”提高到治国纲领的政治高度上来。循吏是汉代中央集权体制下的政治基础，用“上顺公法，下顺人情”的循吏去治理地方，大大改变了过去吏治苛严的情况，比如，黄霸在颍川太守任上，“力行教化而后诛罚”。经过两汉四百多年来重视德治的实践，德治思想成为此后历朝历代的基本治国思路。

历代为政者对德治思想的具体实践或有不同，而对德治思想的理解基本是一致的。首先，在国家治理中，执政者要加强个人道德修养，这是德治能够推行的前提。执政者若在政德上立不住脚，那么德治的宏论也将沦为企者不立的笑话。其次，各级治民治事官吏要有政治操守，抛弃私心，一心为公。最后，为政者还要对民众进行道德教化，导民向善，稳定人伦秩序，使民众不会萌发为奸作恶之心，确保民众各守其位。

二、德治思想的内涵

儒家推崇的德治不能简单地等同于以道德治国，而是指包含国家治理和社会治理等多方面的德政。从本质上说，德治是将儒家伦理道德和政治实践相结合的治国方略，因此其内涵体现在政治、经济、社会风气等几个方面，具有强烈的现实意义。

1. 内圣外王

德治思想的第一个内涵是“内圣外王”，它要求执政者既要有个体德行修养，又要有政治道德。内圣强调个体道德，而外王强调王者之道。二者结合不仅仅构成一种理想的施政境界，更对执政者提出了德治要求。儒家经典《大学》中就对执政者“内圣外王”提出了具体要求。

所谓内圣，就是要做到正心养德，做到“明明德”“亲民”，具备正大光明的德行，以“止于至善”，使精神和品德达到至善至美的境界。执政者的政治道德修养是德治的重要内容。人君是天下臣民的表率。对一个政权而言，执政者的德行操守会直接反映在对政务的处理中，因而对国家政治生活起着重要影响。任何一个社会，如果执政者失德，会直接影响到国家在百姓心目中的形象，甚至会导致政权的混乱、国家的灭亡。孔子就将执政者的德行视为德治的关键，他的学生曾经向他请教治理国家的关键，他给出的答案是：“政者，正也。子帅以正，孰敢不正？”所谓“政”，就是指执政者首先要端正自己的言行，率先垂范。如果执政者贤明有德，其他人就不会走歪路。人君对个人品德的重视，本质上是政治责任，因此执政者要加强自身道德修养，“修己以安百姓”，在全社会树立光辉正面积极形象。

执政者的德行修养包括很多方面，但是对政治治理影响最大的，首先是宽和温良的执政风格，施政不峻急刻薄。《道德经》中将治国之道分为四个层次，“太上，不知有之。其次，亲之，誉之。

其次，畏之。其次，侮之”。治理成功的关键就在执政者身上，第一等执政者无为而治，不轻易发号施令，百姓只知道有官府存在；第二等执政者施行德政，使百姓亲近并赞誉官府，“上好仁，则下之为仁也争先。故长民者章志以昭百姓，则民致行己悦上”（郭店简《缁衣》）；第三等执政者以暴力控制百姓，使百姓都畏惧他；最次等的执政者；连百姓都轻视他。

另外，执政者还要克勤克俭，不贪图享受。《左传》中记载了很多臣子劝谏执政者修身养德的事迹。如鲁国国君鲁庄公在其父亲鲁桓公的庙柱子上涂上红漆，在椽子上雕花，大夫御孙劝谏道：“俭，德之共也；侈，恶之大也。”节俭是德行中的大德，奢侈是邪恶中的大恶。执政者上要做到节用节财，除去无益的雕饰，下不侵扰百姓，搜刮民膏。纵观两千年王朝兴亡史，人们能从每个丧权亡身的执政者骄奢淫逸的行为中找到败亡的源头，而有德之君一定是克勤克俭、为民表率的。汉文帝“专务以德化民”，自己带头穿粗厚的黑绨，连他宠爱的慎夫人也衣不曳地，帷帐不绣花纹。文帝修建陵墓用的都是瓦器，“以示敦朴”，为天下开俭约之风。南朝宋武帝严禁浪费奢靡，“以俭抑身”，床头用的是土做的屏障，墙壁上挂的是纱布灯笼。在他的示范之下，“内外奉禁，莫不节俭”。

外王则要求执政者以德治天下，将道德原则贯彻在治理行为中，具体而言就是贯彻在齐家、治国、平天下的过程中。执政者要懂礼义廉耻，不骄奢荒淫。执政者因失德而身死国灭的例子不少，给后人留下了深刻的历史教训。春秋时期，卫宣公不仅立其庶母夷姜为夫人，而且还立夷姜所生的儿子伋为太子，甚至娶了公子伋的未婚妻宣姜。宣姜本来是公子伋要迎娶的妻子，卫宣公听任佞臣谗言，特意令太子伋出使他国，自己则筑宫室新台截留儿媳宣姜。卫国人作《新台》，讽刺国君这一失德荒淫、违背伦理道德的行为：

新台有泚，河水弥弥。燕婉之求，蘧篨不鲜。
新台有洒，河水浼浼。燕婉之求，蘧篨不殄。
鱼网之设，鸿则离之。燕婉之求，得此戚施。

卫宣公的荒淫无耻开启了卫国衰落的序章。宣姜为卫宣公生下了公子寿和公子朔，为了使自己的儿子成为国君，她设计离间宣公与太子伋的关系。宣公为了除掉公子伋，假意派公子伋出使齐国，然后令刺客在途中刺杀公子伋。他们的毒计被公子寿所知，为了救兄长于危难之中，公子寿将实情告诉了公子伋，并劝他逃走。但公子伋生性仁孝，身为人子不忍心违逆父意，遂执意前往。公子寿情急之下将公子伋灌醉，自己代替兄长做了刺客手下的冤魂。公子伋酒醒之后，对刺客说自己才是他们要杀的人，于是也死于刺客刀下。两个公子“争相为死”，卫国人民感伤于怀，作《二子乘舟》。卫宣公在他即位的第十九个年头悔恨而死，卫国朝着更加混乱的道路走去。公子朔继位，是为卫惠公。但国人感念公子伋和公子寿的美德，都不支持卫惠公，左公子泄和右公子职对卫惠公更是深恶痛绝，联合起来发动政变，另立国君，卫惠公走上逃亡之路。

齐家是治国、平天下的基础，执政者治家无德，则家必乱，国必破。卫惠公去世后，他的儿子卫懿公继位，更是昏庸无道，因好鹤而亡国。后来，卫国虽然在齐国的帮助之下复国，但已经沦为了大国的附庸。追溯卫国的衰落史，人们可以看到，卫宣公为他的荒淫无耻、治家无德付出了惨痛的代价。

2. 重民爱民

春秋中后期礼崩乐坏，卿大夫和公室之间相互夺权的事时有发生，这时民心的向背就成为影响斗争成败的关键因素。在孔子生活的年代，鲁国卿大夫季孙氏、孟孙氏、叔孙氏专权，国君鲁昭公不堪权力被架空，起而夺权，结果三家卿大夫联合起来驱逐了鲁昭公。鲁昭公身为一国之主出奔在外长达七年之久，最终客死于晋。《左传·昭公三十二年》载鲁国人民“如释重负”，根本不在乎国君的死活。赵简子问史墨：“季氏出其君而民服焉，诸侯与之，君死于外，而莫之或罪也？”史墨答：“鲁君世从其失，季氏世修其勤，民忘君矣。虽死于外，其谁矜之？社稷无常奉，君臣无常位，自古以然。”鲁昭公和他的先辈骄奢淫逸，尽失民心，而季氏却经过几代用心经营赢得了民心。抛弃了人民的君主，必将为人民所弃。

悠悠万事，民生为上。民生是古往今来执政者不懈探索的一个重要课题。在古代执政者看来，民生乃“王道之始”，而在今天的执政者看来，民生就是最大的政治。如果执政者连百姓的基本生存问题都难以保障，那么其修齐治平的种种宏愿也都难以实现。

战国时期孟子曾向梁惠王描绘过王道治理下理想的民生状态：“五亩之宅，树之以桑，五十者可以衣帛矣；鸡豚狗彘之畜，无失其时，七十者可以食肉矣；百亩之田，勿夺其时，数口之家，可以无饥矣；谨庠序之教，申之以孝悌之义，颁白者不负戴于道路矣。七十者衣帛食肉，黎民不饥不寒，然而不王者，未之有也……”执政者关注民生，有悲悯情怀，使百姓“养生丧死无憾”，才是真正的“王道之始”。所以，能否发展好民生是检验执政者是否为政以德的重要方面。具体而言，保障和发展民生就是爱民、富民、教民。

春秋前期邾国国君邾文公就树立了爱民之主的典范。他以施行德政著称，今天，人们于《左传》中读到他的事迹，仍然会对他的爱民之心感佩不已。

春秋时期的邾国，只是一个附庸于鲁国的子爵小国，在春秋争霸的时代势单力薄，在齐、楚、鲁、宋之间求生存，常受战争的威胁。邾文公文韬武略，在位时间长达半个世纪之久，在这期间，他见证了齐桓公和晋文公春秋霸主地位的更替，也看清了楚国北上逐鹿中原的野心，目睹了楚晋争雄之激烈。在风云变幻的形势之下，邾国时常与邻国鲁国发生军事冲突，而邾国的都城地处鲁宋之间，无险可守，在列国争霸的时期时常遭到兵祸。此时邾文公人老体衰，或许感到自己寿命将尽，试图为邾国寻找长治久安之计，遂起了迁都绎地的想法。绎地位处峄山之阳，河流纵横，易于防守，也适合农业发展。迁都之前，邾国史官卜问吉凶，卜问的结果显示迁都于绎对人民有利，但对君主不利。在人民和自身之间，邾文公如何选择？他回答说，“苟利于民，孤之利也”，即如果迁都对百姓有利，就对君主有利。上天养育了人民，而人民推选出君主治理国家，治理国家的目的之一就是“有惠于民”。左右之人向邾文公进言，如果不迁都，君主就能够活得长久，国君为什么不选择延长自己的寿命呢？邾文公回应道，个人寿命的长短乃天之所定，但作为一国之君，其生命的意义就是“养民”，现在百姓利益系于迁都，他当然义无反顾。前614年，邾文公不顾群臣的反对，坚持将都城从由訾娄迁到了峄山之阳。同年五月，邾文公薨。《左传》的作者左丘明给了他一个“知命”的评价。邾文公的爱民之举也在历史上留下了光彩的一笔。

爱民是先秦时期政治家、思想家们的普遍共识。儒家代表人物孟子曾直截了当地提出：“民为贵，社稷次之，君为轻。”他明确地将民置于君之上，这在中国历史上是破天荒的。法家亦有重民的言论，如《管子·小匡》篇记载了一段齐桓公和管子的对话，桓公问：“寡人欲修政以干时于天下，其可平？”管子对曰：“可。”公曰：“安始而可？”管子对曰：“始于爱民。”

爱民易说难行。古代中国有一句话：“溥天之下，莫非王土；率土之滨，莫非王臣。”也就是说，天下的土地和人民都归君主所有。历朝历代都用这句话来解释君主所拥有的权力是至高无上的，但是，从另一个方面来讲，既然天下的土地和人民都是君主的，那么君主就对天下臣民拥有不可推卸的责任。普天之下，只要有一个人挨饿受冻，那就是君主的责任。真正爱民的君主，应该“饱而知人之饥，温而知人之寒，逸而知人之劳”。

据说有一日，晏子和齐景公看到路上有乞讨的小孩，齐景公说那个小孩是没有家的人，晏子不认可齐景公的话，说："君存，何为无归？"国君还活着，怎么能说那个孩子没有家呢？于是他们便让当地官吏养育乞讨的小孩。爱民如子，使每一个百姓都能衣食无虞，这是执政者施行王道的体现。如果路遇乞讨者而不顾，这种行为显然与王道背道而驰。

执政者爱民就要做到倾听民声，尊重民意。从民意中了解民心向背，知道施政得失，进而明确应该如何施行善政。作为执政者，不能听到百姓议论朝政之声就应惶惶不可终日。历史上没有因倾听民声而身死国灭的，却有因阻塞民议而仓皇下台的。如《国语·周语上》记载，西周周厉王就因阻塞民议，而被国人驱逐。

周厉王即位后，国内外形势皆不乐观，外有外族入侵，内有侯国内乱，贡赋减少。为继续维持奢靡享乐的生活，他宠幸荣夷公，任命其为卿士，推行"专利"政策，将原来公有的山林湖泊和土地皆收为自己所有。这样一来，凡上山采药砍柴者、下河捞鱼者、入林捕兽者都要缴税，这给百姓的生活增加了沉重的负担。"专利"政策一出台，就掀起了举国上下的反对浪潮。为压制舆论的不满，厉王又派出很多密探即"卫巫"去监视百姓，一旦发现有议论朝政和周厉王的就抓起来处死。一时之间西周政治气氛非常恐怖，街道上再也没有议政之声，人人自危，以至到了"国人莫敢言，道路以目"的地步。周厉王洋洋自得，对邵公炫耀自己"能弥谤"，使百姓不敢言。邵公为周厉王的作为感到忧虑，于是对周厉王说了这样一番话："防民之口，甚于防川……夫民虑之于心而宣之于口，成而行之，胡可壅也？若壅其口，其与能几何？"封住民众的口不准他们提意见，比堵截汹涌恣肆的洪水还要危险。邵公认为，政事的好坏是从百姓的褒贬议论中反映出来的，执政者应该倾听民意，顺应民情，给百姓畅所欲言的权利，这样才能真正明白施政得失之所在。他的谏言影响着后世执政者们对民意民情的认识，可惜他的话在当时并没能引起周厉王的重视。终于在前841年，忍无可忍的国人联合起来反对周厉王的统治，将其驱赶下台，史称“国人暴动”。这场由几万人参加的暴动，犹如愤怒的海啸吞没了首都镐京。周厉王眼见局势失控，就将太子靖托付给召伯虎，自己则狼狈地逃到了彘地（今山西省霍州市），于前829年忧惧而死。在这之后，周王朝日趋衰落，这就是不遵民意、不听民声的必然结局。

春秋时期，郑国宰相子产也提出要尊重民意。当时郑国的乡校里常常有人聚集，议论施政的优劣。郑国大夫然明认为纵容人们议论朝政对国家来说是极其危险的，建议子产取缔乡校，堵塞悠悠众口，一劳永逸。但是子产认为，民众的议论就是施政的一面镜子，“其所善者，吾则行之；其所恶者，吾则改之”（《左传·襄公三十一年》）。民众的臧否反映了民众最关心的事，堵住民众的口如同阻塞激川一样危险，不如让百姓适当地表达见解。把民意视为治国的依据，这是古代政治家的智慧，对后世影响颇深。人君施行德政，对民意民声应该具有海纳百川的胸怀。只有尊重民意，社会才能更加稳定。

富民也是施行德治、保障民生的重要手段。齐相管仲认为治国的前提是富民，“必先富民，然后治之”。他提出人君之德有六个维度，即厚生、输财、遗利、宽政、匡急、振穷。总结起来，就是三点，一是发展经济生产，二是搞好基础设施建设，三是扶危济困，做好社会福利。这些都是关乎民生的重要问题。至圣先师孔子虽重视“仁”和“义”，但并不反对“利”。他曾经说过“因民之所利而利之”“百姓足，君孰与不足，百姓不足，君孰与足”，认为百姓富足是国家强盛的基础。孔子说：“政之急者，莫大乎使民富且寿也。”最紧急的政务，就是使百姓富裕起来，并且使他们长寿。

为政者应当将“利”普施于民。检验执政者是否为政以德的一个重要标准，就是国家是否达到“上无朽蠹之藏，下无冻馁之民”的治理状态。执政者要做的就是时刻把百姓之“利”放在施政的首位，这是中国古代德治思想的一个重要方面。在农业社会，对民众最大的“利”就是使其农事生产不受干扰，正如亚圣孟子所说，“使民以时”，“不违农时，谷不可胜食也；数罟不入洿池，鱼鳖不可胜食也；斧斤以时入山林，材木不可胜用也。谷与鱼鳖不可胜食，材木不可胜用，是使民养生丧死无憾也”。贤明的执政者一定要使天下之民丰年足食、灾年免死。

春秋战国时期战事频繁，争霸兼并战争如火如荼。在战火的淬炼中，列国执政者无不意识到富国强军对于保境安民的重要性。同时，改善民生对富国强国，增强民众凝聚力、向心力具有重要作用也是列国执政者的共识。晋国贵族郤缺、楚国申叔时、齐国晏婴，都表达过“民生”“正德”“利用”这三事在社会治理中的重要性。根据《左传》记载，齐景公曾与晏子讨论齐国国祚问题，晏子直言不讳地指出：“陈氏虽无大德，而有施于民。豆区釜钟之数，其取之公也薄，其施之民也厚。公厚敛焉，陈氏厚施焉，民归之矣。”齐国大夫陈氏虽然没有大的德行，但深知民生重要，所以采取了和姜齐政权对百姓横征暴敛截然相反的策略。豆、区、釜、钟这几种容器，陈氏说用来向百姓征税时就用小的，向民众施舍时就用大的，予惠于民，所以齐国百姓“归之如流水”。最后果然如晏子所预言的那样，从陈国逃亡到齐国避难的陈氏取代了姜氏掌握了齐国政权。

执政者要富民养民的思想为后世政治家们所继承并不断得到发展。汉初，贾谊向汉文帝上《陈政事疏》，谈到关注民生对巩固政权的重要性。“夫百人作之，不能衣一人。欲天下亡寒，胡可得也？一人耕之，十人聚而食之，欲天下亡饥，不可得也！饥寒切于民之肌肤，欲其亡为奸邪，不可得也！”倘若百姓稼穑纺织，却仍然饥寒交迫，衣食问题都得不到起码的满足，那么指望民众不奸不邪，几乎是不可能的。北宋杰出的政治家司马光直接将“养百姓”视为“人君之大德”（人君之大德有三，即“兴教化，修政治，养百姓”），“养百姓”就是重视民生。明太祖朱元璋说：“民富则亲，民贫则离，民之贫富，国家休戚系也。”将民富与否视为民心合离的基础。

施政者施行德治，养民富民之外还要重视教民。孔子认为治民要从三方面入手：首先要“庶之”，即增加人口；继而“富之”，保证民众衣食无虞，物质丰盈；而后“教之”，使民众接受孝悌忠信的教育，遵礼而行。孔子有“有教无类”的主张，认为相较于用斧钺使民众畏服，对所有民众进行礼乐教化更能稳定民心。《论语·为政》记载孔子的话：“道之以政，齐之以刑，民免而无耻；道之以德，齐之以礼，有耻且格。”政法和刑罚只能使人不敢犯罪，而德化和礼教却能使人知耻归心。正如孟子所说：“善政不如善教之得民也。善政民畏之，善教民爱之；善政得民财，善教得民心。”如果民众仅是衣食问题得到解决，而没有受到道德教化，那么在儒家看来，“饱食暖衣，逸居而无教，则近于禽兽”。这样的见识是深刻的，对百姓进行道德教化，使之恪守父慈、子孝、兄友、弟恭的基本伦理道德，那么国家才能长治久安，正所谓“民咸孝悌而安让，此以怨省而乱不作也，此国之所以长也。”

3. 为政在人

任用贤者，远离小人，也是施行王道的重要内涵，用贤也是施行德治的一个重要方面。古人讲“为政在人”，执政者不仅要修身养德，在施政方面还要任用贤者，使“有德者进，无德者退”。因为他们清楚地认识到，“道德不厚者不可以使民”。

“君子务在择人。”执政者选官要出于公心，任人唯贤，不能感情用事。欲要治理好国家成就霸业，必须起用品德高尚者充任政事。先秦诸子对此多有论述，如儒家集大成者荀子提出“尚贤能使之为长功也”，“贤能不待次而举，罢不能不待须而废”，用人不能讲资历、排辈分，应及时提拔那些有才德之人。管子认为：“闻贤而不举，殆。闻善而不索，殆。见能而不使，殆。”韩非子也说："贤者用之则天下治；不肖者用之则天下乱。"他们都将用贤和国家兴衰联系在一起。明知国有贤人而不用，是国家衰败的开始。

春秋霸主齐桓公，是亲贤用贤的典范，在执政前期尤其能够任人唯贤。齐桓公在即位之前，曾被公子纠的师傅管仲射了一箭。即位后，他的师父鲍叔牙向他举荐管仲。齐桓公不计前嫌，任用管仲为相，在管仲的辅佐下最终成就了霸业。

然而齐桓公在晚年却宠信奸邪小人易牙、竖刁和开方。易牙擅长烹调，他的烹饪技艺之高，达到了"至于味，天下期于易牙"的程度，在《孟子》《淮南子》《战国策》《列子》等古籍中均有对其烹饪技艺的记载。齐桓公曾说，自己珍馐美味都吃遍了，唯独没有尝过人肉的味道。易牙为了取悦齐桓公，竟然"杀子烹羹以献之"，齐桓公知道后竟然认为易牙对自己忠诚而提拔他。"齐桓公妒而好内"，竖刁为了获得齐桓公的信任，竟"自宫以治内"，并"漏师于多鱼"，泄露齐国军事机密。开方是个"倍亲以适君"的小人，他本是卫国公子，因齐国强盛，甘愿放弃自己的贵族身份，跑到齐国来当臣子。他的父母去世，开方都没有回国奔丧，但他看到齐桓公病了，却能感伤得流泪。管仲临终之际曾劝谏齐桓公驱逐易牙、竖刁和开方这等小人，齐桓公没有采纳其建议。齐桓公信任并委以重任的管仲、隰朋等人死后，宵小之徒发起政变，致使国家陷入长期的动乱。这位春秋首霸齐桓公竟最终因被禁食而死，"尸在床上六十七日，尸虫出于户"，文武百官纷纷避走，无人敢出面为齐桓公治理丧事。

楚平王也因宠信佞臣国破人亡。楚平王信任佞臣费无极，派费无极去秦国为太子建迎亲，费无极回来后引诱楚平王，称"秦女绝美，君不如自娶，而重为太子娶妇"，劝君主夺了太子的妻子。后来，费无极诬陷太子谋反，逼得太子建出逃，冤杀太子太傅伍奢及其长子伍尚，次子伍子胥出逃他国，这为楚国带来巨大的危害。

齐桓公和楚平王黜贤用佞的故事，正如汉代董仲舒所说："任非其人，而国家不倾者，自古至今，未尝闻也。"前朝君王信奸用佞而政衰国乱的教训，怎能不让后世之君引以为戒呢？大概就像齐相晏婴比喻的那样，谗夫佞臣好比社鼠猛狗，是治国的"长患""常患"，他们在朝中蒙蔽君主，在朝廷外卖权弄势迫害百姓。之所以社鼠"难去"，猛狗"难阻"，是因为他们"君之嗜欲能顺之"，昏君庸主不愿意去之。可见举贤用贤说起来容易，做起来谈何容易。

黜贤用佞者国破家亡，而那些知贤用贤而政昌国兴的执政者，则被史书大加称颂。《战国策》中有一篇《邹忌讽齐王纳谏》载齐王之令："群臣吏民，能面刺寡人之过者，受上赏；上书谏寡人者，受中赏；能谤讥于市朝，闻寡人之耳者，受下赏。"令初下，群臣进谏，门庭若市；数月之后，朝臣时时而谏；期年之后，群臣虽欲言，无可进者。燕、赵、韩、魏闻之，皆朝于齐。此所谓战胜于朝廷。只有"尊贤使能，俊杰在位"，天下之士才"皆悦而愿立于其朝"（《孟子·公孙丑上》）。拔举贤才不仅仅是国君的责任，也是臣子的责任。西晋时，山涛任吏部尚书主持官吏选拔十多年，可谓权重。每有官职空缺，他都会选择几个品德高尚、才堪大用的人才上奏。他对所举荐的人都事先有所品评，写成"启事"。后世就用"山公启事"这个成语来代称举贤。那些劣迹斑斑的人，绝不在举荐之列。当时，权贵贾充向山涛举荐自己的亲信陆亮，山涛知道此人贪鄙无耻，因此坚决反对。而司马炎任用了陆亮，山涛便辞官回乡以示远离小人。

4. 明德慎罚

明德慎罚是德治思想在司法领域的体现，这是西周初年执政者吸取殷王朝灭亡的教训而提出的政治主张。所谓"明德"，是指执政者要实行德政，体恤民瘼。所谓"慎罚"，就是谨慎用刑，刑罚适中，罪不及无辜，这是"明德慎罚"的精髓。汉代以后的"德主刑辅”思想即渊源于此。

汉唐以后，刑罚仍然是治国必不可少的工具，但是国家长治久安的政治理想要求执政者要以德教作为治国的首要手段，教而后刑，谨慎断狱，恤罚悯囚，在司法过程中推仁存义。

古代社会刑罚名目繁多，较为酷烈，尤其是在汉唐以前，以对人的肉体进行摧残为主，如黥、劓、宫等肉刑，很多死刑名目令人闻之胆战心寒，如炮烙（铜柱上涂抹膏油，下面燃烧炭火，犯人在铜柱上走）、镬烹（将人置于鼎镬中烹煮致死）、抽肋（将人的肋骨抽出将人处死）等，极其野蛮。但制定刑罚的初衷不应是残害庶民，而是警恶止奸。执政者应当以民为本，及时废除不合理的残民酷刑。战国时期，齐景公在当政期间滥用刑罚，动辄就施刖刑，将人的双脚砍掉。因为遭受刖刑的人多，以致普通的鞋子跌价，而受过刖刑的人所穿的特制鞋子涨价，形成了“国之诸市，屦贱踊贵，民人痛疾”（《左传·昭公三年》）的局面。齐景公见此惨状，因而省刑。

西汉路温舒在《尚德缓刑书》中说：“画地为狱，议不入；刻木为吏，期不对。”即使在地上画个范围，当成囚禁百姓的监狱，百姓也不愿意被关；即使用木头刻成狱吏的样子，百姓也不希望面对它。百姓对刑狱的恐惧可见一斑。历朝农民发动起义攻打城邑，冲击府衙，往往伴随着捣毁监狱、释放囚犯的行动。因此，刑狱之事不可不慎重。

商朝末期滥施刑罚，民众不堪忍受。西周执政者吸取商亡教训，明德慎罚，但到了穆王执政初期，苛政严刑，百姓怨声载道，国家不安。如果商周的故事年代久远，细节模糊，不足以震慑人心，那么我们可以看看五代时期的后汉。五代不仅是一个政治动荡的时代，也是一个严刑厉法的时代。后汉历经两任皇帝而亡国，后汉高祖刘知远曾经下诏说，只要偷盗，不论多少，一律处以死刑。苏逢吉在太原时以“深文好杀”闻名，史宏肇更是“不问罪之轻重，理之所在，但云有犯，便处极刑，枉滥之家，莫敢上诉”。苏逢吉任宰相时，竟起草诏书："凡盗所居本家及邻保皆族诛。"所有盗贼，本人及其前后左右邻居，连同一保乡亲，全族处死。五代十国时期，战乱频繁，很多人生活无着被逼为贼，一朝触法，一保居民和全族亲人都要被处死。滥刑无度引起朝臣的反对，最后苏逢吉勉强去掉了"全族"二字。诏书下到州县，朝廷强制地方执行，可想而知，有多少无辜百姓被牵连而死！后汉高祖曾在自己的生日那天派遣苏逢吉到狱中清理囚犯，以为自己积福，美其名曰"静狱"。苏逢吉"入狱中阅囚，无轻重曲直悉杀之"。

中央实行严刑苛法，地方则上行下效，如法炮制。郓州有个捕贼使者，叫张令柔，在平阴县一连杀了十七个村庄的百姓共数百人。卫州刺史叶仁鲁听说自己治下有盗贼，便亲自率兵进山追捕。当时有十几个百姓正一同捉贼，叶仁鲁后至，以为这十几个百姓就是盗贼，便捉住他们，挑断其脚筋弃于山中，任凭他们"宛转号呼，累日而死"，"闻者不胜其冤"。这样杀良冒功的恶行，国家不仅不制止，反而誉之为"能"。自此以后，天下"因盗杀人滋滥"。后汉政治如此残暴，毫无仁德，为覆亡的结局埋下了祸根。

孟子说过"杀一无辜而得天下不为也"，荀子"重德轻刑"，也表达过相同的观点，即"杀一无罪而得天下，仁者不为也"。哪怕是为了谋得天下也不应该杀害无辜，这是政治底线。在罪与罚的关系上，荀子主张罪刑相称，"刑称罪则治，不称罪则乱"。总之，施行德治，必须明德慎刑，所谓"刑之不滥，君之明也，臣之愿也。淫刑以逞，谁则无罪？"（《左传·僖公二十三年》）

三、先秦德治思想的具体实践

德治不是空洞的政治说教，而是有具体的实践内容。先秦时期德治思想在政治实践中具体体现为王道之治、恤民之治和礼仪之治。

1. 王道之治

先秦时期，统治者实行的王道之治，实际上就是德治。春秋战国时期，孔孟提倡王道之治，以仁德治国。与王道德治相对的，是法家提倡的霸道法治。以仁德为基，广布德泽，就是王道；以强权为本，暴力治国，就是霸道。先秦时期的尧、舜、禹、汤、周文王、周武王，就是实行王道的典范。商汤对内实行宽政，对外以仁德之心对待其他方国部落，有四十余个小国归附于商。这些君王以高尚的德行教化百姓，劝诫他们弃恶从善，实现社会和谐，为后世树立了一个良好的范式，后世明君无不以他们为榜样。

战国时期，魏文侯是行王道之治的典范。

魏文侯尊重贤人，史载他“受子夏经艺，客段干木，过其闾，未尝不轼也”。他以孔子高足子夏为师，每次经过名士段干木的住宅，都要俯首行礼，以示对贤者的敬重。所以，当时有很多贤人都来归附他。

魏文侯守信重诺。《战国策·魏策》中记载，一次魏文侯正与群臣宴饮，突然天降大雨，文侯命人准备车驾。群臣不解，文侯答曰：“吾与虞人期猎，虽乐，岂可不一会期哉？”文侯和山泽苑囿的官吏虞人约定好狩猎的日期，会期突降大雨，魏文侯仍坚持亲往赴会，可见其重信若此。

魏文侯有纳谏的气量。魏国攻下了中山国，将其封给文侯的儿子魏击，即后来的魏武侯。文侯询问群臣，自己是什么样的君主？群臣皆迎合上意，称赞文侯乃“仁君”。只有任座说道，君得中山，不以封君之弟而以封君之子，哪里称得上仁君？文侯大怒，但没有追究任座的直谏。次日，文侯询问翟璜，翟璜亦认为文侯是“仁君”，因为“君仁则臣直”，任座直言敢谏，文侯不因此责之，可见仁德。

魏文侯有兄弟之道，这在争霸的战国时期难能可贵。魏国和韩国、赵国同出晋国，三国有兄弟之谊，魏文侯不愿与两国中的任何一国结盟，以攻打另外一国。当时，韩国欲与魏国结盟来攻打赵国，文侯断然拒绝，说道：“寡人与赵，兄弟也，不敢闻命。”

赵国亦请魏国出兵攻打韩国，文侯同样以与韩国是兄弟之邦为由拒绝。韩、赵二国闻之皆怒而去，后来得知魏文侯对自己国家的态度，“皆朝于魏。魏于是始大于三晋，诸侯莫能与之争”。

君主的贤德对于国家政治文明发展的重要性是不可估量的，正如《尚书》中所说，“无偏无党，王道荡荡，无党无偏，王道平平，无反无侧，王道正直”。

翻开第一部编年体史书《左传》，人们看到先秦时期因执政者失德而亡国的例子亦有很多。奢靡无度，生活腐化，就是人君丧失政治道德的表现之一。先秦思想家们，如孔子、孟子、荀子等人，周游列国游说诸侯王，就劝谏他们要有君德，要实行德治，不能做昏君、暴君。

春秋时期因好鹤亡国的卫懿公，就是因无德而失国的反面教材。《左传》记载，卫懿公好鹤，给鹤乘轩封官，因此荒怠国事，引起人民的极大愤慨。其时北方山地的狄戎兴盛，不断侵扰北方诸国。闵公二年（前660年），狄人伐卫，卫国人民因怨恨他们的国君卫懿公好鹤丧德而不肯出战，纷纷说：“使鹤。鹤实有禄位，余焉能战？”卫懿公无奈，只得让石祁子和宁庄子守城，自己率军迎战，结果卫军溃败，狄人一举灭了卫国，卫懿公命丧乱军之中。狄人杀入卫国都城朝歌，大肆杀戮，活着逃出的卫人只有五千余人。

齐景公也做过好逸失德之事。《晏子春秋》中记载：“景公为台，台成，又欲为钟。晏子谏曰：君国者不乐民之哀。君不胜欲，既筑台矣，今复为钟，是重敛于民，民必哀矣。夫敛民之哀，而以为乐，不祥，非所以君国者。公乃止。”齐景公修建大台，大台竣工后，又想铸造大钟。晏子劝谏说，国君治国，不应该把自己的快乐建立在百姓的痛苦之上。国君不约束自己的欲望，修了大台，又想铸造大钟，这是在加重百姓的负担，百姓必定凄苦。把强加给百姓的凄苦忧伤当成自己的快乐，这是不吉利的。齐景公于是作罢。

曾经创下辉煌政绩的晋文公，在位期间励精图治，使晋国一跃成为春秋霸主。他的儿子晋襄公，尚且还能维持晋国霸业。但第三代君主晋灵公，却不效先人，只知道贪图享乐，宠幸佞臣屠岸贾，命令屠岸贾从晋国各地挑选美女供其淫乐。后来赵盾的侄子赵穿设计谋杀晋灵公时，竟然没有一个人出来救驾，可见灵公失德之害。

实行王道之治，执政者本身首先要有德行操守。“率土之滨，莫非王臣”，执政者要修身养德，为天下之人做好表率，正所谓“君正莫不正，一正君而国定矣”。相反，如果执政者无德，“不仁而在高位，是播其恶于众也”（《孟子·离娄上》），是将恶行暴露于世人之前，这将对国家与社会造成巨大危害。《大学》中有一句话：“所谓平天下在治其国者，上老老而民兴孝，上长长而民兴弟，上恤孤而民不倍，是以君子有絜矩之道也。”意在说明如果执政者尊敬老者、敬重长者、抚恤孤儿，那么百姓也会受到感召而一心向德，王道之治就在其中了。

西汉时期的汉文帝是历史上有名的好皇帝。史书上记载，汉文帝即位的时候，汉朝仍然处在困窘之中，文帝采取了一系列休养生息、鼓励生产的措施，同时提倡节俭，减少开支。在汉文帝二十三年的执政生涯中，“宫室苑囿车骑服御无所增益。有不便，辄弛以利民”。只要是不便于百姓生产生活的法令，一律废止。有一次文帝想建一座露台，招来工匠估算成本，得知大概需要百金之费。百金相当于十个中产家庭的总资产，于是建造露台的事就作罢了。古代的皇帝都很重视陵寝的修建，很多帝王刚即位就动工修建自己的陵寝。一座地宫的修筑往往要动用几十万民力，直到皇帝驾崩，修筑工作才停止。秦始皇十三岁即位，不久后就开始营建自己的陵寝。统一全国以后，更加大规模地营建，从全国征用民役达七十万人，直至前210年秦始皇下葬方止，历时三十七年之久。但汉文帝很注重节约民力，他“治霸陵，皆瓦器，不得以金银铜锡为饰，因其山，不起坟”，能省则省，不愿扰民。作为九五之尊，能够这样有始有终，体恤百姓，爱惜民力，实属不易。因此，后世之人称颂他和景帝的国家治理为“文景之治”。这就是王道。

2. 恤民之治

在君主专制的时代，让至高无上的执政者认可“民贵君轻”“民本君末”的思想恐怕很难。但是自春秋时代以来，执政者也越来越认识到人民群众的伟大力量。一部春秋战国史中，因不爱民、不恤民而身死国灭的例子有太多，这些教训无不提醒着执政者们要爱惜民力，不能使民无度。春秋时期，一些诸侯国的国君已经意识到了恤民爱民对于统治的重要性。《左传》和《国语》中记载的两则事例，从正反两面说明爱民恤民是以德治国的关键。

我们先来看《左传·昭公十九年》中记载的故事。春秋时期的州来国是淮夷小国，地处楚国和吴国之间，常为二国所掠，国家政权时而属楚，时而属吴。楚共王时，吴王征伐楚国的附庸小国，其中就包括州来国。吴王夺得州来国后，将其封赏给自己的弟弟延陵季子作为封邑。前523年，楚灵王占领了州来国，在此修建“宫室无量”，人民“劳罢死转，忘寝与食”，楚大夫沈尹戌见此惨状，预判“楚人必败”。灵王侍者反驳说，国君从未停止过施舍，让百姓休养生息达五年之久，百姓已经得到安抚了。但是，大夫沈尹戌认为，灵王所谓“抚民”非爱民。楚灵王一面施舍于民，一面予民苦役，将施舍当作爱民，其实缪矣。真正的爱民，是对内节用勤俭，对外树立德行，使百姓安居其业。对民众的有限施舍，无法抵消“宫室无量”“劳罢死转”的虐政对人民带来的伤害。大肆役使百姓修建宫室，倘若到了极限，“民力罢敝，虽有长城、巨防，恶足以为塞”（《史记·苏秦列传》），执政者应该引以为戒。古往今来，那些治民“如治水潦，养人如养大畜，用人如用草木”（《管子·七法》）的执政者，将人与草木、牲畜等而视之，将人民当作可以利用的工具，必然要被人民推翻。

接着再来看《国语·晋语九》中记载的“晋阳之围”的故事。众所周知，赵、魏、韩三家分晋，拉开了战国时代的序幕。在三家分晋之前，智氏、中行氏、范氏、赵氏、魏氏、韩氏这所谓的六卿几乎瓜分了晋国土地，架空了晋侯权柄，其中尤以智氏势力最大。智伯贪得无厌，向赵、魏、韩三家索地。韩康子、魏桓子出于利益的考虑，不愿意与智伯正面对抗，令其他几家作壁上观，渔翁得利，遂皆将土地献给了智伯。而赵襄子明确拒绝了智伯索地的无礼之举，智伯大怒，率领韩魏两国军队攻打赵襄子。

情急之下赵襄子计划出逃，身边的人建议他去长子城这个地方，因为那里城墙坚固。但是赵襄子清楚地知道，长子城之所以城墙坚固，是靠“民罢力以完之”。过去为修建城墙已经使民力疲罢，如今又驱使民众“毙死以守之”，民众是绝不会答应的。左右之人又建议赵襄子逃去邯郸，因为那里库粮充盈。而赵襄子又认为邯郸城的仓库是靠榨取民膏充实起来的，如今又要使当地民众的性命受到战火的威胁，他们怎么肯为自己卖力呢？最终，赵襄子既没有去城墙坚固的长子城，也没有去仓储丰盈的邯郸城，而是去了晋阳，因为赵襄子的父亲赵简子当初曾派遣尹铎去管理晋阳。当时，尹铎问赵简子是要自己去晋阳搜刮民膏，还是将晋阳作为保障之地。赵简子回答说，作为保障之地。尹铎遂在晋阳减轻赋税，为百姓带来实实在在的好处。赵简子曾对他的继承者赵襄子说：一旦晋国发生动乱，你不要嫌弃晋阳路途遥远，一定要将那里作为你的归宿，因为尹铎在那里实行德政，打下了足可依赖的民意基础。于是赵襄子出走晋阳。智襄子以水淹晋阳，城内家家户户的炉灶都淹在水里，但民众毫无叛意，和赵襄子坚定地站在一起。晋阳民众即便毁家破产，也不愿意背弃赵襄子，这表明，施政者只有善待民众，珍惜民力，不竭泽而渔，才能真正赢得民众的拥戴。

在人民面对灾害的威胁时，执政者应当勇于承担责任，做好救济事务。如《国语·鲁语上》中记载，鲁庄公二十八年（前666年），鲁国发生了严重的饥荒，鲁卿臧文仲主动向鲁庄公请求用鲁国珍藏的宝物到各国去借粮。他的随从问他原因，臧文仲回答：

“居官者当事不避难，在位者恤民之患，是以国家无违。”为官者遇到应该做的事绝不推诿，而是体恤百姓的艰难，这样国家才不会混乱。所谓“德之不建，民之无援”，心系百姓，才是真正的德政。

国家治理和社会运转是靠百姓缴纳的赋税来实现的，执政者和大小各级官吏靠民众的赋税来养活。因此，若课以重税，竭泽而渔、杀鸡取卵，只会让民众的正常生产难以为继，生活朝不保夕，让民众对执政者产生怨恨情绪。那么国家即便府库充盈，也必将走向衰退。因此很多执政者都会采取轻徭薄赋的政策，或者给灾区免税。春秋时期的思想家和政治家已经懂得百姓足而国家足、百姓不足国家亦捉襟见肘的道理。鲁国国君鲁哀公曾经请教孔子的弟子有若：今年收成不好，国家用度不足，应该如何应对？有若回答：在民众上缴的赋税中仅抽取十分之一以为国用。鲁哀公疑惑不解：抽取十分之二的税，朝廷用度尚且不足，十分之一怎么可能够用？有若答曰：“百姓足，君孰与不足？百姓不足，君孰与足？”孟子曾提出，“省刑罚，薄税敛，深耕易耨”，其中“薄税敛”就是执政者施行德治的基本举措。执政者常常面临着国家财用不足和赋敛严重之间的矛盾。在传统农业社会，政府增加财用的方式就是加重赋敛。赋税是压在百姓头顶的一座大山，所以百姓对一个王朝的最直接观感就来源于赋敛轻重。齐国晏婴就反对执政者“斩刈民力，输掠其聚”，认为“赋敛如掠夺”。当时的齐国就是“民三其力，二入于公”，于是“重敛于民，民必衰之”，“君税敛重，故民离之”。果然，齐国公室“布艺无常，征敛无度”，而田氏厚施薄敛，终于收服了民心。

与姜齐命运相似的是秦国。秦王嬴政完成了统一全国的千秋伟业，可是秦朝农民为什么一呼百应，奋起反抗秦的统治？一个最直接的原因就是秦赋敛无度。根据司马迁《史记》的记载，秦朝到了后期，地租由原先的十税一，直接增加到占农民收入的三分之二，致使老百姓生活贫困。百姓“常衣牛马之衣，而食犬彘之食”，终于被沉重的赋税逼上梁山，“转为盗贼”。可见，只有百姓富足，国家才有长治久安的基础。

如何才能增进民众福祉，保障民众基本生存呢？一方面要使民以时，尤其不能随意干扰民众正常生产生活秩序。《史记·货殖列传》说：“农不出则乏其食，工不出则乏其事，商不出则三宝绝，虞不出则财匮少。……此四者，民所衣食之原也。”倘若徭役等国家事务干扰了农、工、商、副业的正常运转，不仅会严重影响国家经济，也会将百姓推入贫困的深渊，进而削弱民众对国家的信任。

执政者是通过一系列政策的颁布和执行来实现国家治理的。若颁布的政策不合时宜，悖逆民意，那么一定会事倍功半，甚至难以执行。相反，若制定的政策合理，执行有力，就能取得立竿见影的效果。比如《史记·循吏列传》中就记载了这样一则故事：“楚民俗好庳车，王以为庳车不便马，欲下令使高之。相曰：‘令数下，民不知所从，不可。王必欲高车，臣请教闾里使高其梱。乘车者皆君子，君子不能数下车。’王许之。居半岁，民悉自高其车。”楚庄王觉得楚国民间喜欢使用的低矮的车辆并不便于马拉载，遂欲下令让老百姓提高车身。楚相孙叔敖马上谏止，认为倘若颁布政令太过频繁，百姓就会觉得无所适从，而且政令不能以强制的方式推行。要改变民间使用低矮车辆的习俗，不如把街道的门槛做得高一些，人们自然就会提高车身了。楚庄王采纳了他的建议。半年以后，楚人纷纷加高了车身。

另一方面，保障民生还应该因地制宜大力发展生产，藏富于民。据《史记·齐太公世家》记载，姜太公分封至齐国时，齐国“负海舄卤，少五谷而人民寡”。齐国滨海，盐碱地较多，可用的农业用地少，因此农业经济惨淡。姜太公利用齐地多渔盐资源的自然优势，“通工商之业，便鱼盐之利”，同时“劝以女工之业”。此后“人民多归齐，齐为大国”，人口增长，经济繁荣，以至于“冠带衣履天下”，也就是说当时天下之人的冠带衣履，全都仰仗齐国供应。管仲、鲍叔牙辅政，继承并发展了齐国渔盐经济的传统。管仲制定了“官山海”渔盐政策，即民制、官收、官运、官销，渔盐经济稳定发展，为齐国国富民强提供了经济基础。

增进民众福祉还要求执政者应该具备不与民争利的意识，划清公权与私利之间的界限。政府若以公权谋私利，结果必然是官富而民穷，极大地挫伤政府的公信力。在利民问题上，荀子认为应该惠民富民，强调并争取普通百姓的经济利益。如《荀子·大略》中说：“有国之君不息牛羊，错质之臣不息鸡豚，冢卿不修币，大夫不为场园，从士以上皆羞利而不与民争业，乐分施而耻积藏；然故民不困财，贫窭者有所窜其手。”一国之君不养牛羊，一国之臣不养鸡豚，上卿不放高利贷谋利，大夫不种菜，士以上都以逐利为羞，而不与民争夺市场，那么百姓就不会为生计所困。《汉书·董仲舒传》载：“公仪子相鲁，之其家见织帛，怒而出其妻，食于舍而茹葵，愠而拔其葵。”公仪子作为食禄之官，却“夺园夫红女利”，无异于侵害民生，同百姓抢饭碗。“身宠而载高位，家温而食厚禄，因乘富贵之资力，以与民争利于下，民安能如之哉！”由此可见不与民争利的现实意义。

《国语·楚语》中记载了楚国斗子文三舍令尹的故事。斗子文身为楚国重臣，家中却“无一日之积”，这是他爱民恤民、不愿损民自足的缘故。当时的国君楚成王想要增加斗子文的俸禄，子文予以拒绝，并躲了起来，直到楚成王收回成命，子文才回来复职。有人劝他说，人生就是要求富贵，你为什么却要逃避富贵呢？斗子文说，我不是逃避富贵，而是逃避死亡。斗子文曾经去见楚国的令尹子常，子常与他谈论财货、马匹，那如饥似渴的神情如同饿狼闻到血腥味。斗子文回家后，就对他的弟弟断言楚国必亡。因为当时的楚国“民之羸馁，日已甚矣。四境盈垒，道殣相望，盗贼伺目，民无所放”。国家民不聊生，四境萧条，而子常身为楚国国相，对民生疾苦没有同情之心，只顾着自己富足，国家哪有不亡的道理。

果然一年之后，楚国发生了柏举之战，子常奔逃郑地，而楚国国王奔逃至随。这则事例说明执政的根本目的，就是庇民、爱民。

3. 礼仪之治

中国是礼仪之邦，“礼”渗透于社会生活的方方面面。在古代中国，讲求礼仪是施行德治的一个具体体现。

礼是什么？简单地说，礼是保证社会秩序正常运行的一系列规范。儒家的荀子基于人性本恶的认识，非常重视发挥礼在规范社会秩序中的作用。他强调“礼仪者，治之始”，认为礼仪是国家制度的重要组成部分。若人们不依礼仪规范行事，往小了说家庭父子不相亲，兄弟不和睦，夫妻不恩爱，往大了说君臣不同心，国家不安定。正所谓“人无礼则不生，事无礼则不成，国无礼则不宁”（《荀子·修身》）。

我们可以举两个例子来说明这个道理。第一个例子是发生在春秋中期的“孔子不去饩羊”。

《论语·八佾》记载，有一年行告朔礼献饩羊（活羊）之时，子贡“欲去告朔之饩羊”。孔子不认可子贡的做法，认为子贡爱惜的只是一只羊，而他在乎的是献饩羊背后那一套世代相传的礼仪。假如因为同情羊的遭遇就将其放生，那么礼的精神也就无从表现。

礼仪不是单纯的仪式程序，而是传统伦理道德的外在表达，其中渗透着以儒家伦理道德行教化的理念。所以，孔子坚持用活羊完成告朔礼。当然，孔子的做法有充分的理由。西周时，诸侯要在每月的朔日（初一）举行告庙之礼，向天地祖宗禀告所作所为，并杀羊祭祀。到孔子生活的春秋中晚期，礼崩乐坏已成大势，人人好“利”而不好“礼”，以至于世道人心一天天败坏下去。鲁国国君已经不再亲自行告庙之礼，而只是用一只羊献祭以草草应付。现在子贡准备撤掉告朔礼仪剩的一点象征——饩羊，这才有了孔子阻止子贡的做法。羊不在，则礼不在；对天地祖宗的崇拜不在，则家国不存。如饩羊仍被保留，则表明礼仪背后的道德精神还在。就是这样一个简单的道理。

第二个事例是发生在春秋末期的“齐景公欲去君臣之礼”。

某日，齐景公举办酒宴。君臣正开怀畅饮之际，齐景公一时酒兴正高，说出“无为礼”的话。晏子听后深感不安，劝谏齐景公道：“群臣原本就希望君主不讲礼法，那勇猛之徒就可以凭借勇力杀死国君。如今您不讲究君臣之礼，臣子对国君没有敬畏，那么将来他们就会随意废立国君，彼时您将如何自处？”齐景公背过身去不听谏言。过了一会儿，齐景公站起来走出去，晏子没有站起来相送，等景公回来，晏子也没有站起身相迎，推杯换盏之时晏子甚至不等景公饮酒就先自顾自地饮起酒来。如此不讲君臣尊卑之礼，景公终于勃然大怒，晏子用这种方式让景公明白了不讲礼的后果。从此以后，景公“修礼以治国政，而百姓肃”。

类似的事情后来又发生在西汉开国之君刘邦身上。刘邦出身草莽，君临天下之后无赖习气仍未能改掉，他的功臣们也多是市井无赖之徒。刘邦常常在朝堂之上宴请大臣，功臣们仰仗着自己曾与皇帝共患难、同悲苦，就在朝堂上“饮酒争功，醉或妄呼，拔剑击柱”，吵吵嚷嚷毫无威仪。刘邦很难堪，却对此毫无办法，便令博士叔孙通给国家制定了礼仪规范。前200年，长乐新宫建成，刘邦趁此机会试行礼仪。礼官导引着群臣按照官位高低依次入殿，文武百官分东西两侧列位，然后刘邦乘辇升殿，左右侍臣高声传报。摄于这种庄重威严的气氛，诸王群臣没有不肃然起敬的。刘邦感慨道：“吾乃今日知为皇帝之贵也。”如果刘邦开国之后没有建立一套完整的礼仪规范，汉代国祚也许很难延续数百年。

有了礼仪的约束和规范，臣民各安其位，进退有度，行止有节，则秩序井然，社会安定。这就是通过讲求礼仪达到“善治”的目的。历朝历代都有礼典，以规范政治、经济等各方面的秩序。汉代之前有《周礼》《礼记》《仪礼》三部礼典，汉代有《傍章》，唐代有《大唐开元礼》，等等。有了礼仪和道德，即便朝代更迭，灾祸不断，社会秩序也可以得到维系。秦朝为什么二世而亡？一个重要原因就在于整个社会"废礼仪，捐廉耻"，家庭内部不再相亲相爱，邻里之间相互告奸，朝廷内外唯利是图。

汉代从各个方面汲取秦亡的教训，非常重视礼仪的重建和普及，社会重礼程度与秦朝相比有了很大提高。两汉时期，特别是在东汉，父子兄弟同财共居的大家庭非常普遍，要求分家者往往会受到社会舆论的谴责。比如缪肜少年时失去父亲，与弟弟三人相依为命。后来，弟媳们皆要求分家单过，缪肜认为家礼衰败，自己难辞其咎，因此"掩户自挝"。弟弟、弟媳们深受感触，皆叩头谢罪，之后家风更加和睦，亲人更加团结。①

敦行礼仪是实行德治的一个重要方面，礼仪规范中蕴含着道德伦理。礼仪规范着社会生活的方方面面，深入百姓心田，成为一种自然的行为习惯和生活方式。

四、德刑之争与德主刑辅模式的出现

春秋战国时期，礼崩乐坏，社会久乱思治，当时中国思想界空前活跃，各种治国思想层出不穷。在诸多治国思想中，对中国社会影响较大的主要有二：一是德治思想，二是法治思想。

德治与法治两种思想，既经历了学术上的争鸣，也经过不断实践，在古代不同的历史时期中分别占据主流地位。关于德与法的关系，儒家和法家的分歧是最大的。儒家主张道德至上，认为人性本善，在社会治理中，可以用道德来对民众进行潜移默化的引导。孔子说："子为政，焉用杀？子欲善而民善矣。"（《论语·颜渊》）理政哪里用得着刑罚，执政者向善民众自然就向善。而法家则认为法律至上，主张人性本恶，人的恶就是犯法触禁的源头。商

① 事见《后汉书》卷八一《独行·缪肜传》，中华书局，1965，第2685～2686页。

鞅说“禁奸止过莫若重刑”，认为要防范人们作恶，没有比严刑重法更有用的办法。儒、法两派就德与刑的关系进行过激烈的争论。在漫长的实践中，德与刑最终走向融合，形成了德主刑辅、德先刑后的治国思想，成为后世王朝奉行不替的治国方针。自秦以后，历代王朝对德刑关系的选择，往往代表着这个王朝在处理社会问题时的价值取向。

1. 为政以德的治国理念

儒家创始人孔子提出“为政以德”的观点，到了战国时期，孟子继承了孔子的德治观点，并发展出仁政思想。仁政与德治在治国思路上是一脉相承的。而孟子对执政者的道德修养水平提出了更高的要求，认为执政者应秉持本心之善。孟子之后的荀子进一步创新，开引法入儒之先河。众所周知，荀子思想的核心之一就是隆礼，但他同时重视并相信法与刑对治国的作用。而在刑和礼的关系上，他认为礼高法低，所谓“礼者，法之大分”。也就是说，在治国方面，礼对法是起到指导性作用的。

儒家为政以德的德治思想是建立在人性本善的理论基础上的。孔子虽然没有明确提出人性本善，但是他大力倡导仁爱，要求为政者“泛爱众”。孟子继承先圣精神，明确提出了人性本善的主张。所谓“人之性善也，犹水之就下也。人无有不善，水无有不下”，每个人都有善心，这是与生俱来的天性，就像水往下流一样，乃自然常理。“恻隐之心”“羞恶之心”“恭敬之心”和“是非之心”是人所共有的本性，因此为政者应该实行仁政，所谓“行不忍人之政，治天下可运之掌上”。孟子曾经拿仁政学说去游说齐宣王，但在列国争霸日益激烈的战国时期，齐宣王并不相信德治能够胜过法治，所以“顾左右而言他”。因为当时正是秦国重用商鞅，法家思想大放异彩的时代，孟子的仁政思想显得与时代大势格格不入。直到唐宋时期，仁政思想的价值才被重新发掘出来。荀子虽然主张人性恶，但同时提出了“化性起伪”的主张，重视后天教化的意义，认为教化可以导人向善，因此为政者应该承担起道德教化的责任。

关于德治与法治对治国的意义，孔子曾有一段对后世影响深远的话："道之以政，齐之以刑，民免而无耻；道之以德，齐之以礼，有耻且格。"用政令来管理百姓，用刑罚来威慑百姓，百姓就只求能够免于刑罚，而丝毫没有羞耻之心。若用道德来教化百姓，用礼制来引导百姓，那么百姓就会生发出羞耻之心，从而远离犯罪。通过道德教化，使人民将遵守社会秩序内化为一种自觉意识，为政者就能够达到管理国家和社会的目的，避免"文章繁，罪名重"而"民犯禁"的行为仍然层出不穷的情况。

儒、法两派在德治与法治上的分歧，直接影响着王道与霸道的分野。孟子曾经一针见血地指出王霸之别："以力服人者，非心服也，力不赡也；以德服人者，中心悦而诚服也。"显然，王道就是以仁为本的德政，而霸道就是使用刑罚和武力来使人屈服的暴政。在孟子看来，行霸道虽然可以一时奏效，但不能保障国家长治久安，因为它不能帮助为政者赢得人心，甚至将民众推到为政者的对立面上；而行王道才能使为政者得到民众的衷心拥护，实现国家的长治久安。当然，在德与法的关系上，孟子也没有完全否定法的作用，他说："徒善不足以为政，徒法不足以自行。"他既讲德治，又讲"法守"，主张把道德和法度配合起来，同时坚持法律必须受道德的制约。

然而，儒家必须面对一个难题，即道德和法律发生冲突之时，人们应当如何抉择？在现实政治生活中，就常常发生道德和法律相抵牾的情况。例如，楚昭王时，掌管司法的狱官石奢就在德与法的两难选择中自刎而死。

石奢为人"坚直廉正，无所阿避"，这也是楚昭王任命他为理官，令他掌管司法的一个原因。有一次，石奢发现路上有人杀人，马上去追捕凶犯，发现杀人凶手竟然是自己的父亲。如果放了父亲，虽成全了孝道，却违逆了法律；如果制裁了父亲，则遵循了法治，却违逆了孝道。石奢在“私其父”和“行君法”之间饱受煎熬，最终选择放了自己的父亲，命人将自己囚禁起来。楚昭王知道石奢为官公正，办事勤谨，不愿因此事杀他，遂说是犯人趁机逃走，石奢不应该认罪。但是石奢回答说：“不私其父，非孝也。不行君法，非忠也。以死罪生，非廉也。君赦之，上之惠也。臣不能失法，下之义也。”意思是，如果不放走父亲，则自己不孝；私纵犯人违背国法，则自己不忠；私纵犯人犯了死罪，却苟且活命，说明自己为官不廉洁。君上赦免了我的罪过，是您保护臣下。然而为臣伏法而死，这是我的职责。说完他便领罪而死，在德与法之间实现两全。

那么，儒家是如何解决道德与法律的矛盾的？《论语・子路》中就记载了孔子的态度。春秋时期，楚国的贵族叶公，也就是成语“叶公好龙”的主人公，与到楚国游历的孔子切磋了对一桩司法案件的审判意见。叶公的同乡中有一人偷羊，被他的儿子告发，叶公信奉法家，遂认为这个儿子为人“直躬”，揭发自己的父亲是正义之举。孔子却反对他的观点。儒家重视孝道，孝是中国传统伦理道德的核心要义。所以孔子说，我们这里没有这样的人。因为父亲为儿子隐匿罪行是慈的体现，儿子为父亲隐匿罪行责则是孝的彰显，慈与孝是都是礼的要求，合乎礼的就是合乎法的。反而儿子揭发父亲的罪行是不符合礼法的。在道德与法律发生碰撞时，道德高于法律，道德理念可以影响法律的判决，正如费孝通在《乡土中国》中所说：“中国的道德和法律，都因之得看所施的对象和‘自己’的关系而加以程度上的伸缩。”

到了战国时期，孟子的学生桃应也提出一个类似的假设，请教孟子在道德和法律发生冲突时应该如何决断。

桃应询问孟子，舜是天子，皋陶是司法官，如果舜的父亲“瞽瞍杀人”，皋陶应该如何处理？孟子回答说，应该把瞽瞍逮捕起来。桃应问，难道舜不会干涉救自己的父亲吗？孟子回答说，舜怎么会阻止呢？皋陶作为司法官只是公正地进行司法裁决罢了。桃应继续发问，那舜应该怎么做呢？孟子回答说，舜应该舍弃天下，如同舍弃破旧的鞋子一般，然后偷偷地背着父亲逃逸，逃到海滨之地居住下来。在孟子看来，执法之人应该严格执法，民众也应当遵法而行，但是当道德与法律发生冲突的时候，必须首先成全道德。

2. 以法为本的治国理念

与儒家的德治不同，法家更强调法与刑的作用。春秋战国时代，法家的法治在几个诸侯国的政治实践中大获成功，因此备受推崇。商鞅在秦国主持变法时，就提出了“燔诗书而明法令”的主张，事一断于法，强调法律在治国中的普遍作用。到了战国后期，法家的集大成者韩非子主张“以法为本”，重视订立法文的重要性。法家的特点就是重刑，通过严刑峻法来威慑臣民，达到攻巩固统治，维持国家秩序的根本目的。

法家之所以重刑，原因之一就是法家思想家认为人性本恶，“好利恶害”是人之本性，人们都是“用计算之心以相待”。无论是父子之间，兄弟之间，抑或是夫妻之间，都是如此。如果放任好利的本性发展，那么人与人之间就会发生纷争，继而危害社会，致使天下失序。韩非子还举了很多例子，来说明人性的好利。

他说：“故舆人成舆，则欲人之富贵；匠人成棺，则欲人之夭死也。非舆人仁而匠人贼也，人不贵则舆不售，人不死则棺不买。情非憎人也，利在人之死也。”这是说造车之人希望别人富贵，造棺材的人希望别人早死，这并不是说造车的人生来有仁德之心，造棺材的人心思恶毒，而是人不富贵就买不起车子，人不死去棺材就卖不出去。人的思想和行为都服从于自己的立场和利益，一切都是利益驱使罢了。

当然，不仅生意场上的买卖关系如此，就是亲情的维系也会受到利益的驱动。当时社会上出现溺死女婴的现象，这实则就是人性好利恶害的表现。韩非子说：“父母之于子也，产男则相贺，产女则杀之。此俱出父母之怀衽，然男子受贺，女子杀之者，虑其后便，计之长利也。故父母之于子也，犹用计算之心以相待。”儿子和女儿同是父母的亲生骨肉，却受到了截然不同的对待，是因为父母要考虑生育儿女之后的长远利益：生儿子可以给自己养老，生女儿却要赔钱给她置办嫁妆。就连父母子女之间的亲情都要掺杂利益算计之心，所以在社会治理方面，儒家那一套仁义、亲恩等迂腐的道德规范就更不值得信任了。

即便是在儒家看来天经地义的孝道，也被法家撕去了温情脉脉的面纱。韩非子说：“人为婴儿也，父母养之简，子长而怨。子盛壮成人，其供养薄，父母怒而诮之。子父至亲也，而或谯或怨者，皆挟相为而不周于为己也。”一个人在小的时候，如果父母养育不善，看护不周，那么孩子长大以后就会埋怨父母；父母年老以后，倘若孩子对父母的赡养敷衍，父母也会伤心生气，责备子女。血缘关系本应该是最亲密、最牢靠的，但结果是父母责备孩子、孩子怨恨父母。之所以如此，是因为父母与子女各自都有利益需求，且都认为对方对自己的养护不够周到。所以儒家眼中父慈子孝的德，在法家看来也是一种彻头彻尾的利益关系。

好利恶害之心人所共有，而且不可改变，基于这样的认识，法家遂抛弃了用道德教化来导人向善的努力，而是在承认人性本恶的基础上呼唤法治。只有用完备严密的规章法令来约束百姓，用严刑峻法威慑他们，才能实现维护国家统治，达到稳定社会秩序的目的。韩非子并不是反对道德，而是反对儒家将道德凌驾于法律之上，过分夸大道德的作用。

当然，法家重视法与刑的思想蕴含着对施政效率等现实问题的切实考量。儒家的德治希望通过培养为政者的道德修养和人格魅力，在道德方面对民众进行引导，形成“风行草偃”的理想效果。但法家不然，认为单纯依靠君主的德行和民众的自觉来治理国家是不可靠的，也是不现实的。韩非子有一段话说得至为通透。他说，高明的君主治理国家，不会寄希望于民众自我约束自己，而是要用严刑峻法使民众不敢为非作歹。自觉自愿地做好人好事，这样的人一国之内也没有多少。也就是说，道德说教只能感化一小部分人，而法律却具有普遍约束力。所以，为政者应该采取对多数人有效的办法，即采取行之有效的法治，放弃为政以德的幻想，致力于设法立制。韩非子认为，这就像制造工具一样，假如一定要用生来笔直的材料制作箭矢，那一辈子也做不出多少支箭；假如一定要用生来滚圆的木头制作车轮，那几辈子也做不出几副车轮。然而，天下人都能乘车射箭，是因为世上还有工具可以利用。需要乘车的不止一个人，需要射箭的也不止一个人，需要被治理的人也不止一个。儒家所谓的“自善之民”，就像“自直之箭”和“自圆之木”一样，天下鲜有。因此，一定要用严厉的法制来约束百姓，而不是用道德说教。

除了法治能在更大范围内实现社会治理，法家认为，在治民方面法治比德治也更有效率。韩非子还是举例说明：对于一个不才不孝之人来说，父母的爱不能使他回心转意，乡党的劝说不能使他悔改，老师的教育也不起作用。当官府派士兵来执法抓人的时候，不才不孝之人，就知道恐惧了，于是改易恶行，回心向善。可见，仅仅依靠仁爱并不足以使人向善，官府的严厉惩罚才能奏效。

在道德和法律产生矛盾时，儒家选择了道德，而法家却认为法律应该高于道德。在《五蠹》篇中，韩非子通过两件事，态度鲜明地表达了自己的观点。

第一件事发生在楚国。楚国有个正直的人，向官府告发自己的父亲偷羊，令尹认为这是暴露家丑，于孝道有亏，因此判处那位正直的儿子死刑。这说明，国家的忠臣顺民，可能是父亲的不孝子。

第二件事发生在鲁国。鲁国有个参军者跟随国君去打仗，三次交战他三次败退逃跑。孔子问其缘故，逃兵说家中尚有老父亲需要自己赡养，倘若自己战死，老父亲就无人供养了。孔子认为这是人子孝道的体现，就举荐这个逃兵做了官。这说明，父亲的孝子，却可能不是国家的忠臣。

这两个事例中的判决皆取德而不取法。但问题是，楚国令尹杀了忠于国法的“直躬之人”，以致以后楚国再有什么坏人坏事，就没人向官府报告了。而孔子嘉奖了孝于亲的逃兵，甚至举荐逃兵做官，鲁国民众以后再跟随国君作战时，就可能选择临阵脱逃，或者缴械投降，那么鲁国的军队就容易败北。

在法家看来，这种倡导仁孝的做法会损害法治威严，将会使国家走向衰落甚至灭亡。孝道只是个体私德，因个体私德而损害国家公利，是法家所不提倡的。

3. 德主刑辅的治国模式

儒、法两派关于人性善恶的争论和分歧，影响着德治和法治模式的分野。两种模式虽大相径庭，但都是以实现国家的长治久安为终极目的。儒家德治和法家法治，最终在争鸣中形成了“德主刑辅”的治国模式，共同为实现政权稳固和社会安定提供行之有效的治理思路。

对“德主刑辅”治国模式的探索，从汉初就已经开始了。“德主刑辅”思想实际上萌芽于春秋战国时期以孔子、孟子为代表的儒家学派。

从孔子生活的春秋晚期，到荀子生活的战国晚期，社会形势经历了翻天覆地的变化。各国以变法图霸成为时代发展的主流，因此从孔子、孟子到荀子，对德治和法治的看法发生了变化。总的来看，儒家提倡德治，认为人性本善，主张人通过道德的引导，潜移默化地激发民众的廉耻之心，培养民众的自我约束意识和道德情操，这样才有利于国家安定。但他们在坚持德的优先地位的同时，也吸收和借鉴了一些法家思想。

孔子认为：“导之以政，齐之以刑，民免而无耻。导之以德，齐之以礼，有耻且格。”在孔子那里，刑与德都是执政者治理国家所必需的工具，但德应在刑之先。季康子曾经向孔子询问刑杀与德化在治民中的作用：

季康子问政于孔子曰："如杀无道，以就有道，何如？"孔子对曰："子为政，焉用杀？子欲善而民善矣。君子之德风，小人之德草，草上之风，必偃。"

孔子生活在礼崩乐坏的春秋时期，彼时社会失序，政治失范。他周游列国十四载，初心就在于向各国执政者宣传其治理社会、匡正秩序的政治主张。在与季康子的问答中，孔子坚定地认为，刑杀并不是治理社会的唯一永恒法则。在刑杀之外施行德化，为政者以身作则，使人民心服，则更有利于国家的稳定。

孔子之后的儒家思想家们，继承并进一步发展了宽猛相济、德刑并用的治国模式。孟子非常强调礼与法的调和。他认为"徒善不足以为政，徒法不能以自行"，道德与法律相辅相成，缺一不可。尽管在战国时期，法治被置于越来越高的地位之上，但是孟子仍认为德应该在法之先。

后来，荀子明确提出了礼法结合的主张："治之经，礼与刑，君子以修百姓宁。""故不教而诛，则刑繁而邪不胜；教而不诛，则奸民不惩。"不去教化有罪之人就将其直接杀掉，那么就会导致刑罚烦苛，邪恶也不能得到制止；相反，如果对有罪之人只进行教化而不去惩治他们，那么坏人就不能得到应有的惩罚。因此，儒家认识到治国仅仅依靠德治是行不通的，还必须借助刑罚的威严。

总之，道德的力量是显而易见的，但是法律的作用也是不可忽视的。德在法先，能使法律在道德的指导之下更好地发挥其价值。这就是儒家诸子对德法关系的基本认识。

法家则不然。法家的代表人物商鞅和韩非子提倡强化君权，主张以法治国，认同人性本恶，推崇重刑对巩固统治的意义。从商鞅到韩非子，均否定儒家的德治思想，认为道德与法律是完全对立的。商鞅将法治作为治国的唯一法宝，儒家所推崇的仁、义、礼、乐等伦理道德被其视为"六虱"而加以摒弃。想要维护君主的权威，就必须以法治国。因为一国之内，能够有自觉意识的人毕竟只是少数，对于绝大多数民众而言，执政者只需要利用好“好利恶害”的人性弱点就可以实现统治，而民众要做的就是服从国家法律而已。

法家思想与当时秦国君主谋求霸主的需要可谓同符合契。前221年，秦始皇一统天下实际上就昭示着法家思想的成功。在经历了秦人以法治国的实践后，德治思想早已不是治国方略主流。

但是秦朝二世而亡，法治思想伴随着强大帝国的轰然倒塌开始受到世人的质疑。秦亡的现实，促使汉代君臣思考法治以外的治国方略。从汉高祖时的陆贾，汉文帝时的贾谊，汉武帝时的董仲舒，汉宣帝时的路温舒，一直到汉末的桓谭，都在向执政者宣传以德治国的政治主张。这说明时代呼唤德治传统的回归。

生活在汉文帝时代的贾谊看到西汉经过四十多年的发展，政治已经趋于稳定，但是清平背后仍隐藏着重重危机。他在上奏给汉文帝的《陈政事疏》（即《治安策》）中提出了九大问题，并给出了相应的解决方案。其中一个问题即西汉自建立以来，并没有涤除嬴秦的遗风余俗。贾谊认为，君主以礼义治天下，积累的就是礼义；君主以刑罚治天下，积累的则是刑罚。刑罚积累多了，民间就会怨声载道；而礼义积累多了，老百姓就会与君主同心同德。所以历代统治者希望老百姓向善的愿景是一致的，但是采取的具体措施却不相同：要么用道德教化百姓，要么用法令驱使百姓。很明显，用道德教化百姓的，则百姓和气欢乐；用法令驱使百姓的，则民情哀怨。民情之哀乐就是国家祸福的征兆。秦始皇欲使统治传至万世而不绝，他的愿景和历史上的明主商汤、周武王一样。但是，商汤和周武王广布德泽，国祚绵延六七百年而不绝，秦朝仅仅到二世胡亥就丢了江山。原因无它，就在于那些明君广布德泽，而秦朝统治者任刑法，弃礼义，恩德全无。

贾谊在《陈政事疏》中明确提出，欲要吸取秦朝短命而亡的教训，就应该避免秦“德泽亡一有”的历史教训，因为“道之以德教者，德教洽而民气乐；殴之以法令者，法令极而民风哀”。贾谊的政论切中中国古代政治文化的要害，毛泽东评价《陈政事疏》是“西汉一代最好的政论”。道德与法律的关系处理得好不好，关系到国家的兴衰存亡。从中国历史发展的角度来说，汉代执政者的历史贡献，就是确定了道德和法律在治国中的地位问题。

汉初执政者由任刑转向推崇道德教化的一个典型事件，就是汉文帝废除肉刑。《列女传》记载，汉文帝时，太仓令淳于公犯法，按汉律应该被押解至京城受刑。淳于公的女儿缇萦为了脱父之厄，随父进京。她给汉文帝上书，表明自己的父亲为官廉洁，如今偶犯小过就要被处以肉刑，自己作为女儿愿意没入官府为奴婢，以赎父亲的罪行。

缇萦的上书引发了汉文帝的思考。汉代的法律制度是在秦律的基础上发展而来的，而人们对暴秦的批判，主要集中在律令繁杂和刑罚严酷两个方面。为什么在上古有虞氏时代，为政者只是在犯人的衣冠上画上图形，或者给犯人穿上不同颜色的衣服以表明他们所犯的罪行，刑罚并不严酷，天下却实现了大治，而如今法律完备，处罚严苛，如此严酷的法律依然没有杜绝违法犯罪的行为呢？汉文帝开始反思刑罚和教化的关系。《诗经》说“恺悌君子，民之父母”，执政者是天下臣民的父母，为人父母应该以教化为先。臣民触法犯禁，还没有对他们进行教化引导，就要施加刑罚，用严刑酷法伤残人的肢体，使这种痛苦伴随其终身，这样的做法多么无情！所以人君应当，先对民众施以教化，导人向善，同时废除肉刑，给予罪犯改过自新的机会，这样才能体现人君之德。

汉文帝废除肉刑，与秦朝以法治国、严刑重赏的治国方略相比，是焕然一新的。同时，他的这一改革闪耀着人性的光辉，对后世的影响可谓深远，明末清初思想家王夫之盛赞汉文帝之仁为“万世之仁”。此后，肉刑未再复现，慎刑、宽刑成为后世一段时间执政者制刑的基本原则。

到了汉武帝时期，儒家思想已经成为主流思想。董仲舒结合孔子、孟子、荀子等儒家先贤为政以德的主张，结合西周时期明德慎罚的思想，理顺了德主刑辅的治国思路，确立了儒学在思想界的独尊地位。历史的经验证明，法律虽然是治理国家的重要手段，但是应该被置于合适的位置上。经过汉代君臣的探索，人们认识到只有使法律接受德的指导和约束，它才能发挥应有的作用。一味地唯法重利，国家最终可能会被厉法暴政反噬，秦的灭亡就是一个例子。

董仲舒生活在西汉的鼎盛时期，彼时经济上一改汉初的窘迫境况，朝堂内外人才济济，他却在繁荣的背后看到了败亡的风险。他认为，汉王朝自立国以来，“吏既无教训于下，或不承用主上之法，暴虐百姓，与奸为市，贫穷孤弱，冤苦失职”，富门豪族“因乘富贵之资力，以与民争利于下……民日削月朘，浸以大穷”。国家虽有法度，但是“法出而奸生，令下而诈起”。国家面临包括经济、政治、法制、风气等各个方面的问题，执政者“常欲善治而至今不可善治者，失之于当更化而不更化”。董仲舒所说的“更化”，就是指采用德主刑辅的策略，在治国理政的过程中，以教化为主要手段，以刑罚为辅助措施，重视道德在政治生活和社会生活中的作用。

西汉时刘向认为“政有三品”：上品是王者治理天下的方式，即以仁德化育百姓；中品是霸者管理天下的方式，即以武力震慑百姓；下品是强者管理天下的方式，即以刑罚惩治百姓。这三种治国之道各有作用，但是王道德化为最高品级。为政者要善待民众，若教之不从，则退而震慑警告之；若警告震慑还是不能让犯人改正劣行，则退而以刑罚强制其改过。施加刑罚应是执政者别无选择的无奈之举。总之，治国之道就是先给民众树立起荣辱观念，“先德教而后刑罚”。

西汉的中兴之主宣帝即位不久，一位管司法的廷尉史路温舒就上《尚德缓刑书》，陈“尚德缓刑”之论。路温舒在文中还是拿秦亡的教训作为前车之鉴，指出秦朝的十大过失，其中之一就是刑狱严苛。“今治狱之吏……上下相驱，以刻为明，深者获公名，平日多后患，故治狱之吏皆欲人死，非憎人也。”秦的过失至今仍然存在，酷吏把严苛当作廉明，往往用严刑逼供获得威名，这反而留下了后患。于是酷吏都希望置人于死地，这并不是因为他们憎恨谁，而是为了保住自己的政治前途。

有鉴于此，路温舒劝谏宣帝应当吸取秦亡教训，宽刑罚，尚仁德，以秦朝用法刻深为镜鉴，这样才能实现政治清平。实际上，汉宣帝是一位“霸王道而杂用之”的皇帝，他深谙法治对于治国的意义，也知道法刑太严酷则民心必有积怨，所以对路温舒的建议他也予以肯定，恢复了文景时期平狱缓刑的传统。

汉初思想家和政治家对法家思想失败的反思和总结，与对儒家伦理道德回归的呼吁是同时进行的，或者说，法刑的失败更加凸显了儒家孔孟之道的正确性。自此以后，经过几代思想家和政治家的努力，儒法之争寝息，德主刑辅的治国模式被确定下来，成为后世历朝历代主要的治国思路。唐太宗李世民也非常重视德主刑辅对治国的意义：“朕看古来帝王，以仁义为治者，国祚延长；任法御人者，虽救一时，败亡亦促。”

总之，经过几百年来德治与法治思想的交锋和对秦汉政治实践成败经验的深刻总结，政治家和思想家们最后达成共识，道德与法律不是对立的关系，而是一鸟之两翼，只有德主刑辅的治理思路才适合中国社会治理的实情。汉代以降，德行并举，德主刑辅已成为事实上行之有效，经得起实践检验的治国方略。

4.德主刑辅治国模式的文化土壤

在漫长的政治实践中，中国古人选择了德主刑辅的治国理政模式，而这一模式的形成背后有着深厚的文化基础。

首先，历史上的多次政治实践强化了民众对德主刑辅的认可。

中国的德治文化源远流长。周人推翻了殷商以后，吸取了殷商因严刑暴政而亡国的教训，培养了以人为本、以道德为基处理政务的文化传统。显然，道德具有法律不可比拟的优越性，因为道德可以导人向善，将犯罪的苗头扼杀于未萌之际，而“法能杀不孝者，而不能使人为孔曾之行。法能刑窃盗者，而不能使人为伯夷之廉”（《淮南子·泰族训》）。法能够对那些犯法悖礼之人进行制裁，却不能使人养成“孔曾之行”和“伯夷之廉”那样的善行。由此可见，法的局限性就在于有禁恶之力而乏劝善之功。

实际上，汉武帝在即位之初仍以严刑峻法督责官员严格执法，繁刑酷法使臣民不堪重负。虽然董仲舒明确地提出“德主刑辅”，提议将之作为治国方略，但是汉武帝实际上并没有做到“德主刑辅”。汲黯对武帝“内多欲而外施仁义”的揭露就已经说明了问题。汉武帝在执政末年，发布了《轮台罪己诏》总结并反思了汉初以来，特别是在他执政期间的种种社会问题：

> 及至孝武即位，外事四夷之功，内盛耳目之好，征发烦数，百姓贫耗，穷民犯法，酷吏击断，奸轨不胜。于是招进张汤、赵禹之属，条定法令，作见知故纵、监临部主之法，缓深故之罪，急纵出之诛。其后奸猾巧法，转相比况，禁罔浸密。律令凡三百五十九章，大辟四百九条，千八百八十二事，死罪决事比万三千四百七十二事。文书盈于几阁，典者不能遍睹。是以郡国承用者驳，或罪同而论异。奸吏因缘为市，所欲活则傅生议，所欲陷则予死比，议者咸冤伤之。

汉武帝之前，经过汉高祖刘邦和汉文帝、景帝时期的物质积累，国家整体上处在“海内艾安，府库充实”（《汉书·公孙弘传》）的状态。汉武帝虽然是位雄才大略的明君，但是他连年征战，致使“海内虚耗，户口减半”（《汉书·昭帝纪》）“百姓贫耗”（《汉书·刑法志》）。常年战争导致国力日趋衰微，北伐匈奴也加剧了社会矛盾，社会风气不正，大小官吏横征暴敛，百姓因穷困而走上作奸犯科的道路。对犯人处理宽缓的官吏要被加罪，对案犯治罪严苛的酷吏可以获得重用，这导致官吏在给犯人定罪时，争以严酷为能事。律条日益烦琐，犯法现象却不减反增，社会矛盾进一步加剧。人们对汉武帝的不满日益强烈，怨声载道。可见当时的社会危机有多么严重。

史学家司马迁就生活在汉武帝执政时期，有过身陷囹圄的悲惨经历，他描述当时狱中的情形：“交手足，受木索，暴肌肤，受榜箠，幽于圜墙之中，当此之时，见狱吏则头抢地，视徒隶则心惕息。”犯人一旦入狱，就被折磨得非死即残，看到狱吏都会战战兢兢。

这份《轮台罪己诏》表明汉武帝的治国思路出现转变，从严刑酷法转向宽政养民，在德与刑之间找到了一个平衡点。汉武帝外施仁义，内行法治，这在中国古代历史上是一大创举。尊儒尚法是汉武帝治国理政的基本思路。这是西汉执政者吸取秦亡教训，把提倡仁义德治与依靠严刑峻法二者结合起来以后，才形成的一套适合中国国情的社会治理办法。司马光这样评价汉武帝的治国思路的转变：“有亡秦之失而免亡秦之祸。”汉代统治者治国思路的成功转型，强化了全社会对德主刑辅治国方略的认可。

其次，秦始皇虽然用郡县制取代了分封制，但是作为分封制基础的宗法制，始终影响着民众生活的方方面面。自秦以来，广大的乡土社会仍然是聚族而居的格局。所以费孝通先生就指出，传统中国乡土社会的地缘不过是血缘的投影。而儒家倡导的孝悌等伦理道德，就是建立在宗族血缘关系之上的。

历代王朝也意识到这一点，深知欲治理好乡村社会，就必然要利用好乡村社会的血缘亲情。中国人的血缘亲情讲究五伦，即君臣、父子、夫妇、兄弟、朋友，君臣似父子，朋友似兄弟，所以君臣、朋友这二伦，广义上也属于血缘关系。

在儒家基本伦理道德中，孝悌尤为人们所看重。孔子说："一朝之忿，忘其身，以及其亲，非惑与？"一个人倘若出于一时之愤，就忘记了自身安危，以至殃及父母亲人，是非常不可取的。另外，对父母尽孝道，不仅仅是"居则致其敬，养则致其乐，病则致其忧，丧则致其哀，祭则致其严"那么简单。如果能做到身居上位时不自大傲慢，身居下位时不违法乱纪，不与别人争斗，才是真正的孝子。孔子曰："其为人也孝悌，而好犯上者，鲜矣；不好犯上，而好作乱者，未之有也。"在特有的血缘文化背景下，家与国一体，家庭伦理道德与政治伦理道德紧密相关。可以说，重视宗族血缘关系的文化传统，本身就要求为政者施行德治善治，轻罚省刑。

在乡村社会，邻里关系也十分重要。人们世代比邻而居，过着日出而作日落而息的农耕生活，守望相助，贫病相扶，形成紧密和谐的邻里关系。早在春秋时期，《诗经》就记载了一位妇人在乡邻遇到困难时给予全力帮助的事："凡民有丧，匍匐救之。"《论语·雍也》中说："原思为之宰，与之粟九百，辞。子曰：'毋！以与尔邻里乡党乎？'"原思在孔子家做总管，孔子给他俸米九百，原思不要，孔子就跟他说，不要推辞，有多余的你就送给乡亲邻居。可见孔子对邻里关系的和谐融洽是非常重视的。

在邻里关系的调节中，道德仍然比法律更具有优势。用道德引导邻人谦让，比用法律判决纠纷更能维护邻里关系。费孝通先生说中国社会是乡土性的。人们安土重迁，生于斯，长于斯，老于斯，亦死于斯。人与人之间关系的调节，靠的不是法律，而是世代沿袭的礼仪规范和伦理道德。所以说，古代中国不是法制的社会，而是礼制的社会，道德在社会基层治理中发挥着显而易见的作用。

在调和邻里关系上，法家采取了与儒家不同的措施。商鞅在秦国大行法家思想，进行社会改革，其中一条就是"令民为什伍，而相牧司连坐。不告奸者腰斩，告奸者与斩敌首同赏，匿奸者与降敌同罚"。法家主张告奸，一家有奸，九家同告，如不同告，九家连坐，以法律之名破坏了邻里情感，将“出入相友，守望相助”的邻里关系，变成了“居处相察，出入相司”的告奸关系，以致人人自危。所以后世儒家举起“亲亲相隐”的大旗来反抗什伍连坐。汉代重新以儒家的“仁”“和”等价值观念来维系和重建邻里关系，让检举告奸逐步让位于邻里之间和谐互助。

第二章 古代社会治理精神的更化

秦汉时期是中国古代社会从奴隶制到封建制的转型期，中国古代政治制度在此时逐渐定型。从春秋战国到秦国统一天下，为政者的国家治理思路从以礼治国转向以法治国；从秦至汉，治理思路又从以法治国走向以孝治国。国家治理思路的这两次转向，深刻影响着后人对基本治理精神的认识和把握，直至今天仍有现实意义。

一、秦朝“法治天下”治理路线的历史价值

“世之为治者多释法而任私议，此国之所以乱也。先王县权衡立尺寸而至今法之，其分明也。夫释权衡而断轻重，废尺寸而意长短，虽察，商贾不用，为其不必也。故法者，国之权衡也。……故立法明分，中程者赏之，毁公者诛之。诛赏之法不失其议，故民不争。”（《商君书·修权》）两千三百多年前，商鞅为秦国设计了“缘法而治”的治国方略，将法律视为判断是非、裁定奖罚的唯一准则，对尊法而行者进行奖赏，对触犯法令者进行惩处。与西周时期崇礼精神相比，秦的“缘法而治”为古代中国国家治理提供了新的思路，中国政治文化的发展开启了从以礼治国到以法治国的新篇章。

秦朝统治者以严刑峻法治天下，轻视儒家仁义道德对社会治理的价值，试图在法的框架之下，推行巩固专制主义中央集权的种种措施，建立一个有功必赏、有罪必惩、严格有序，万世不衰的社会。秦人厉行法治，的确在很大程度上彰显了“法”对治国安邦的重大价值，为后人积累了宝贵的经验。

1.“法治天下”是秦朝的必然选择

“法治天下”的治国方略，是秦朝在对自己弱国地位的深刻反思中形成的。春秋时期，秦国地处西陲，与戎狄杂处，以致被代表当时先进文化的东方六国排斥。秦国作为一个弱国，是没有资格参加中原各诸侯国举行的盟会的，齐、赵、魏 、韩、楚等国就像对待夷狄一样对待秦国。到秦穆公时期，穆公励精图治，重视人才，招揽了百里奚等一大批贤士，秦国一度达到了“益国十二，开地千里”“东服强晋，西霸戎夷”的辉煌局面。然而，在秦穆公死后，秦国政权连续经历了四代更迭的混乱时期，实力一再下降。由盛而衰的巨大落差不禁促使秦人思考：秦国的强盛为什么不能持久？

至秦孝公当政时期，秦国在春秋诸国中的地位才开始发生巨大的变化，而这一切皆归功于商鞅从魏国入秦，贡献了他的法治思想。

秦孝公是个志存高远的年轻国君，即位时只有二十岁。他在位时，诸侯争霸的局势更加激烈，秦国的处境更加艰难。他有感于“诸侯卑秦，丑莫大焉”，遂立志振兴秦国，于前361年面向天下士人发布了求贤令，明确承诺：“宾客群臣有能出奇计强秦者，吾且尊官，与之分土。”意即对有能力出奇计使秦国强大的人，秦孝公就将之尊为高官，分封食邑，使其尊显。这项政策激励着天下士人赴秦。此时的商鞅正在魏国郁郁不得志，看到求贤令后，便踏进函谷关，辅助秦孝公走上富国强秦之路。

商鞅先向秦孝公献上帝道与王道之术，但秦孝公都不感兴趣。直到商鞅提出强国之术，秦孝公才表现出强烈的兴趣。商鞅的强秦之术就是法治，而这遭到了秦国旧贵族的反对。秦孝公力排众议，起用商鞅开展了轰轰烈烈的变法。他知道，对于秦国来说，帝道与王道之术都不及强国之法来得实际，他想要的不是成为尧舜禹汤，而是战胜他国，于诸国之中屹立不倒。在强国如林的战国时期，像秦国旧贵族那般，再谈什么法古、循礼就显得幼稚可笑、不识时务了。前事不忘，后事之师。早在三百年前的春秋早期，周礼还没有完全崩坏时，宋国国君宋襄公就在残酷的争霸战争中因盲目崇信仁义礼让而兵败身死，贻笑千古。

三百年后，商鞅和秦孝公顺应时代大势，尊法治，严法令。商鞅在秦国主持变法十八载，终于改变了秦国卑弱的局面，于是"秦人富强""诸侯毕贺"，甚至连天下共主周天子也"致胙于孝公"。秦国终于从一个备受鄙夷的西陲小国，一跃成为战国时期的头号强国。

在战国时期，列国之中大力变法的不只秦国。韩国的韩昭侯用申不害进行变法，楚国的楚悼王用吴起进行变法，魏国的魏文侯用李悝进行变法，但只有秦国的变法取得了巨大成功。一个重要的原因即在于秦国推行了极其严厉的法令，将改革发展的成果用严格的法律巩固下来，真正走上富国强军之路，为之后统一六国打下了基础。商鞅的法治思想在秦国取得的巨大成果，证明了"法"对治国的重要价值。

前338年，秦孝公崩，秦惠文王继位，商鞅因在变法过程中得罪了秦国旧贵族，被秦惠文王治罪，车裂而死。庆幸的是，商鞅之死并没有引发秦国的政治动荡，即使他所倡导的法治思想已经深入人心，法治制度被沿用下来。这一点正好体现了法治的优势。所谓"圣人之治民以德，德有盛衰，天下随之以治乱"[①]，相比德治，法治具有稳定性、持久性的特点，不会因政权更迭而发生大的变化。

① 郭嵩焘：《郭嵩焘日记》第三卷，光绪四年五月二十日，湖南人民出版社1982年版，第548页。

至秦王嬴政时期，法家的另一代表人物李斯入秦，向嬴政献上“灭诸侯，成帝业”的统一大计。在李斯的辅佐之下，嬴政仅仅用了二十多年的时间就实现了统一天下的伟业。前221年，嬴政建立了我国历史上第一个中央集权制的大一统国家，开启了中国历史的新篇章。嬴政为始皇帝，史称秦始皇，李斯为丞相。曾经的关东六国故地，如今皆为秦之郡县。天下初定，人心未服，如何管理空前辽阔的疆域，统一六国故民的思想，就摆在秦朝执政者的眼前。

前213年，秦始皇在咸阳宫举办了一次筵会，筵会上儒家和法家的代表同时向秦始皇提出了治国之策。

以博士齐人淳于越为代表的儒家提出的治国之策为“万事师古”，认为秦也应该在疆域之内实行分封制，“封功臣子弟以为支辅”。所谓的分封制，就是指西周时期，周王根据宗法血缘关系的远近，将宗亲贵戚分封在离周王畿远近不同的地方。贵戚的爵位以嫡长子继承制度进行世袭，这些贵戚是为诸侯。诸侯在自己的封地内享有政治、经济、军事等权力，但对天子有定期朝贡和提供军赋的义务。如果诸侯不履行义务，周天子可以削减或废除他们的封地和爵位，甚至处死他们。

法家则以丞相李斯为代表，认为分封制下“诸侯并作”，这样的制度设计并不是天下稳定的原因，反而是致使“天下散乱，莫能相一”的根源，所以应该废分封，行郡县，实行从上到下直属中央的集权体制。同时，法家认为天下林立的私学并不利于统一思想，因此建议废除“文学诗书百家之语”，仅保留“医药卜筮种树之书”，在国家制度上以法为教，在学术传播上以吏为师，吏民欲知法令者，只能询问郡县的官吏。统治者应实行以法治国，用法家学说来统一天下臣民的思想，加强国家政权对意识形态的控制。

面对儒、法两家不同的治国思路，秦朝统治者应如何选择？天下统一了，是实行分封制，还是推行郡县制？历史的教训就摆在眼前，不容无视。

西周实行的分封制，并没有使周天子实现长享国祚。到了春秋战国时期，诸侯争霸，步步侵吞西周王畿之地，不再把天下共主周天子放在眼里。周室从“普天之下，莫非王土”，沦落到拥有只剩下不足方圆二百里的王畿之地。

秦国占领蜀地之后，在蜀地设置蜀郡，置郡守，但同时又贬蜀王为侯，分封制和郡县制并行，然而结果如何？秦武王元年（前310年），蜀侯通叛乱，秦武王派司马错等前去平叛，杀蜀侯通；秦昭王六年（前301年），蜀侯辉又叛，秦昭王复派司马错出兵平叛，杀蜀侯辉，并封其子绾为蜀侯；秦昭王二十二年（前285年），蜀侯绾也走上谋反的道路。分封制下中央所封三任蜀侯皆发动叛乱，但郡县制下中央所设蜀守却唯王命是从，这使秦王不再封蜀侯，彻底在蜀地推行郡县制。所以秦始皇支持李斯，在实现大一统后，在全国推行郡县制，领土的统一和权力的集中都得到了保障。

再说私学林立和思想统一。天下甫定，众心多异，民间私学林立，议论纷纷，有碍民心的凝聚。所以秦始皇接受李斯的建议，焚书坑儒，崇尚法治，以法为教，以吏为师，在全国统一思想。

从商鞅变法到李斯入秦，秦国政权已传六代。这一个多世纪里，法家学说为秦国铸造的强劲国力有目共睹。基于这样的历史经验，当秦始皇坐拥六国故地，一统天下的时候，他没有选择儒家提出的“万事师古”的建议，而是继踵祖辈，选择了法家以法治天下的治国思路。

秦始皇在一统天下后的十一年间，集中力量发动全国干了三件影响深远的大事：一是修建驰道，形成全国交通网；二是修长城，将秦、赵、燕国原有的长城连通起来以抵御北方的匈奴；三是“堕坏城郭，决通川防，夷去险阻”，将各诸侯国在战争中修筑的防御工事全部拆除。没有中央权力的高度集中，要完成这样的大工程是很难想象的。秦国执政者坚定不移地选择了法治方略，顺应了历史发展大势。从商鞅到韩非子、李斯，法家学派提出的以法治国的基本治国思路，是中国古代政治文明史上的一笔巨大的财富。

2.“法治天下”的社会面貌

秦代的治国构想，就是加强中央集权，实现法治天下的社会治理目标。那么法治天下提供的治理方案要构建怎样的社会秩序呢？我们可以通过史料中记载的法治与德治理论中描述的两种不同的社会面貌，来做一个比较。

第一种是法治社会。荀子曾在秦昭襄王当政时期来到秦国，目睹了以法治国的秦国社会：

> 入境，观其风俗，其百姓朴，其声乐不流污，其服不佻，甚畏有司而顺，古之民也。及都邑官府，其百吏肃然，莫不恭俭、敦敬、忠信而不楛，古之吏也。入其国，观其士大夫，出于其门，入于公门；出于公门，归于其家，无有私事也；不比周，不朋党，倜然莫不明通而公也，古之士大夫也。观其朝廷，其间，听决百事不留，恬然如无治者，古之朝也。

此时距离秦国实行以法治国方略，已经有一个世纪之久。荀子看到的是一个百姓安居，民风淳朴的社会。上至中央，下至地方，官员皆守职尽责，奉公守法，纪律严明，办公效率极高。依法治国贵在尊法而行，“不游意于法之外，不为惠于法之内，动无非法”（《韩非子·有度》）。只有做到不在法律之外打歪主意，不在法令规定的范围内谋私利，所有的举动都合乎法律的规定，才会形成严明有序的社会秩序。“动无非法”的社会理想状态在秦国得到了充分的实现，这正是荀子所希望看到的。

第二种是德治社会。《礼记·礼运》中记载了儒家追慕的圣君尧、舜、禹治理下的大同治世的面貌：

> 大道之行也，天下为公，选贤与能，讲信修睦。故人不独亲其亲，不独子其子，使老有所终，壮有所用，幼有所长，矜寡孤独废疾者皆有所养，男有分，女有归。货恶其弃于地也，不必藏于己；力恶其不出于身也，不必为己。是故谋闭而不兴，盗窃乱贼而不作，故外户而不闭，是谓大同。

这是孔子面对“大道”不行时，对弟子们描绘的“大道之行”下的美好社会。所谓大同社会，其实就是德治社会。大家选举出公认的贤人来治理社会，每个人都讲求仁义道德，拥有和谐的人际关系，人人皆有所养、有所用、有所终，都能从社会中得到关怀，找到归属感，同时也能反哺社会。在大同治世，世上没有阴谋，没有盗贼，人人没有私心，没有恶念。

从这两段材料中，我们可以直观地感知到儒家追慕的大同治世和法家铸造的法治社会有什么不同。法治社会讲求的是秩序，是纪律，是效率，而大同治世追求的是情感，是伦理，是贤德。如果按照这样的治理逻辑，那么法治应该是最有可能使统治者实现政权稳固的，因为它对社会的治理源自相对稳定的“法”。而靠情感、伦理、道德治理的大同社会靠的是人治，国家兴衰治乱与君主贤明与否息息相关。但秦朝历经二世就走向灭亡，汉代的政治家们和思想家们，不得不继续探索更有效的治国方略。

3.“法治天下”的社会目标

法治的社会目标是什么呢?

首先，以法治国旨在构建一个人人懂法的社会。

在一个理想的法治社会中，法律不应该是神秘的，而应该是面向民众公布的律令条文。在法家学派兴起之前，法律是秘密的，所谓“刑不可知，则威不可测”。百姓不知道法的全貌，而贵族往往根据法律临事断案，导致对法制的解读有着很大的随意性。

法家学派兴起之后，法制的面貌发生了质的改变。法律不再为贵族所垄断，开始面向社会公布。法家的韩非子认为，法就是“编著之图籍，设之与官府，而布之于百姓者也”。国家制定的成文法必须面向社会公布，这样才能使民众知法、畏法，才能在政治经济生活中“知所避就”，知道什么是该做的，什么是不该做的。让百姓知法懂法就是法治社会的第一个目标。

秦始皇在数次出巡过程中，都要刻石以纪秦德，刻石的内容就包括秦国的法治建设。根据《史记》的记载，秦始皇“作制明法”“端平法度”，就是要实现“普施明法，经纬天下，永为仪则”的社会目标，使臣下能够“职臣遵分，各知所行，事无嫌疑”，老百姓能够“欢欣奉教，尽知法式”，全国上上下下都能够“咸知所辟”。

商鞅在秦国推行变法，面临的最大困难就是如何才能建立政府威信，使百姓依令而行。在新法令颁布之前，商鞅通过“徙木立信”的方式，提振了百姓对官府政令和国家法律的信心。他在都城市场南门立起一根三丈长的木头，宣布有能将木头从南门搬到北门者，奖励十金。百姓担心有诈，没人敢搬。商鞅又将奖金增加到五十金。有一个人把木头从南门搬到了北门，商鞅立即兑现承诺，给了他五十金，以示法不欺民。秦国百姓由是知道法令的严肃性，人人知法信法，新法令也就更易得到贯彻执行。当商鞅的伯乐秦孝公死后，曾经因商鞅两次受刑的公子虔等向新君秦惠文王状告商鞅有反叛之意。商鞅逃跑，秦惠文王下令搜捕商鞅。商鞅逃到边境，想要投宿，但没有一个店家敢接待他，因为从商鞅“徙木立信”之后，秦国人人都知法守法。所谓“商君之法，舍人无验者，坐之”，商鞅给秦国制定的法令规定，没有证件的客人不能留宿。商鞅于是逃到魏国，魏国因商鞅曾在河西之战中生擒魏国公子卬，而拒绝他入境。商鞅只好潜回他在秦国的封地商於并在商於战死，尸首被带回咸阳，处以车裂之刑。

不得不说，商鞅是一个成功的立法者，因为他将法令布达于境。古代中国另一位改革家王安石曾作诗称颂商鞅：“自古驱民在诚信，一言为重百金轻。今人位可非商鞅，商鞅能令政必行。”商鞅能令法令布达于天下，这是他的独到之处。从这一点上讲，王安石是改革先驱商鞅的知己。

其次，以法治国就是要使全社会树立“君臣上下贵贱皆以法”的尚法理念。

秦人尚法体现在对量刑中平的追求。法家认为“法”是天下的公器，国家应“缘法而治”，“不别亲疏，不殊贵贱，一断于法”。商鞅在秦国实行的法治改革，无论是在广度上，还是在深度上，都远远走在了列国前面。

商鞅“缘法而治”的设想，目的是要取消旧贵族在法律上的一切特权，要求“自卿相将军以至大夫庶人，有不从王令、犯过禁、乱上制者，罪死不赦”。在商鞅以前，中国的法律精神可以概括为“刑不上大夫，礼不下庶人”，但法家并不在乎贵贱有别，他们主张不别亲疏，不分贵贱，一律“刑无等级”，“刑过不避大臣，赏罚不避匹夫”。所谓“一断于法”“法不阿贵”，正体现了秦法不分差别地以法治人的精神。商鞅在秦国变法之时，仅在国都之中就有上千人宣扬“初令之不便”，即商鞅的新法施行起来有诸多不便。这些人基本都是旧贵族。如果上层大人物随意犯法而不被惩治，那么新推行的法律就形同虚设，不能服众。所以，贵族犯了罪依然要斧钺加身，这样才能体现法律的不可侵犯。于是当秦孝公的太子嬴驷，也就是后来的秦惠文王犯了法，商鞅认为必须惩治太子，“法之不行，自上犯之”。法令之不行，是从执政阶层自身不遵法，肆意破坏法制开始的。但太子是秦国的王储，秦孝公不可能在他身上施刑，于是就惩治孝公的兄弟、太子太傅公子虔，并对太子的老师公孙贾施以墨刑，使之代太子受刑。新法施行四年后，公子虔复犯法，商鞅便对其处以劓刑，即割掉鼻子的刑罚。从此以后，秦国的百姓人人遵法而行，守法不移。商鞅变法之后，经过十年的努力经营，秦国就创造了“道不拾遗”“乡邑大治”的稳定局面。

法家追求的“君臣上下贵贱皆以法”的精神，对后世产生了深远的影响。尽管在封建君主专制制度下，不可能实现法律面前，人人平等的理想向面，但那些被称为圣君明主的皇帝，无不尽最大努力遵循法治路线。例如，雄才大略的汉武帝就在私情和国法之间选择了国法。

昭平君是汉武帝的亲姐姐隆虑公主唯一的儿子，还和汉武帝的女儿结了亲，是名副其实的皇亲贵胄。但他倚仗自己皇亲国戚的身份，纵欲使权，无恶不作。当时隆虑公主身体病困，预先拿出黄金千两，为自己的儿子交纳了罚金赎一次死罪。汉武帝默许了隆虑公主的做法。隆虑公主死后，昭平君依然如故不知收敛，“醉杀主傅”，犯下了死罪。主管司法和刑狱的廷尉碍于他皇亲贵胄的身份不敢擅自裁断定刑，便请示汉武帝。汉武帝对隆虑公主有承诺在先，知道自己的姐姐高龄生子极不容易，如今“死以属我”，姐姐临死之前为了唯一的儿子有求于自己，自己也不忍心处决昭平君。但是在私情和公法之间，汉武帝毅然选择了依法论斩昭平君，史书称其“行法无所假贷”。后来，汉武帝为此事“垂涕叹息良久”，“哀不能自止”。这就是对先秦法家“君臣上下贵贱皆以法”的核心精神的继承和体现。

东汉末年的曹操受先秦法家思想的影响极大，统军治国皆以明法。曹操曾在一次行军途中下令，士卒有败麦者死罪。军中人人遵行，骑兵皆下马相互扶持而行，没想到只有曹操的马突然窜进麦地踏伤了青苗。曹操召来主簿给自己定罪，主簿用《春秋》“罚不加于尊”之义不予议罪。但曹操自己制定了法令，却带头违法，如何能服众呢？于是挥剑割发代首，表明自己执法不苟。

曹操不仅以身作则，依法以治，同时也要求身边的人知法守法，用法严明。建安元年（196年），汉献帝都许，曹操知道满宠厉行法治，就任命他为许令。曹操从弟曹洪门下有宾客多次触犯国法，满宠依法“收治之”。曹洪写信给满宠为犯法宾客求情，满宠不予理会，后来曹洪又亲自找曹操说情。满宠担心曹操会赦免这些亲贵们，就将那些恃势犯法的宾客们给杀了。曹操很赞赏他执法如山的做法，说：“当事不当尔邪？”

曹操的儿子曹彰“志意慷慨”，“不念读书慕圣道，而好乘汗马击剑”。建安二十三年（218年），乌桓反叛侵扰代郡，曹彰行军北征乌桓。临行之前，曹操告诫曹彰：“居家为父子，受事为君臣，动以王法从事，尔其戒之。”劝诫自己的儿子遵守法度。

曹操继承了法家“法不阿贵”的思想，主张“设而不犯，犯而必诛”，可以说做到了“不以亲旧废法”“用戮不违亲戚”。

此外，法治天下的目标是要使守法观念深入人心。任何人，百姓也好，皇帝也好，都不能随便轻视法制。

春秋时期的为政者就已经意识到培养民众守法意识的重要性。全民守法首先要求司法者应做到知法守法。春秋战国时期，各国都很注重选拔能够听微决疑的司法官。鲁庄公说过：“小大之狱，虽不能察，必以情。”要求断案者断案时，即使无法做到明察秋毫，也要使判决符合人情常理。李离是晋国理官，因误听下级的汇报判了人死罪，于是也令人把自己关押起来，要以身殉法。晋文公欲免除李离的死罪，但李离认为，断狱官应有自己的职业操守和法律精神，自己失察判刑不当，致使不当受死之人蒙冤而死，根据“失刑则刑，失死则死”的法律规定，自己就应该伏法受刑。

让犯法之人心甘情愿伏法是全民守法的题中应有之义。汉代刘向的《说苑·至公》中就记载了一个被判处刖刑的犯人甘愿伏法的事例。春秋时期，孔子的学生子羔在卫国做司法官，有一次，卫国发生内乱，子羔在逃亡过程中正好经过一处城门，而城门已经关闭。看门人曾被子羔亲自判处刖刑，即断足的刑罚。看门人没有趁机报复子羔，而是掩护他逃走，告诉子羔“于彼有缺”，即有面墙有一缺口，子羔完全可以从缺口逃出去，子羔以“君子不逾”拒绝了他。看门人又说“于彼有窦”，即可从洞穴中逃走。子羔认为从洞穴中逃走，有失威仪，复以“君子不遂”拒绝。看门人又说“于此有室”，于是子羔进入房间逃过了一劫。看门人也许可以借此机会报复子羔，但是他仍然竭力帮助子羔。子羔也对此表示不解，对看门人说：“我不能破坏法律，所以判处你刖刑，如今我有难，你正可以借机报复我，为什么助我脱逃？”看门人解释道：“判处我刖刑是因为我罪有应得，而且你在定罪量刑时怀有仁慈之心，反复从法典中寻找可以赦免我罪行的法律依据，但最后还是依法定罪，判以刖刑。在执行之际，不忍之情流露在你的脸上，这就是我助你逃脱的原因。”

犯法之人知道是因为自己犯了法才遭受刑罚，而子羔作为司法官，尽管心有不忍，但仍不能损害国法，只能依法砍了看门人的脚。无论是犯法之人，还是司法官员，都有法律意识，依法行事这一点是难能可贵的。

实现全民守法的一大前提是执政者以身作则，奉法守法。如果执政者罔顾法律尊严，有法不依，那在全国推行法治也就失去了意义，清代思想家章太炎就看到了秦国几代执政者守法的作用。他在《秦政论》中就说，秦国几代执政者和秦始皇的一大优点就在于“有守”，即“刑罚依科”，守法而治，“古先民平其政者，莫遂于秦”。在秦国，上至国君，下至百姓，皆以守法为重。史书记载，有一次秦昭王患病，有一个里的百姓知道后，有的“买牛而家为王祷”即买了牛做牺牲，在家为国君祈祷。大臣公孙述将这一喜讯汇报给了秦昭王，向国君深得民心表示祝贺。但是，秦昭王不但没有为百姓对君主的忠心而欢欣，反而指责那些百姓违反了秦国的法律。

原来，秦国为了实现富国强兵的目标，制定了保护耕牛的法令。偏居西北的秦国，农业生产技术一向是比较落后的，商鞅在秦国主持变法时，实行了促进农业发展的政策，制定了保护耕牛、鼓励养牛的畜牧法《厩苑律》。《厩苑律》规定，“盗马者死，盗牛者加（枷）”，将盗窃马的人判处死刑，将盗窃牛的人判处枷刑，即在脖子上套上木制刑具。《厩苑律》还规定，每年的四月、七月、十月和下一年正月，由地方政府考评耕牛的喂养使用状况。对耕牛喂养得好的农民，政府给予奖励，对耕牛喂养得不好的，政府要给予处罚。使用牛耕地的，牛的腰围减瘦一寸，主事者要被笞打十下。连牛养瘦了都要接受处罚，更何况是未经允许而擅杀耕牛。

秦昭王身为一国之君，必须遵守法律规定。于是昭王下令，对凡是宰牛为他祈祷的百姓，一律罚缴铠甲二副，目的就是要让百姓明白什么是法治。秦昭王的做法是非常智慧的。百姓“非令而擅祷”，说明爱戴自己的国君，秦昭王完全可以更改法律以回报百姓的忠爱，而这必将造成“法不立”的严重后果，破坏了秦国的法治传统。而“法不立”，就是“乱亡之道”。秦昭王不轻视法律，尊法而治，不仅可使他在民众中立威，使法令易行，还护耕重产，保证了国力的强盛。在他当政期间，秦军曾攻打韩国的上党。上党太守冯亭坚守三十日后，欲将上党归赵国，赵王欲不战而获。但平阳君赵豹分析了秦国与赵国的经济实力后，劝诫赵王：“秦以牛田水通粮，其死士皆列之于上地，令严政行，不可与战，王自图之。”秦国法令的严明和政令的畅通保证了国内生产力水平的稳步提升，使秦国国力强盛，有了与诸国争霸的经济基础。

4.“一断于法”的弊端

在法家看来，法律是裁决万事万物的唯一法则。秦国为了达到“范天下之不一而归于一”的效果，必须秉法而治，将“一断于法”当作法治的基础。“一断于法”不辨亲疏、不别贵贱，不管是功臣勋贵还是王子皇孙，一旦犯法绝不宽宥。这的确使国家治理彰显出了“法”的精神，但它终归是一种简单粗暴的法律逻辑，本身存在很多弊端。

其一，法律条文数目繁多。

在唯法是断的社会，国家和社会生活的各个方面都离不开法制，法律条文往往趋于繁多细密，秦法就有“繁于秋荼，密于凝脂”之评。从现有的资料来看，秦法规定的罪名有200多种。与此同时，秦朝对犯法之人的处罚极其严酷。如秦简《法律答问》记载：“五人盗，赃一钱以上，斩左趾，又黥为城旦。”是说一同盗窃的五个人，如盗窃金额在一枚半两钱以上，要被斩掉左脚趾，同时脸上还要被刺字，再被罚去修筑城墙。只因盗窃一枚半两钱，就要受到如此严厉的惩处。

由于秦朝刑罚名目繁多，老百姓动辄触犯律条，再加上轻罪重罚，规定上交一甲、二甲盾罚金的刑罚比比皆是。老百姓交不起罚款，就被谪为刑徒，导致刑徒数量不断增长。按照《史记》的记载，前214年，秦始皇谪发刑徒五十万戍守岭南；前213年，谪发四十万刑徒修长城；前212年，谪发刑徒七十多万修筑阿房宫和骊山陵，再加上戍边的刑徒，总数恐怕不下二百万。当时全国总人口约为二千万，刑徒的占比恐怕比全国总人口数的十分之一还要高。

这些深受繁刑重罚之苦的刑徒，后来成了推翻秦王朝的重要力量。首举反秦大纛的陈胜、吴广等九百戍卒，就是因雨不能按时抵达戍守地点，按律当斩的刑徒。其实战国时期的秦法对“失期”的惩罚并不刻深，以缴纳罚金为主，如失期“六日到寻，赀一甲”。但到了秦二世时，秦法愈加严苛，失期是死，逃亡是死，造反也是死，繁刑重罚堵死了百姓的活路，终于逼得九百戍卒走上了反秦之路。

其二，“一断于法”一定程度上会伤害人伦情感。

秦朝建立统一伟业，却又猝然而亡的悲剧，使其推崇的“一断于法”的理念被后世执政者当作反面教材。秦人的错误就在于当他们从关中走向关东之后，没能及时调整任法的力度。

秦国经过商鞅变法后，的确实现了民富国强的目的，但商鞅变法重视法治，抛弃了道德，法治的冷酷无情有时会破坏传统伦理道德观念和人际情感，以致“秦俗日败”。当时，富人家的儿子长大以后就独立出来成家，家里贫穷的，长大以后则入赘他家。儿子借农具给父亲用，就像施舍恩惠一样；母亲来拿簸箕用，儿子当即就能恶语相向。父与子之间划清利益的界限，儿子可以不念父母的劬劳之恩。儿媳“抱哺其子，与公并倨”，居然可以当着公公的面用母乳喂养孩子，而且翁媳一起伸着腿坐。婆媳之间稍微意不投机，就能反唇相讥。在本应充满温情的家庭生活中，丝毫不见父慈子孝、兄弟和睦、夫妻和谐的脉脉温情，只有利益大行其道。人们追求利益，鄙薄礼仪道德，不讲孝悌廉耻，抛弃人伦情感，家庭伦理观念比较淡薄。法家“专任刑法而欲以致治，至于残害致亲，伤恩薄厚”，就是说法家抛弃了宗法社会的“亲亲尊尊之恩”。

秦昭襄王执政时期，有一年，秦国遭遇严重的饥荒，许多人都断了口粮。应侯范雎建议秦昭襄王开放国君宫内的五苑，让饥民入内采拾蔬菜、橡果、枣栗充饥，以度过灾荒。政府穷尽所能安抚赈济灾民以使民众渡过难关，是王道的必然要求。但是，秦昭王以秦法为由断然拒绝。因为在秦国，按功受赏是一项铁律，哪怕是在遇到灾荒，百姓的生命面临着死亡的威胁时，执政者也不能破坏这条规则。如果赈济那些对国家无尺寸之功的灾民，使有功之人和无功之人得到同等的救助，这等同于破坏国家的法律，制造社会动乱。与其发放五苑的东西赈济灾民而引发混乱，还不如抛弃枣栗、蔬菜等而使国家得到治理。最后，秦昭王开官仓“赏救”有功之民，硬是不给无功之民分毫之资。秦昭王之时，秦国正处于统一天下的前夜。自商鞅变法以来，正是每一个秦人勤奋耕战，才为这个国家的统一大业奠定了基础。但如今发生灾荒，执政者选择的不是不遗余力地赈济灾民，而是一断于法，刻板机械地遵循“有功而受赏”的秦法。“夫发五苑而乱，不如弃枣蔬而治”（《韩非子·外储说右下》），与其给灾民活路陷国家于混乱，不如让这些人死去以保护国家稳定。这句话道尽了秦法严苛寡恩的一面，将国家的社会治理推向了不近人情的境界，铁法也就成了恶法。如此冷峻的治国思维，如何能够笼络民心呢？

所谓“民为邦本，本固邦宁”，对执政者来说，没有什么比“活民”更加重要的了。法律代表公平正义，但绝不是治国治民的唯一标准。在严法之外，还应该有一个治国标杆，那就是仁爱。而这正是“一断于法”所缺少的。况且如果漠视灾民生计，致使灾民们铤而走险，将会引发更难以控制的动乱，这恐怕就不是铁法所能挽救的了！

其三，为政者用法严苛，不知变通。

法家的一个显著特点就是以严刑酷法作为治乱的主要手段，即所谓乱世之下用重典。商鞅认为：“行刑，重其轻者，轻者不生，则重者无从至矣。”犯轻罪都要受到重罚，那就没人还敢犯重罪，旨在以重刑达到“禁奸止过”的目的。在战国时期诸侯争霸的特殊时代，严刑峻法的确能够使统治者快速整饬社会秩序，集中力量谋求霸业。

但在社会秩序安定之后，如果统治者仍一味地用严刑酷法治理天下，那么一定会伤害民心民力，引得民怨四起。秦王嬴政统一天下后，仅仅过了十五年，大秦帝国就轰然倒塌了。贾谊在他著名的政论文《过秦论》中就严厉地批判秦二世“繁刑严诛，吏治刻深……蒙罪者众，刑戮相望于道”。“过秦”是秦末汉初的一种社会思潮，主要反思并总结秦速亡的历史教训。司马迁也有“过秦”之论，他说秦朝执政者“刚毅戾深，事皆决于法”，以致“刑者相伴于道，而死人日成积于市”。到秦二世当政时，统治者据以治民的法之利器，反而成了伤害万民的一把尖刀。

在根据社会形势变化，调节用法宽猛上，曹操为后世为政者做出了表率。曹操在“拨乱刑为先”的理论指导下，治乱首先用刑，在建安早中期，制定了很多严苛的法律，并贯彻执行。但到了建安后期，随着北方秩序的逐渐稳定，为了适应新的政治环境和形势，曹操开始考虑从宽用法，赦免了不少犯人。刘廙的弟弟刘伟与魏讽谋反，按法律规定，刘廙应受株连被处死，但曹操认为“廙，名臣也，吾亦欲赦之”，遂援引春秋时期“叔向不坐弟虎，古之制”的先例，不追究刘廙的罪行。曹操在汉中征战时，听说王粲的两个儿子受魏讽谋反案牵连被杀，叹息道：“孤若在，不使仲宣无后。”

其四，“一断于法”易导致对重刑主义的极端发挥。

古人认为重刑能够在社会治理中防患于未然，即所谓“重刑连其罪，则民不敢试。民不敢试，故无刑也”。通过轻罪重刑的手段使人心有忌惮，达到“以刑去刑，刑去事成”的目的。商鞅是第一个提出重刑思想的人，他的这一重刑思想被韩非子所继承。韩非子说：“重一奸之罪，而止境内之邪，此所谓为制也。”他认为应通过重刑达到消灭犯罪的宏大目标。

商朝法律规定：“刑弃灰于公道者断其手。”他认为应在街道上倒垃圾的人要接受斩手的制裁。到了商鞅在秦国主持变法时，法律依然严厉，“弃灰于道者黥”，即在街道上倾倒垃圾的人应被处以墨刑。韩非子在《内储说》中记载了孔子和子贡师徒关于重刑的一次讨论。子贡问孔子：“弃灰之罪轻，断手之罚重，古人何太毅也？”孔子答曰：“无弃灰，所易也，断手，所恶也。行所易，不关所恶，古人以为易，故行之。”子贡认为在路上倾倒灰尘是很轻的罪，断人手足太残酷了，古人为什么要这样做？孔子给子贡讲了重刑的合理性：不倒垃圾很容易做到，断手却是人人所厌恶的。让人们去做容易做到的事，就可以不触犯所厌恶的严刑，古人认为这是很容易实现的，所以才推行重刑。这些话未必是孔子说的，但韩非借孔子之口说出了重刑的合理性。重刑在特定的历史时期有一定的合理性，但施行起来也要把握好尺度，一味追求严刑重罚，施政就走向了残政暴虐，造成恶劣后果。

短命的秦王朝给我们留下的历史教训是深刻的：一味推崇“一断于法”是无法确保政权稳固的。秦朝有一统天下之功，但其刻意崇尚“任法而治”之道，以致败亡。可见在国家治理模式上，法律与道德各尽其用，才能实现国家的长治久安。若为政者抛弃道德，唯法是用，则必然为历史、为人民所抛弃。

其五，在“一断于法”的施政背景下，若执政者随意更改法律，干预司法过程，任法的结果可能是“无法”。

秦始皇三十五年（前212年），始皇帝幸梁山宫，在山上见到丞相出行车骑很多，内心不悦。当时在其身旁的随行侍者将皇帝的不悦私下告诉了丞相，丞相从此便减少了出行车骑。秦始皇知道后，推断“此中人泄吾语”，于是“捕时在旁者，尽杀之”。同一年，秦始皇还以诽谤的罪名将四百六十余名诸生全部坑杀。秦始皇三十六年（前211年），有人在东郡一块陨石上刻了“始皇帝死而地分”的字样，秦始皇知道后，“遣御史逐问，莫服，尽取石旁居人诛之”。这实际上已经背离了法家“缘法而治”“信赏必罚”的初衷。

秦始皇三十七年（前210年），秦始皇逝世。少子胡亥在宦官赵高的帮助下，用阴谋取得政权之后，恐怕“大臣不服”，诸公子与之争位，就听从赵高之计，“严法而刻刑，令有罪者相坐诛，至收族，灭大臣而远骨肉”，“于是群臣诸公子有罪，辄下高，令鞠治之。杀大臣蒙毅等，公子十二人诛杀于咸阳，十公主磔死于杜县，财物入于县官，相连坐者不可胜数”。（《史记·李斯列传》）他修改法律，并依据修改后的律条审理被诬告的大臣、公子等。审理中，他令人严刑拷打，屈打成招，致其十二个兄弟、十个姐妹以及蒙恬、蒙毅等文臣武将先后被处死，一时间“赭衣塞路，囹圄成市”，“法治”秦朝实际上已经无法可言，“唯法为治”的社会目标成为一种讽刺。

秦二世胡亥向李斯询问“赐志广欲，长享天下”的方法，即为政者恣意纵欲还能长葆天下的方法。当时李斯的儿子李由任三川太守，镇压农民起义不利，大将章邯要追究他的责任。李斯为保住父子二人的前途，挖空心思，向秦二世献上了“督责之术”。督责之术的核心要义主要有两点：一是用严刑酷法使人民不敢犯罪。李斯从商法“刑弃灰于公道者断其手”那里获得了灵感——轻罪重罚，老百姓就不敢触犯法网。二是帝心独断，权不在臣。君主督责臣下，臣下不敢不竭尽全力效忠君主，君主就能够驾驭臣下，实现中央集权。

正是在李斯“督责之术”的影响下，秦二世“督责必则所求得”，以致“税民深者为明吏”“杀人众者为忠臣”，各级官吏俯首帖耳、“尽职尽责”，老百姓也不敢犯上作乱，将“缘法而治”推向了无法无天的穷途末路，“上下相遁，蒙罪者众，刑戮相望于道，而天下苦之”，最终，秦二世胡亥遭到历史无情的抛弃。

二、汉代“孝治天下”治理路线的历史价值

到了汉代，在对秦朝“法治天下”治理路线的批判声中，“孝治天下”治理路线的价值被重新发掘出来。“孝治天下”有“法治天下”所不具备的道德优势，有助于巩固皇权的统治。

1. 秦汉治国精神的更化：从“法治天下”到“孝治天下”的探索

秦汉兴替促成了中国古代社会治理路线的一大转变，讨论秦亡汉兴的根源也在西汉建立之初掀起一阵思潮。汉初民生凋敝，百废待兴，天下人在“苦秦久矣”的恐惧中对新兴的大汉王朝充满了期待。而对汉初执政者来说，秦朝短祚而亡的经历如在昨日，警醒也启发着他们去思考秦朝“缘法而治”的弊端。

汉初，儒生陆贾和汉高祖刘邦有一段经典的政论。当时陆贾时常在刘邦面前称说《诗经》《尚书》，刘邦怒骂：天下是在马上征战而得，哪里用得着《诗经》《尚书》。这时候陆贾提出了一个问题：“居马上得之，宁可以马上治之乎？”在马上得天下，难道可以在马上治天下吗？接着陆贾又抛出一个问题：取得天下后，应该如何治理天下呢？汤武逆取顺守，文武并用，后人推之为圣王。吴王夫差和晋国智伯都是穷兵黩武，秦二世一任刑罚，不知变通，最终因暴政而亡。倘若秦行仁义，法先王，天下就不是刘氏的了。刘邦听

了陆贾的话深感不安，遂让陆贾总结古今成败的规律及秦亡汉兴的原因。（《史记·郦生陆贾列传》）秦朝二世而亡的惨痛教训，促使汉人对“缘法而治”提出了质疑，令他们认识到“徒法不足以治行”。

那么，治天下靠的是什么呢？陆贾向刘邦献上重振孝悌价值观的主张。“夫建大功于天下者，必先修于闺门之内……曾子孝于父母，昏定晨省”，“行之于小，显之于大”。人谁无父母，谁无儿女，没有什么比孝亲更能引起所有人的情感共鸣。刘邦虽出身草莽，文墨不通，不喜儒术，但也深具孝恩之情。在和项羽对垒广武的时候，项羽抓来刘邦的父亲刘太公相要挟，刘邦若不投降，就将其父下烹锅。谁知刘邦竟弃父亲的性命于不顾，说自己已与项羽结为兄弟。“吾翁即若翁。尔必欲烹若翁，幸分我一杯羹。”但是当他南面而王以后，“五日一朝太公，如家人父子礼”。刘太公因在关中深宫之中住不习惯，时常思念旧土，心情“凄怆不乐”，刘邦遂在长安城东郊郦邑，仿照丰沛老家街巷景物新建了一个一模一样的城，号为新丰，并将老家的四邻故人迁来新丰与太公同住，令他们在这里继续过斗鸡、蹴鞠的逍遥生活。前为权宜之计，后乃人子真情。刘邦的孝亲之举，为汉代孝治天下开了个好头。除光武帝刘秀之外，刘邦之后的两汉皇帝在驾崩之后谥号均冠以“孝”字，成为汉代政治文明的一道风景线。

汉代执政者用了七十年的时间，才使国力从“民无盖藏，自天子不能具醇驷，而将相或乘牛车”的困窘中实现飞跃，实现“民人给家足，都鄙廪庾尽满，而府库余财，京师之钱累百巨万，贯朽而不可校，太仓之粟陈陈相因，充溢露积于外，腐败不可食”的富饶局面。经济的恢复是国泰民安的基础，然而整体社会文化价值的建设问题，仍然没有得到较大改变。从汉高祖到汉武帝，是汉朝因袭秦朝制度的时期，但同时也是重建汉朝文化价值的时期。在这一过程中，汉文帝发挥着承上启下的重要作用。汉文帝登基后不久，就颁布了“定振穷、养老”的诏令：

老者非帛不暖，非肉不饱。今岁首，不时使人存问长老，又无布帛酒肉之赐，将何以佐天下子孙孝养其亲？今闻吏禀当受鬻者，或以陈粟，岂称养老之意哉！具为令。

诏令中对老人孝养的要求体现的是执政者的孝治观。不按时慰问老人，不给老人赏赐布帛酒食，怎么能为天下人做好表率呢？应该将孝养老人的各项制度写成法令。这算是汉文帝时代孝治天下的一个总的精神，体现了为政者的人文关怀。民为国家之本，这是历代为政者总结出来的执政经验。国家大事，如战争、工程、财政等，没有一项能脱离人民群众而实现。只有关怀人民疾苦，尤其是解决社会弱势群体的困难，才能赢得人民的拥戴。

在这之后，汉代各地方政府就开始根据国家法令颁布具体规定：

有司请令县道，年八十已上，赐米人月一石，赐米人月一石、肉二十斤、酒五斗。其九十已上，又赐帛人二匹、絮三斤。赐物及当禀鬻米者，长吏阅视，丞若尉致。不满九十，啬夫、令史致。二千石遣都吏循行，不称者督之。

每年的八月份，皇帝会派人存问老人，或者令地方政府慰问老人。政府对八十岁以上的老人，每个月提供米一石、肉二十斤、酒五斗；对九十岁以上的老人，每个月还要再提供帛二匹、絮三斤。布帛酒肉等一应物品由地方官吏送到。郡守还要派专员巡行地方，督查不称职的官员。对老人的存问制度正式形成，从法律和制度上保证孝养老人政策的落实。

汉文帝倡导的以孝治国，与秦朝的以法治国所带来的社会紧张氛围形成了鲜明的对比。汉代的养老从国家层面和基层社会层面分别入手。基层社会的养老制度注重实质意义，如政府定期为老人提供衣服和食物；而国家层面的养老则注重象征意义，如朝廷制令使一些老人享受到空前的尊重和荣誉。汉代赐予高寿老人“几杖”，杖是权势的象征，赐老人“几杖”，则意味着他们享受一定的特权。汉宣帝继承了前代养老精神和制度，他曾颁布《王杖诏书令》，对持杖老人给予各种优惠、特权，并规定欺辱持杖老人的人处以死刑。

到了汉武帝时，孝治天下发展到一个新的高度，即将家庭伦理中的“孝德”纳入国家政治制度，在选官标准上体现国家对“孝德”的重视，代表了国家在政策制定和社会治理中的价值取向。汉武帝设立面向全国的“孝廉”岁举科目来选拔官吏，形成“举孝廉”的察举选官制度。举，就是察举，由地方推举当地的孝子廉士去做官。孝，就是孝子，只有孝子才能做官，不孝之徒即便学富五车也没有资格做官。一个孝顺父母的人，做官以后才有可能忠于君主。一个人若对生身父母麻木不仁，薄情寡恩，则说明其私德出了严重问题，这种人做了官也不可能忠于职守。古代中国极其重视忠孝两德，忠是公德，孝是私德。政治家们和思想家们将忠孝视为一体，对他们来说，孝于双亲和忠于君主本质上是一回事。

国家对孝德的重视不仅体现在将之纳入选官标准，还体现在将孝德渗透在社会基础教育中。《孝经》一书只有两千三百多字，在汉代成了皇室子弟的必读书目，正所谓“修古帝王之事，通保傅，传《孝经》《论语》《尚书》”。此外，朝廷还要“使天下诵《孝经》”。

以孝治国是汉代政治文化的典型特征。正是从汉代开始，“孝”进入国家政治体制之中。汉代不遗余力地推行“孝政”，所取得的成就在整个中国历史上都是空前的。许多普通士人就是因为有仁孝的德行而被推举为孝廉，从而进入官场。西汉末年隗相，“事母至孝”，汉哀帝时为孝廉，平帝时为郎。还有东汉时期的江革以孝养母亲闻名，是乡里有名的孝子楷模。江革生活在两汉之交，与母亲相依为命。时逢王莽新朝政治腐败，天下大乱，盗贼蜂起，江革背负老母弃家避乱。在生活困苦的情况下靠采食野菜供养母亲。一天他为母亲挖野菜时，被盗贼抓走。江革泣涕哀求，言称家有老母需要供养。拳拳之情打动了贼匪，匪徒不忍侵害江革，甚至告诉江革哪里可以避乱。战乱之中，江革以其孝行得以存活。后来他辗转下邳，行佣供母。光武帝末年，江革携母归乡。每逢县中查阅户口，江革都要带上母亲去县衙。他怕母亲路上颠簸，自己就在车辕中拉车，而不用牛马。他的孝行感动了乡里人，乡里人称其为“江巨孝”。因为孝行，光武帝、明帝、章帝朝三朝君臣都对他推崇有加。在明帝永平初年，江革“举孝廉为郎，补楚太仆”；章帝初，复举贤良方正，任五官中郎将，转拜谏议大夫。京师贵戚皆钦其孝德，无不奉书致礼。江革辞官归乡后，汉章帝下诏：“谏议大夫江革，前以病归，今起居何如？夫孝，百行之冠，众善之始也。国家每惟志士，未尝不及革。县以见谷千斛赐‘巨孝’，常以八月长吏存问，致羊酒，以终厥身。如有不幸，祠以中牢。”（《后汉书·江革传》）章帝敕令地方政府对老迈的江革时时照顾，终身存问，如他去世，要给予他“中牢”的礼遇。这里的“中牢”是指祭祀的规格。古代祭祀用猪、牛、羊各一头，叫“三牲”，又称“太牢”；用猪、羊二牲，叫“中牢”。古时天子祭祀社稷用太牢，诸侯祭祀用中牢。孔子是至圣先帅，当年汉高祖刘邦过鲁时，就以太牢的规格祭祀孔子。而江革死后，朝廷令人以中牢规格祭祀他，将江革树立为孝行楷模，推崇其孝德，以激励世人，可见东汉王朝对其孝德的推崇。

如隗相、江革等以孝行入仕的事迹在两汉的典籍中俯拾皆是。将传统伦理价值“孝”纳入国家政治制度，带来的好处是显而易见的：一是推动社会和谐发展，一改前朝严刑酷法带来的紧张和社会关系；二是为国家官员队伍补充一支支有德行，靠得住的后备力量。

在古代，不孝是重罪，汉代尤其如此。不孝的范畴很广，不善待祖父母、父母，杀害父母，谩骂殴打父母，诽谤告发父母，不赡养父母等行为，都属于不孝。父母去世隐匿消息，不为父母服丧，守丧期间过夫妻生活等，也属于不孝。对不孝行为进行严厉处罚，是汉代以孝治国的题中应有之义。

2. 汉代以孝治国的治理理念在后世的继承与发扬

以孝治国符合家国同构的中国传统社会结构，自汉代以后为后世所继承发扬，成为我国的一种特有的政治文化。

泰始四年（268年）六月，晋武帝下诏令地方推荐孝子入朝为官："士庶有好学笃道，孝弟忠信，清白异行者，举而进之。"李密以孝闻名，《晋书·孝友传》记录了李密等14位孝子的故事，并将李密列于篇首。他的《陈情表》表其纯孝，以其情真意切感动了后世。李密幼年失怙，母亲改嫁，是他的祖母刘氏将他抚养成人，因此李密对祖母孝敬甚笃。晋武帝听闻李密的大名，于是征诏这位蜀汉旧臣为太子洗马。在这改朝换代的关键时期，李密要是答应了晋武帝的征诏，那如何对得起蜀汉。于是他上《陈情表》，陈祖母"供养无主"之辛酸，以"圣朝以孝治天下"为由堵住了晋武帝的口。晋武帝看了《陈情表》也深受感动，只好成全了他"乌鸟私情，愿乞终养"的孝心，令其所在郡县拨款，帮助李密赡养其祖母。中国古代社会最看重"忠""孝"二德。李密对祖母尽孝，完全符合当时"以孝治国"的政治理念。

除对至孝之人加以褒扬，晋朝对不孝之人的惩处也是相当严厉的，"有不孝敬于父母，不长悌于族党，悖礼弃常，不率法令者，纠而罪之"。朝廷对不孝之人要严加惩处，"每见国家赦书，谋反大逆皆赦，孙杀王父母、子杀父母不赦，以为王法所不容也"（《世说新语·赏誉》）。

这一点在隋唐依然如此。《隋书·何妥传》载，隋朝立国后，纳言苏威就说："臣先人每诫臣云，唯读《孝经》一卷，足可立身治国，何用多为！"建议隋文帝继续延续前朝以孝治国的政治理念。上柱国公郑译于隋朝立国虽有定策之功，但因其“与母别居，为宪司所劾，由是除名”，以不孝之名被废除了原有的爵位。在唐代，与父母别居、分家产，以及殴打、杀害父母等，都属重罪。“十恶”中第七恶便是不孝。对十恶不赦的大罪，唐代皇帝大赦天下的时候，“恶逆”罪不在宽赦之列。《唐律・名例律》规定：“恶逆这，常赦不免，决不待时。”

到了宋代，即使是皇帝有不孝的行为，人们也会毫不留情地予以谴责。南宋淳熙十四年（1187年），都城临安流传着一则童谣：“汝亦不来我家，我亦不来汝家。”说的是皇帝宋孝宗和太子赵惇（即后来的光宗）因小事而不相往来。至淳熙十六年（1189年），宋孝宗将皇位禅让给了赵惇，自己安心当起了太上皇，赵惇为宋光宗。结果光宗对深居重华宫的孝宗不行的礼节，不但一年多时间不去探望孝宗，甚至孝宗死后，他都不愿意为孝宗尽孝服丧。作为天下表率的皇帝，竟然在一贯标榜以孝治国的国家里行不孝之举，以致家丑外扬，宋光宗也成为“为不孝以对天下”的不孝之君。

在明代，孝亲文化依然受到统治者推崇。明成祖朱棣颁布的《孝顺事实》收录了200多人的忠孝事迹。明太祖朱元璋虽然以暴酷闻名，但是他自称“孝子皇帝”，不遗余力地推行以孝治国的政治理念，甚至为了成全孝道而曲法，目的就在于劝勉天下臣民行孝为忠。当时山阳地区有个人犯了法当受杖刑，他的儿子请求代父受刑。太祖指示负责此案的法官，父子亲情乃人之天性。世上有不孝不逊之徒，在亲人罹祸时坐视不顾。如今有人愿意替父受刑，这是他至情至孝的表现。太祖愿意为此曲法，以鼓励天下臣民遵行孝道。法官遂免除那位父亲的杖刑，将之释放。（《皇明典故纪闻》）从这个故事中，人们可以看出明朝司法的精神，即尊崇孝道。

朱元璋以孝治国的思想对明清两代影响深远。他颁布《孝慈录》，重拾“举孝廉”制度，很快便“山林岩穴、草茅穷居，无不获自达于上，由布衣而登大僚者不可胜数”。他又颁布《圣谕六言》，提出臣民日常生活中应当遵行的行为规范，如“孝敬父母，尊敬长上，和睦乡里，教训子孙，各安生理，毋作非为”，并将“孝”列在第一位。明代中后期的很多家谱就将朱元璋的《圣谕六言》刊于卷首，以明家风。

金元两朝虽然是少数民族政权，但依然继承了汉族的孝文化传统和以孝治国的理念，各级学校都要使用唐玄宗注释的《孝经》。《元史》表彰的孝行卓著的人，有十几人是蒙古族人、色目人。清代除了沿袭前朝成规之外，还做了许多新的规定。为了鼓励家族聚居，使老有所养，凡同居几代以上的楷模家庭，政府对其授以“义门”的称号。不孝被定为十恶之一，辱骂殴打父母或祖父母者将面临严厉惩处，甚至被判以绞刑和腰斩，连其老师和地方官都要受到牵连。

3.“孝德”的双面性

以孝治国可以在一定程度上达到约束人心的作用，但有时“孝”也会被人利用，成为其扳倒政敌的工具。

一方面，以“孝”作为判断一个人是否有官德的标准，可以为国家选拔出有孝德的官员。

官员不孝，轻则丢乌纱帽，重则丢掉性命，自汉至清皆如此。国家对不孝官员进行严厉的处罚，这对社会上不孝恶俗的改善有促进作用。

汉成帝时，薛宣身居相位，却对养母不敬。养母死后，他不着丧服，于孝道有亏，最后被人告发，其爵位、官职等皆被褫夺。皇帝还专门颁诏斥责薛宣：“君为丞相，出入六年，忠孝之行，率先百僚，朕无闻焉。”说薛宣作为丞相前后六年，忠孝之行，值得百官学习的优点，成帝没有听说过。于是，皇帝将薛宣免为庶人，令他老死家中。

汉代确立了孝治天下的方略以后，进孝悌、黜不孝成为一种选官原则，为后世所遵循。其中，为父母守丧丁忧是子女孝心的重要体现。古代有为亡故亲属持礼守丧的文化传统。在职官员在亲人去世后，要辞去所有职务回家居丧，是为“丁忧”。自汉代以后，历代王朝都重视“以孝治国”，因此官员居丧丁忧形成了一种制度。丁忧期间，官员如继续任职、生子、嫁娶等，都被视为不孝。在宋朝，官员丁忧被纳入了礼、令、律的范畴，官员必须根据规定丁忧，不按规定丁忧者被视为不孝，会遭到天下人的耻笑。明朝继续沿用丁忧制度。朱元璋规定：凡大明官员，若父母故去，必须辞去官职，回家守丧三年。自汉以来，很多官员就因丁忧期间居丧不度，于礼有亏而受处。

《旧五代史·后唐明宗本纪》记载，后唐天成三年（928年），“滑州掌书记孟升匿母服，大理寺断处流，特敕孟升赐自尽。观察使、观察判官、录事参军朱其纠察，各行殿罚”。孟升隐匿母丧的消息，被大理寺判处流放罪，但皇帝特别下旨赐其自尽。观察使、观察判官、录事参军因没能及时检举孟升，各自降为最后一等。

《全宋文》记载，北宋时期，扬州人李定是王安石的学生，在王安石推行新法“青苗法”的时候，李定因说了一句“民便之，无不喜者”便深得王安石的器重和欣赏，拜太子中允、监察御史里行。后来，御史陈荐举报李定在担任泾县主簿的时候，故意隐瞒庶母仇氏去世的消息，没有去职丁忧。不为亲人服丧的行为在封建社会可是大罪，为人所不齿。为此朝廷派出专员调查此事，得知仇氏确非李定生母，并得到了李定父亲的确认。尽管如此，曾公亮认为李定应该追加行服，补上三年孝期。李定背上了不孝的罪行，宋神宗只好免去了他的御史之职，让他到崇政殿当经筵官。但崇政殿的官员也不能接受这样的安排，有两位御史林旦、薛昌朝不依不饶，继续上书弹劾李定，认为“不宜以不孝之人居劝讲之地”，甚至弹劾王安石，“以定素出其门，力为荐引，虽旧恶暴露，犹曲折蔽护”。王安石对李定的力保引发了更加激烈的反对。台谏官范育前后七次上书弹劾李定“背丧讳母”，认为这样毫无孝心之人位处“天子左右”充任台谏官，实在没有说服力。一个没有孝心的人，怎么值得朝廷信任呢？当然，对李定的弹劾，也在一定程度上受王安石变法所引发中党派纷争的影响。但是，无论如何，孝道有亏的人的确不能位列台阁。对他的弹劾在一定程度上能够引导天下人建立正确的孝道观。

就连大诗人白居易，也难逃丁忧期间不孝的罪名。唐宪宗元和九年（814年），白居易为母亲服丧期满后，拜太子左赞善大夫。这是个太子属官，正五品。第二年，白居易越职谏言遭人忌恨。之后，有人传言其母是赏花落井而死，诬告他在丁忧期间赋诗《赏花》《新井》等，有伤风化。白居易因此被逐出京师，贬为江州刺史。中书舍人王涯认为，白居易“所犯状迹，不宜治郡”，于是又把白居易贬到离京城几千里外的江州，令他做江州司马去了。在唐代，司马这个职位是刺史的副手，属于闲散虚职，无实权，一般是用来安排那些犯事被贬的官员的。白居易《琵琶行》中那句“江州司马青衫湿”，就是被贬后心情的写照。

从汉唐到宋明，孝是评价人物、选用官吏的一个极其重要的标准，即所谓“求忠臣必于孝子之门”。因为执政者相信，一个不孝之子对国家、对皇帝是不会有什么忠诚之心的。

但另一方面，作为官德的重要内容，孝有可能会被有心人利用，成为其扳倒政敌的工具。一个人有孝德，可以被选拔为官，如果违背了孝德，就会被冠以不孝之名，遭受政治打击。例如，汉末的孔融乃孔子二十世孙，博览群书，曹丕曾在《文论》中将之列为“建安七子”之首。《后汉书》本传中记载，孔融非常有孝心，他十三岁时“丧父，哀悴过毁，扶而后起，州里归其孝”，但是他最后竟死于不孝之名。原来，孔融为人恃才傲物，多次违逆曹操的政令。曹操下禁酒令，孔融表示反对，说“天有酒旗之星，地列酒泉之郡，人有旨酒之德，故尧不饮千钟，无以成其圣”，家中常常“坐上客恒满，尊中酒不空”，堂而皇之、明目张胆地违背国家政令。曹操推行改革，孔融亦表示反对。曹操几次想要杀掉这个“不识时务”的才子、孝子，只是碍于他的大名而强忍愤怒，最后给他扣上了一个“不孝”的帽子才杀了他。

据说孔融曾对祢衡说：“父之于子，当有何亲？论其本意，实为情欲发耳。子之于母，亦复奚为？譬如寄物缻中，出则离矣。”意思是说，父子对于孩子，有什么恩情可言？孩子的降生不过是父亲情欲勃发的一个结果而已。而母亲孕育孩子，就好比一个东西寄养在瓶罐里，当那个东西拿出来以后，就跟瓶罐没有什么关系了。在以孝治国的汉代，这番言论实属离经叛道。

建安十三年（208年），曹操判处孔融死刑。孔融是汉末名士，他的死在社会上引起了极大的震动。为了平息众怒，曹操发布了《宣示孔融罪状令》，根据孔融的几番叛逆言论，给他定了“违天反道，败伦乱理”的罪名。其实，孔融未必说过这样的话，即便说过，也是孔融与祢衡的私密之语。曹操拿来罗织罪名，确实有诛锄异己之嫌。

4.“为政以德”的社会价值

“为政以德”这句话出自孔子之口，“为政以德，譬如北辰，居其所而众星共之”。实行德治的执政者，就如同天上的北斗，安静地待在自己的位置上，众多星辰环绕在自己周围，自行运转。执政者修己养德，以德治国，就能将群臣和百姓吸引到自己的身边，达到维护统治、稳定社会秩序的目的。为政以德指的是行德政，在经济上使百姓富足，安居乐业；政治上选贤使能，清正廉明；文化上有教无类，导民向善。可以说，为政以德是中国传统政治文化中的执政理念。

为政以德执政理念的社会价值，一在于以德化民，二在于规范社会秩序。法治虽是治国理政不可或缺的重要手段，但是法治并不是万能的。历代为政者之所以强调德在治国中的重要性，就是看到了为政以德在社会治理中的价值。

深谙为政以德，德化人心之道者，如东汉的鲁恭，成语“鲁恭之宰”讲的就是鲁恭的德政。汉章帝时期，鲁恭在中牟令任上，“专以德化为理，不任刑罚”，以道德教化导民向善，取得了刑罚政令所达不到的社会治理效果。史载，鲁恭在任期内用仁德化解了三次理政困境：

第一件事，“讼人许伯等争田，累守令不能决，恭为平理曲直，皆退而自责，辍耕相让”。县里有个叫许伯的人，为了田产和邻人争讼多年，历任太守和县令都不能决断。鲁恭对许伯讲清事情的是非曲直，并说明睦邻友好的益处，许伯听了心悦诚服，不再和邻人打官司。

第二件事，“亭长从人借牛而不肯还之，牛主讼于恭。恭召亭长，敕令归牛者再三，犹不从。恭叹曰：‘是教化不行也。’欲解印绶去。掾史泣涕共留之，亭长乃惭悔，还牛，诣狱受罪，恭贳不问。于是吏人信服”。有人向鲁恭告状，说县里的亭长借了他家的耕牛，至今未归还。鲁恭召来亭长再三申令让他归还耕牛，但亭长拒不归还。鲁恭叹息道：这是我的教化不能施行的缘故啊。之后就解下印绶辞官离去，属官们极力挽留，亭长也后悔不已，答应归还耕牛。

第三件事，“建初七年，郡国螟伤稼，犬牙缘界，不入中牟。河南尹袁安闻之，疑其不实，使仁恕掾肥亲往廉（察）之。恭随行阡陌，俱坐桑下，有雉过，止其傍。傍有童儿，亲曰：‘儿何不捕之？’儿言：‘雉方将雏。’亲瞿然而起，与恭诀曰：‘所以来者，欲察君之政迹耳。今虫不犯境，此一异也；化及鸟兽，此二异也；竖子有仁心，此三异也。久留，徒扰贤者耳。’”汉章帝建初七年（82年），中牟县（今河南中牟县）所在郡蝗虫成灾，唯独中牟县未受其害。河南尹就让下属肥亲下县视察。肥亲来到中牟县，停在一棵树下休息，这时一只野鸡泰然自若地在地上散步，并不怕人，旁边的小童也不去捉野鸡。肥亲不知何故，便问小童，小童回道：这个季节正是野鸡繁育后代的时候，抓了它，小鸡们就没法活了。肥亲非常钦佩鲁恭行德化的成果，认为他施政恩及鸟兽，连幼童也有仁爱之心。

反过来说，无德而伤民心、失民心的例子，历史上也有很多。《新五代史》载，五代后唐赵在礼在宋州做官，横行霸道，巧取豪夺，贪暴峻刻，宋州百姓叫苦不迭。后来他调去镇守永兴，宋州百姓拍手称贺，说“拔掉眼中钉了”。这话传到赵在礼耳中，他向唐明宗写信，要求继续留在宋州，唐明宗同意了他的请求。他为了报复宋州百姓，下令每户都要多征收一千钱，名曰“拔钉钱”。地方官员本为民之父母，却伤害民众的心，根本不把人民的冷暖放在心上，反而挖空心思地加以迫害。为官应多做暖人心、得人心的事，少干寒人心、失人心的事，这不仅是官德的应有之义，也彰显着为官者的道德修养和思想境界。

一个明智的执政者无论是打天下，还是坐天下、守天下，都应重视德治，只有那些鼠目寸光之主，才会弃德如敝屣。秦末大乱，各路诸侯争夺天下，刘邦和项羽代表着其中两支重要的武装力量。楚汉相争之际，刘邦和项羽入关中的不同表现，为二人日后成败埋下了伏笔。

当时，楚怀王与群雄约定，“先入关中者为王”。项羽在鸿门宴之后，“引兵西屠咸阳，杀秦降王子婴，烧秦宫室，火三月不灭，收其货宝妇女而东”。项羽的一系列行为，正暴露了一个无德之主的浅薄和短视。屠咸阳城，是不顾百姓死活；秦王子婴已经投降，杀投降之人无德。项羽烧毁秦宫，大火三月不熄，秦王宫的珍宝财富和妇女皆遭劫掠，凝聚着万千民力的咸阳宫及其宫阙建筑，在项羽的一把火下化为灰烬。而且，项羽“所过无不残破。秦人大失望，然恐，不敢不服耳”。项羽杀人放火，毁坏建筑，抢劫财富，不得民心。秦末，天下人因执政者残暴而起兵反秦，统一六国之后，秦始皇都没有将六国人斩草除根，赶尽杀绝，项羽所为比暴秦还残暴。相比之下，刘邦进咸阳城后，整肃军纪，严禁官兵扰民。进入关中后，刘邦听取了张良的建议，与百姓约法三章："杀人者死，伤人及盗抵罪，余悉除去秦法。"当时天下人苦秦久矣，刘邦进入关中不仅秋毫无犯，而且约法三章，温暖了民心。秦人大喜，争相拿着牛羊肉和酒食慰劳刘邦的将士，刘邦辞决不受，说"仓粟多，非乏，不欲费人"，不愿意让百姓破费。刘邦的仁德之心给关中父老留下了深刻的印象，起到了凝聚民心的效果，关中父老"唯恐沛公不为秦王"。刘邦布德于民，把和平安定给了关中百姓，奠定了他日后战胜项羽、夺取天下的基础。

为政以德，以此规范社会秩序者，如林则徐。光绪年间《松江府续志》中记载，道光三年（1823年），林则徐被任命为江苏按察使，主持一省司法审判。林则徐上任后，就遇到了乡民冲击官府的恶性事件。据《松江府志》记载："道光三年……时值大水，郡民诣府署报灾，知府某不善遣民，大扰。事定，系累数十人，狱久不决，株引益多。则徐按郡亲鞫，得为首者置之法，余皆开释，民颂之曰：'林青天'。"

林则徐法情并用，很快就处理好这一场官民冲突。原来，在林则徐上任的是年夏天，江苏省暴发了一场特大洪水，有四十二个州县受灾，长江两岸农民颗粒无收。受灾最为严重的是松江府。松江府娄县知县李传簪赈灾不力，他既没有采取救灾措施，也没有向松江府及时报告灾情，使广大灾民不能及时得到政府的救助，这就引起了灾民的不满。一部分饥民聚集在县衙门前请愿，李传簪害怕激起事端，答应饥民到省里求发银米。当知府杨树基得知这件事后，认为上报灾情的期限已过，逾期上报势必会受到上级的责怪，便阻止了李传簪向省里报告灾情的举动。消息传开，民怨沸腾，于是娄县的一百多名饥民拿着盛粮食的筐箩聚集到府衙。知府杨树基见状，不得不升堂处理。但群情躁动，杨树基见已无法审理案件，便仓皇退堂。这导致饥民一时愤怒，打毁了暖阁的窗棂，涌入内署，拆毁了门窗桌椅。这下事情闹大了，杨树基迅速命令提督带兵赶来驱散群众，当场拘捕了九人，后来又陆续抓捕了几十人，酿成了一件闻名全省的大案。

杨树基在事件发生后的第三天将情况上报给了江苏巡抚韩文绮，韩文绮一听，感到事情非同小可。因为在封建社会，冲撞衙门、大闹公堂被视为聚众造反，那是大罪。于是，他迅速命令候补道钱俊会同按察使林则徐前往松江督拿究办，严惩全部要犯，决不宽容。

接到命令后，林则徐很快就赶到了松江。林则徐在了解了案情之后，认为这些饥民之所以冲撞衙门，是因为知县李传簪和知府杨树基赈灾不力，事件发生后又没有采取恰当的处理措施造成的，民变的责任并不完全在灾民。于是，他暗地里告诫自己：成法不可废，我作为一名官员，必须维护朝廷的法纪，必须依法办事；但是百姓的利益也必须加以保护，民愿也必须得到重视，这一案件事出有因，处理起来决不可打击面太大。最终，他在审理案件时只判处了一人斩刑，十七人受到其他处罚，把打击面缩到最小，这正是林则徐的可贵之处。与此同时，林则徐将娄县知县李传簪革职，知府杨树基交部察议（察议就是要对他作进一步考察评议，看是否还可以继续留用）。林则徐这一公正的处理结果，得到了老百姓的交口称赞。他虽非江苏省行政官员，但在处理完司法案件之后，对赈务仍非常关心，向当时的江苏巡抚韩文绮建议“查贫民，赈饥者”，帮助受灾百姓渡过难关。同时，为了防止百姓宰杀耕牛充饥，延误来年春耕，他还在苏州附近设置了“当牛局”，让灾民将“耕牛之无力豢养者”，当入“当牛局”，由政府负责饲养，换取钱粮种子，待到来年春耕时发还百姓。这样既解决了农民在灾年的养牛之费，也保证了农业生产的顺利开展，同时安定了民心，使社会秩序在短时间内迅速回归正轨。

执政者给予百姓什么，百姓就回报什么。对于这一点，孔子早就有了深刻的论断。鲁国正卿季康子曾经请教孔子，怎么做才能使治下的百姓敬顺、忠诚和勤勉。孔子答曰："临之以庄，则敬；孝慈，则忠；举善而教不能，则劝。"孔子说，你用庄重的态度对待百姓，百姓就会回以尊敬；你对父母孝顺、对子女慈祥，百姓就会回以忠诚；你选用贤能之士，教育能力不足的人，百姓就会互相勉励。以刑威驭民，百姓就会与执政者离心离德，天天盼望着执政者倒台，以仁德治民，百姓就会与执政者同心同德。

洪武七年（1374年），朱元璋曾给中央官员下了一道旨："令天下郡县访穷民无告者，月给以衣食；无所依者，给以屋舍。仍谕之曰：'天下一家，民犹一体，有不获其所者，当思所以安养之。昔吾在民间，目击其苦。鳏寡孤独，饥寒困踣之徒，常自厌生，恨不即死。如此者宛转于沟壑，可坐而待也。……尔等为辅相，当体朕怀，不可使天下有一夫之不获也。'"圣旨言辞恳切，叮嘱地方官员时刻将百姓的生计放在心上，不可使一人饥寒困厄。

朱元璋虽然对孟子"民贵君轻"思想耿耿于怀，不能接受，但他对臣下的这番训示，却是对孟子仁政的具体实践。不使天下有一夫不获，比用自己的车舆载民渡水更能体现执政者的仁政思想和大局观。子产主持郑国的国事时，"以其乘舆济人于溱、洧"，在冬天用自己的车子载溱、洧两岸的人渡河。表面上看这是爱民的体现，但在孟子看来，这是"惠而不知为政"。对执政者而言，施舍小恩小惠不是为政之道。真正的德治仁政，是像孔子的高足子贡说的那样，"博施于民而能济众"。全国那么多人，用自己的车子渡人怎么能渡得完呢？不如在十一月农闲时把人走的桥修好，到十二月再把通行车辆的桥修好，这样百姓就不会苦于赤足渡河了。制定能够惠及每一个人的政策才是真正的德政。为政以德，简单来说就是执政者想民之所想，急民之所急。执政者为政以德，以仁爱之心治民，社会风气自会日渐淳朴，社会氛围自会与日和谐。

三、唐代援礼入法的社会价值

古代社会治理精神在秦、汉、唐三个朝代发生了重大转向。众所周知，在春秋以前的西周时期，社会治理的依据就是礼，讲究“非礼勿视，非礼勿听，非礼勿言，非礼勿动”，人们要用礼来规范自己的言行，合乎礼的言行就是正确的。到了春秋时期，郑国铸刑鼎，晋国铸刑书，法治思想萌芽，这是依法而治的开端。战国时期的秦国走上了完全不同于春秋以前礼治的道路。秦国一断于法，治国治民要严格按照法律规定执行。可以说，在这一时期，社会治理精神从礼治全面转向了法治。到了汉武帝朝，董仲舒提出用儒家的礼治精神来修正汉律，其中一个典型表现就是引经决狱，为后世打下了援礼入法的基础。唐朝正式援礼入法，在治国思路上完成了礼与法的结合。

1. 礼是唐律的灵魂

秦汉以后，唐朝是古代治理精神的又一个转折时期。有唐一代，儒家精神在国家制法定律中得到了进一步的体现。如果说汉代是引经决狱、引经注律，那么唐朝则是直接将礼仪纳入法律，或者说维系社会秩序的礼本身就成了法律规定，像法律一样具有了强制性。这也是为什么说唐律的精神或者说灵魂就是“一准乎礼”。

那么，这里所谓援礼入法的“礼”，应当怎么解释呢？简单来说，就是封建社会的三纲五常。众所周知，三纲就是君为臣纲、父为子纲、夫为妻纲，五常则通常指仁、义、礼、智、信。也就是说，在司法实践中，凡是符合三纲五常的行为，法律判决就要维护；凡是有悖三纲五常的，司法判决就要制裁。总之，就是要做到礼法合一，法律判决要发挥惩恶扬善的功能。

天下之大，是非一端，“金科玉条，包罗难尽”，再完备的法律也不可能将所有的事项包罗其中。对于那些没有明文规定的事，《唐律》中还有一条万能的律令，即“诸不应得为而为之者，笞四十。事理重者笞八十”。即有按照封建伦理纲常不应出现的行为，轻者受笞刑四十，严重的则笞八十。法律条文本应极其明晰，这条规定却对罪行内涵没有做出具体的规定。但是，无论在任何一个朝代、一个社会，人们都知道什么是应该做的，什么是不应该做的，这就是道德礼法本身所具有的稳定性和约束力的体现。

唐律中的罪行基本出自儒家经典，如“不睦”“不孝”等。此外，唐律还直接引用儒家经典语句来阐释立法的理由，如对于设立“不睦”罪的解释，就是引用了《孝经》中的原典：“《孝经》云：民用和睦。睦者，亲也。此条之内，皆是亲族相犯，为九族不相叶睦，故曰‘不睦’。”

唐律的礼法合一，正是社会治理的基本精神。唐太宗说：“失礼之禁，著在刑书。”一切违反封建伦理道德的行为都被写进了律条之中，予以相应的惩处。唐代有“十恶”大罪，全部与背弃人伦、违背大德有关。这“十恶”的具体内容如下。

第一条“谋反”，即“谋危社稷”。

第二条“大逆”，即“谋毁宗庙、山陵及宫阙”。

第三条“谋叛”，即“谋背国从伪”。

第四条“恶逆”，即“殴及谋杀祖父母、父母，杀伯叔父母、姑、兄、姊、外祖父母、夫、夫之祖父母、父母者”。

第五条“不道”，即“杀一家非死罪三人，及肢解人、造畜蛊毒、厌魅”。

第六条“大不敬”，即“盗大祀神御之物，乘舆服御物；盗及伪造御宝；合和御药，误不如本方及封题误；若造御膳，误犯食禁；御幸舟船，误不牢固；指斥乘舆，情理切害及对捍制使，而无人臣之礼”。

第七条“不孝”，即“谓告言诅詈祖父母、父母，及祖父母、父母在，别籍异财，若供养有阙；居父母丧，身自嫁娶，若作乐释服从吉；闻祖父母、父母丧，匿不举哀；诈称祖父母、父母死”。

第八条“不睦”，即“谓谋杀及卖缌麻以上亲，殴及告夫及大功以上尊长、小功尊属”。

第九条“不义”，即“谓杀本属府主、刺史、县令、见受业师，吏卒杀本部五品以上官长，及闻父丧匿不举哀，若作乐释服从吉及改嫁”。

第十条“内乱”，即“谓奸小功以上亲、父祖妾，及与和者”。

以上十宗大罪，无非关涉两大方面的道德，一是家庭伦理，二是政治道德。这些罪行之所以成为不赦之大罪，就是因为它们会冲击关系到国家稳定的封建皇权和传统家庭伦理观。

2. 援礼入法对引导建立良好社会风俗的作用

唐律援礼入法，礼法合一，对于社会治理而言，具有重要的意义，对指导建立社会公序良俗具有重要作用。

可以这样说，古今中外的执政者，都非常强调良好的社会风俗对巩固的统治的作用。良风善俗不仅仅是执政者美政的重要标志，而且还能够有效维系社会的稳定。一个人即便不知律令条文，但生于闾里，长于闾里，当地风俗无论美恶都会在潜移默化中影响着他的言行举止。法国的思想家孟德斯鸠说：“在国家不知不觉地受到奴役的时候，即使没有法律，它们也还受到风俗习惯的统治。”中国有句古语，“蓬生麻中，不扶自直；白沙在涅，与之俱黑”，说的也是同样的道理。

我们不妨举几个简单的例子，看看唐律援礼入法在引导社会风俗方面的成效。

血亲复仇传统在我国源远流长。“父之仇不与共天下，兄之仇不与共国”，复仇主义的种子也深埋在人们的心中，遇有合适的契机就会萌发。在古代社会发生过很多起影响整个社会的复仇事件，东汉章帝年间的人子复仇案，直接促使政府出台了《轻侮法》，引起了社会讨论。唐代的徐元礼复仇案，也同样引发了陈子昂、柳宗元等人的探讨。从执政者的角度来看，杀人者当罪是毋庸置疑的。

然而，复仇之风仍然不止。如果执政者禁止人们为血亲复仇，就违背了社会提倡的孝道伦理；若大开复仇之门，滥杀无辜的事也就层出不穷，遗祸无限，势必会助长滥杀的恶俗。

对伦理和法理在血亲复仇案件中孰轻孰重，历史没有给出定论。中国古代的执法者们大都是读着儒家经典走上仕途的，对忠孝节义的追求也是他们毕生的事业，因此在司法审判中也要衡量情理和法理的关系。北周时，朝廷出台法律："若报仇者，告于法而自杀之，不坐。"就是说欲报仇者，可先依法通告官府，然后杀死仇人，走程序复仇则不需要承担法律责任。无论引起过多少次争论，从整个历史发展来看，禁止复仇是立法的大趋势。

《唐律疏议》中，对血亲复仇案件中当事人对忠孝的践行给予了肯定，同时为了避免复仇案件的发生，鼓励人们"移乡避仇"。这虽然并不能禁止复仇的发生，但是这样的司法努力是值得肯定的。唐律中也没有给出绝对统一的法律规定，而是具体情况具体分析，尽量针对复仇案件本身寻求情与法的平衡。《唐律疏议》主张明刑弼教，《唐律》中强调，"德礼为政教之本，刑罚为政教之用"，用德主刑辅调和情理矛盾，引导社会良俗的形成。

3. 援礼入法体现了为政者的德治追求

唐代援礼入法，将礼的精神贯彻在制法定律中，突出了道德礼仪在社会治理中的作用。我们不妨举几个例子来说明。

尊师重道是中国传统美德。《礼》云："凡教学之道，严师为难。师严道尊，方之敬学。"古语中有"国将兴，必贵师而重傅"。早在西周之时，那时候还没有私学，有的只是官学。每年天子和诸侯都要视学，以示对教师的尊重。春秋时期子贡拜师、秦末张良拜师、宋代程门立雪的故事等，都蕴含着尊师重道的思想美德。在《唐律·斗讼》中就有专门保障教师权益和师道尊严的条文，"如有亲承儒教，伏膺函丈，而殴师者，加凡人二等"。对殴打现任授业老师的人，政府量刑时，应按照殴打一般人的罪行罪加两等。

唐睿宗李旦的时候，阳峤被委任为国子祭酒，即中央最高学府国子监的最高长官。阳峤博学多识，有大儒之风。当时学风松弛，他推荐尹知章、范行恭、赵玄默等人为学官教授。这些人都是名冠当世的大家，都决心改变学风。有一群学生课业懈怠，而阳峤对他们严格考核，有时甚至施加体罚，竟引得学生心生怨恨。学生们趁黑夜在半道上设了埋伏，殴打了阳峤。唐睿宗知道后对这些不尊师道的学生处以杖刑。这些学生打的不是阳峤，而是师道尊严，殴打老师严重违背了中华民族代代相承的传统美德，这在唐朝属于“十恶”大罪中的第九恶“不义”。树立忠君尊师的社会道德秩序，有利于大唐中央权力的稳定。

再举一例。自古以来我国就有见义勇为的传统，这与儒家所倡导的“义”相关。孔子就曾用“义”教诲自己的弟子，他说：“见义不为，无勇也。”见到合乎正义的事而不去做，袖手旁观，这是没有勇气没有道德的体现。《唐律》中就对见义勇为做出专门的法律规定，如：“诸邻里被强盗及杀人，告而不救助者，杖一百；闻而不救助者，减一等；力势不能救助者，速告随近官司，若不告者，亦以不救助论。”见到邻居被盗窃或杀害而不伸出援手的，杖一百；听见了求救声而不救助的，罪减一等。身体条件不允许，无法提供救助的，要报告给附近官府，如果不汇报，也不救助，理应受到处罚。这一律条后来为宋律《宋刑统》所继承。《礼》云：“五家为邻，五邻为里。”邻里之间见义勇为，是乡村社会守望相助的道德基础。有德之人不能做事不关己高高挂起的看客，而应该承担起相应的社会责任。

最后我们说一说唐律中对拾金不昧道德的宣扬。我国自古就有“夜不闭户，道不拾遗”“民不妄取”的美德和传统，地方官员也把当地“道不拾遗”的民风作为政绩。战国时期的乐羊，路上“得遗金一饼，还以与妻”，他的妻子说“志士不饮盗泉之水，廉者不受嗟来之食，况拾遗求利，以污其行乎”。《唐律疏议·杂律》

规定：捡到遗失物，五日之内不送交官府的，按匿失罪或坐赃罪论处。如果拾得物是贵重的，按坐赃的标准处罚；如果拾得私人物品，非法侵占不归还的，则罪减二等。这样的法律规定，其实彰显着执政者、立法者对为政以德的追求。希望通过道德敦促人们不可贪图小利，罔顾大义。苏轼说过一段话，即“苟非吾之所有，虽一毫而莫取”，在自己内心深处建起道德的底线。

必须肯定的是，唐律将礼制道德写进法律，的确对于保存中华民族的道德观起到了积极的作用。不过，一个很明显的问题在于，唐律体现出来的对于道德的追求，容易走进一个不现实的境地，即用法律强制要求人们具备高尚的道德，是不太可能的。比如每一个人必须具备忠、孝、义等道德素质，一旦违反则予以法律制裁。对于忠、孝的追求或可能够理解，对于“义”的要求则过于严苛。如上文所举的对见义不为的惩罚，初衷是好的，但是并不合理，因为不能保证每一个人都具备勇敢的品质和能力。特别是那些天性懦弱之人，就很难在危急时刻挺身而出。

这一点西方对道德的处理或许可以引为借鉴。西方也在追求正义、互助、守信等道德的法律化，但是他们区分了“愿望的道德”和“义务的道德”，“愿望的道德”是人们孜孜以求的至美至善境界，做到了应该给予褒奖，做不到也不应该受到谴责，更不应该受到法律制裁。而“义务的道德”则是维持社会秩序所必需的道德，做到了不会受到褒奖，而做不到则应该受到谴责。

第三章 德治传统与司法实践

“引经决狱”（又称“春秋决狱”）是“德主刑辅”思想在司法领域的具体实践，由西汉董仲舒首倡。董仲舒以《春秋》中的内容作为司法判决的依据，而儒家所倡导的“仁爱”“亲亲”“孝”等则作为判断罪与非罪、恶与善的标准。引经决狱突出道德的作用，弥补了法律对伦理生活影响上的无力。引经决狱的本质是要以德治国，将司法判决当作教化手段，通过判决使人达到善的境界。尽管历代对此褒贬不一，但它使中国传统社会道德法律化，对今天的司法实践仍有参考价值。

一、司法判决中的德刑关系

在司法判决中体现道德的价值，是以德治国模式在司法领域的具体实践。西周时期，礼是社会运行的准则，一切关系都是围绕着礼来安排的，甚至可以说，礼就是法。不过春秋战国时期，各国为图强而进行了变法，展开立法活动，法遂从礼中独立出来，礼的作用日益式微，法代替礼成为调节社会关系的另一准则。中国法制就是从这里向前迈进了一大步。但随着汉代以孝、德治天下模式的确立，又要求司法判决中发扬忠孝仁爱之义。

1. 法律从道德中的独立

刑德并用是中国传统政治的特色。汉代经学家刘向在《说苑·政理》中说："治国有二机，刑德是也。"刑德并用的治国模式自汉至明清，是一以贯之的。中国古代思想家很早就对道德与法律的关系，以及道德与法律在治国中的地位有过充分的争鸣。春秋战国是中国历史上一段壮怀激荡的时期，中国后世的很多制度和思想都能从这一时期找到灵感。无论是儒家的尚德，法家的务法，还是道家的无为，都是社会治理的一种模式，没有哪一种模式是具有必然普适性的，因此究竟用哪一种模式治理国家，就是一个不断争论的过程。关于儒家尚德和法家务法，究竟是以德治国而抑制法家，还是德法并重，成为争论的重点。

应该说，在春秋战国以前的政治实践中，法律只是道德的附庸，夏商及以前的历史时期，法律与道德的关系因时代久远而无从知悉，但在西周时期，"礼"（德）是等级制度中的行为准则和道德规范，是维持社会正常秩序的重要手段。社会的运转都是围绕着"礼"来展开的，因为有了"礼"的维系，诸侯国与周天子之间、各诸侯国都依"礼"而行井然有序。但是春秋以降，时代发生了巨大的变化，礼崩乐坏，维系社会运转的"礼"开始不起作用了，诸侯国君也不再尊奉周天子为天下共主，列国之间相互攻伐，孔子奔波于列国十四载，沦落到累累若丧家之犬的地步，他所做的工作就是希望恢复周礼。然而，在"礼"之外，"法"不再作为道德的附庸，而是日益突显。

春秋战国时期各诸侯国都进行了大量改革性质的立法活动，比如郑国"铸刑书"。根据《左传》记载，昭公六年（前536年）三月："郑人铸刑书。"郑国执政子产将法律条文铸刻在鼎上，并向全国公布。这是中国历史上第一次由官方向社会公布成文法。在这之前，人们对法令的全貌是茫然无知的，什么行为违法，违法如何判决，全由贵族专断，法令的神秘感使人们处于恐惧之中。而将成文法颁布于众，使得定罪量刑都有了一定的客观标准。

刑鼎上的具体条文今已不可知，但是，子产铸刑鼎的行为意味着法律改革挑战了尊礼而行的政治传统，这种大胆的行为在当时引发了社会上的巨大争论。如果人们不再遵从礼制对言行的规范，难道犯了错索性“事断于法”？违背先王礼制的行为，引发了统治阶层的担忧。晋国的叔向是一个保守的贵族，他生活在晋国末世，看到晋国公室奢侈、民众饿殍遍野的境况，欲以周礼来挽救晋国危局，“守之以信，行之以礼”。所以，在听说了郑国的法律改革以后，他坚决反对，并特致书子产，表达了他对法治改革的担忧和失望。

在信中，叔向描述了从前法制的运行状况：从前先王之时，临事制定刑法，不预先设定刑法，如果预先制定了刑法，恐怕人民易生争强好胜之心。如果不能禁止人们的争端之心，就用义、礼、信、仁来规约他们。制定禄位来勉励顺从的人，严格执法来震慑犯禁的人。如果禄位和刑罚仍然不能制止人们犯罪，就教他们忠诚，对有善行的给予奖励，教导人们技艺，使他们都有一技之长，统治他们要态度和善，尊重有礼，管理他们要有威严，他们若犯禁，判刑要果决慎重。还要访求圣明贤达的卿相、廉明审视的官员、忠诚守信的乡长、慈爱和惠的老师，以保证不会发生祸乱。现在你将法律铸刻于鼎上，人们知道了法律内容，对尊上就没有忌讳，就可以征引刑法为根据，思考歪门邪道，只要能够侥幸成功的，就没有什么是不做的。如今“弃礼而征于书”，郑国必将陷入争讼斗强的漩涡之中，“国将亡，必多制”，郑国应该学习周文王以仁德治理国家。无论旧贵族如何反对法治改革，但是治理国家的思路向着法治阔步前进，是时代的大势，不因任何人的意志发生转移。

郑国大夫邓析也自行修订郑国法律，并刻于竹简之上，他还聚众讲学，向人们传授法律知识和诉讼方法，以至于“学讼者不可胜数”，形成了一股学习法律的潮流。

在郑国立法改革之后，晋国见善思迁，“范宣子制作刑书……

故铸鼎而铭之，以示百姓”，在晋国正卿赵简子的主持下，晋国新的刑法铸于大鼎之上，以示不可更改，人人必须遵法行事。

郑国的邓析因法律改革而牺牲，晋国的法律改革也同样饱受争议，甚至遭到孔子的质疑。孔子说，现在抛弃礼仪制度，铸造刑鼎，人民重在按鼎文办事，还用得着尊重贵人吗？贵贱没有区别，怎么能治理国家呢？

叔向和子产的礼法之争，实际上就是治国模式的德治与法治之争。在春秋战国及以前，的确没有纯粹以法治国的先例，但是先王的礼仪制度并没有阻挡住宗法制的崩坏和等级秩序的混乱，可见礼（德）的作用不是绝对的，在德治、法治之争中，法治的地位和意义更加凸显，即便是追求“为政以德”的儒家学者，也无法忽视法治的作用。

子产病重时，对继任者太叔说，只有德行完美的人才能用宽松的政治使民众信服。又说使用严厉的办法能使人们慑服。火势猛烈，人们望而生畏，因此鲜少有人被火烧死。水性柔弱，人们轻视它，所以有很多人溺水淹死。所以说，实行宽政并不容易。几个月后，子产病死。太叔为政，不忍心继续对民众使用严厉的办法，而用宽松的政策。结果郑国出现了很多盗贼，他们聚集在萑苻泽中，劫掠他人财货。太叔后悔没有听从子产的建议，导致事至于此。

像太叔这种非此即彼的治国模式在具体实践中并不理想，他用宽弃猛，用失败的治理经验说明法是必不可少的手段。正如孔子所说的应该“宽猛相济”，政策刚猛的时候，民众受到伤害，则用宽厚的政策来调和刚猛，宽厚的政策致使民众怠慢，怠慢了就用刚猛去纠正宽厚。这里的“宽”就是道德教化，而“猛”就是法律刑罚。在治国中，法与德不是截然对立、水火不容的关系，而是可以相互调和。宽猛相济诠释了中国古代教化与刑罚灵活运用，双管齐下的治理智慧。

管仲相齐四十年，辅佐齐桓公全面推行改革，对内安邦理民，富国强兵，对外尊王攘夷，存亡继绝，把齐国打造成为春秋初期的强国。在他的治绩中，主张通过德法并举来达到治国安民的目的。其德法并重的思想集中体现在《管子》的首篇《牧民》中，明确告知百姓犯罪必死的道路，就得使刑罚严格起来。同时，他认为，“刑罚繁而意不恐”“杀戮众而心不服”，因此在刑罚杀戮之外，必须用礼义廉耻进行调和、引导和教化，正所谓“国有四维，一维绝则倾，二维绝则危，三维绝则覆，四维绝则灭”，四维就是礼义廉耻，“四维不张，国乃灭亡”。德与法并驾而行，才是治国的良策。

李悝制的《法经》是中国第一部比较系统的成文法典。商鞅在魏国不受重视，离开魏国前往秦国的时候，带去了李悝的《法经》。商鞅在秦国建立了秦律，在秦国以法治国，一断于法，至此才真正使法律摆脱了对道德的依附，获得了独立的地位。从子产铸刑鼎，到商鞅定秦律，用了近两个世纪。从此之后，道德与法律就成了历朝历代上至皇帝下至地方官员治国理民的两大法宝，二者不可偏废。

2. 道德向法律的回归

道德向法律的回归，与西汉独尊儒术、官吏儒学化有很大的关系。当然，这是一个过程。

中国古代王朝的更替，让执政者们更加深刻地意识到立国与治国的不同。汉代的陆贾和贾谊反复地向执政者说明，建立国家和建设国家的方法是不同的。刘邦建立汉王朝后，陆贾一再提出诗书的重要。刘邦骂之曰：“乃公居马上得之，安事诗书！”陆贾答曰：“马上得之，宁可以马上治之乎？”就是说，可以靠武力建立国家，却不能靠武力建设国家。要“文武并用”，才是“长久之术”。继陆贾之后，贾谊用一篇《过秦论》进一步向汉文帝说明“取与守不同术”，夺取天下和治理天下的方法不同。唐太宗与房玄龄、魏徵也曾讨论过创业和守业的不同。他们探索治理国家的方法，其实就是如何将德治与法治融合的问题，其目的就是更好地巩固统治。

两汉历时四百余年，充分践行了德治与法治两种手段在治国中的效果。在汉代庞大的官僚系统中，可以分为两大类，第一大类是经术吏，他们明习经典，砥砺德行；第二大类是文法吏，他们精于文书档案的处理和法律狱令的运用。“夫儒生能说一经，自谓通大道，以骄文吏；文吏晓簿书，自谓文无害，以戏儒生”，两者的区别，概而言之，就是经术吏重道德，而文法吏重法律。

到了汉武帝时，整个国家政治发生了深刻的变化，汉武帝听取董仲舒的建议，独尊儒术，重视儒家经典和儒家价值观在治国理政中的作用，官僚日趋儒学化，于是儒家经典开始被引入司法实践。汉武帝对儒术的推崇，历史上是出了名的。据《史记·汲郑列传》记载，有一次，汉武帝召来儒生们谈谈推行儒术，没想到崇尚黄老之学的汲黯当面拂汉武帝逆鳞，说他阳儒阴法（“内多欲而外施仁义”），心口不一。

汉武帝发怒，就是因为汲黯说中了他外儒内法而非独尊儒术的治国之道。汉代开国至汉武帝时，“汉之得人，于兹为盛”，看看汉武帝所器重之人，就能看出他外儒内法的治国之道。汉武帝重法，但是用儒家仁义道德来缘饰法律。根据他重用的官吏，就可以看出官僚儒学化，儒家道德回归法律的趋势。他重用张汤、杜周、赵禹等文法吏，尤其是从大儒公孙弘身上学会了以经术附会狱事这一本事的张汤；重用的董仲舒、公孙弘、倪宽等一批儒者，他们也不是迂腐的俗儒，而是能够“通于世务，明习文法，以经术润饰吏事”。

汉宣帝用人“多文法吏，以刑名绳下”，宣帝的太子刘奭，即后继之君汉元帝却是个“喜儒术”的“宽仁”之主，而宣帝的次子淮阳宪王刘钦“好经书、法律”，汉宣帝多次慨叹道，宪王“真我子也”。汉宣帝与汉元帝在治国模式上发生了偏差，元帝在做太子时曾劝谏汉宣帝“持刑太深，宜用儒生”，所以汉宣帝才坦率地道出了刘汉治国的真正秘密——“霸王道杂之”。

汉代德主刑辅，实际上外儒内法、德法并用，这一政治模式成为后世治国理政的政治传统。战国时期法律从道德中独立出来，如今儒家的仁义道德又回归于法律之中，指导润饰着法律实践。

汉代那些名垂青史的地方官员，要么是纯以德治教化百姓的循吏，要么是德法并用、践行着中央重法而不弃德的治国精神。德法并用、德法融合的治理模式在地方治理中往往奏效。这一点可以从黄霸和韩延寿的相互学习中看出端倪来。

《汉书·黄霸传》记载，黄霸在颍川太守任上，真正实践了重法而不弃德的治理模式。黄霸本人“少学律令”，后“习文法”，可以说德刑兼修。他初为颍川太守，“为选择良吏，分部宣布诏令，令民咸知上意。使邮亭乡官皆畜鸡豚，以赡鳏寡贫穷者。然后为条教，置父老师帅伍长，班行之于民间，劝以为善防奸之意，及务耕桑，节用殖财，种树畜养，去食谷马”。黄霸治理颍川，一靠宣布诏令，二靠条教，前者意在贯中央治理天下的大政方针，后者因地制宜，制订地方治理的具体措施，实际上就是法治的措施。

在黄霸之后，韩延寿继任颍川太守，一改黄霸法治的为政风格。韩延寿“少为郡文学”，父亲韩义为燕郎中，因谏燕王谋逆而死，以忠义名显天下。汉代颍川难治，赵广汉为太守时，“患其俗多朋党，故构会吏民，令相告讦”，于是相互告奸成风，民间多仇怨、争斗不息。在颍川太守任上时，韩延寿想改变这种风气。《汉书·韩延寿传》记载，“教以礼让，恐百姓不从，乃历召郡中长老为乡里所信向者数十人，设酒具食，亲与相对，接以礼意，人人问以谣俗，民所疾苦，为陈和睦亲爱，销除怨咎之路。长老皆以为便，可施行，因与议定嫁娶丧祭仪品，略依古礼，不得过法”。延寿于是令文学校官诸生皮弁执俎豆，为吏民行丧嫁娶礼。“上礼义，好古教化，所至必聘其贤士，以礼待用，广谋议，纳谏争；举行丧让财，表孝弟有行；修治学官，春秋乡射，陈钟鼓管弦，盛升降揖让，及都试讲武，设斧钺旌旗，习射御之事。……又置正、五长，相率以孝弟，不得舍奸人”，可谓处处体现着儒家精神。韩延寿虽然在郡时间不长，但其推行德治却取得了显著的效果，“百姓遵用其教，卖偶车马下里伪物者，弃之市道”，彼此亲睦取代了相互告奸，民风开始转变，政绩初显。

黄霸和韩延寿两任颍川太守，一前一后，为政风格完全不同。黄霸“宣布诏令”“为条教”；韩延寿则教民以礼让。黄霸重政教条令，倾向法治；而韩延寿重礼仪，是德治典范。韩延寿离开颍川之后，黄霸再次回到颍川担任太守，这一次，他看到韩延寿德治在提升颍川民风上的作用，对韩延寿的德治主张及其措施能产生认同感，将法治和德治治理彼此融合，并发扬光大，“霸因其迹而大治”，就是说黄霸沿着韩延寿德治的思路继续治理颍川，取得了颍川大治的成绩。所以黄霸并不是放弃了法治，而是行法治与行德治并行，与那些刻薄寡恩的文法吏不同，“俗吏上严酷以为能，而霸独用宽和为名”，“持法平”，“力行教化而后诛罚”，“以外宽内明得吏民心”。黄霸行法治力避严酷峻急，而以宽和平允的法术治民，这种宽和的为政风格与儒家的仁爱精神是相通的。在颍川太守任上前后历八年，黄霸的治绩得到汉宣帝的肯定：“百姓乡化，孝子弟弟贞妇顺孙日以众多，田者让畔，道不拾遗，养视鳏寡，赡助贫穷，狱或八年亡重罪囚，吏民乡于教化，兴于行谊。”

当然，黄霸在颍川任上的法治思路，也得到了韩延寿的认同并沿用，因此，后来韩延寿从颍川转到东郡任太守时，“在东郡三岁，令行禁止，断狱大减，为天下最”。

汉代崇尚儒学，并以明经取士，汉代官僚队伍日益儒家化。随着儒学在政治生活中的逐步深入，地方长官中儒生所占比例也越来越大。两汉时期，地方长官有辟除属吏的权力，他们在选用属吏时，也倾向于选品儒生。他们精通儒家经典，为春秋决狱和援德入法打下了基础。

二、春秋决狱的司法传统

春秋决狱是中国法制文明的一大发明，是以德治国模式的具体写照，其灵魂在于论心定罪，凡是符合儒家伦理道德的，即便违法犯禁也可以赦囿，而不符合伦理道德的，即便其行为符合法律法规，也要受到严惩。春秋决狱因在一些案件的判决上出现干涉法律的现象，而受后人诟病，但是以德治国极大地宣扬了道德精神，在一定程度上纠正了酷烈的司法印象，对于塑造中国人的人文心理具有积极意义。

1. 汉代春秋决狱和法律道德化

自从董仲舒建议汉武帝“罢黜百家，独尊儒术”以后，儒家思想就成为后来的治国思想。《春秋》是儒家经典之一，它原本是一部记载鲁国历史的史书，但经过孔子修订后，《春秋》就变成了能使“乱臣贼子惧”的具有微言大义的书了。司马迁在《史记》自序中说，《春秋》“上明三王之道，下辨人事之纪，别嫌疑，明是非，定犹豫，善善恶恶，贤贤贱不肖，存亡国，继绝世，补敝起废，王道之大者也”。可见，《春秋》对执政者而言具有社会价值，它能够定是非、明善恶、别贤不肖，对于社会伦理的匡正和社会风气的整顿具有显示意义。

法律条文和《春秋》等儒家经典都是“春秋决狱”的案审依据，特别是《公羊春秋》这部书，更成为审判案件的依据。也就是说，在儒家知识分子看来，《春秋》褒善贬恶，其微言大义是裁定世俗生活中是非曲直的最高标准，顺乎《春秋》的就是遵循了儒家基本价值，不符《春秋》的就是违背了儒家基本价值。

从儒家经典成为政权的指导思想后，天下的读书人无不以学习经典为要务，司法实践的儒家化也就是从此时开始的，将儒家的德治和法家的法治结合起来以更好地服务政治生活，是当时西汉君臣共同面临的课题。如果没有明确的法律规定，在评断疑难案件时，可将《春秋》的经义内容引入到政治生活和法律实践中，这就是历史上著名的“春秋决狱”。董仲舒年老致仕以后，朝廷每遇有大事，就让使者和廷尉张汤去拜访董仲舒，询问他的意见，董仲舒于是作《春秋决狱》，开启了法律道德化的序幕。有了这本书作为参考，很多案件也就有了判决的范式。

董仲舒的《春秋决狱》案例，是借“圣人”和“经义”之名，用儒家伦理观念和道德原则去修改或代替某些与“经义”相抵触的法律规定。比如，有个人的父亲因与别人争辩发生斗殴，那人用佩刀刺其父，身为人子的他持杖援救，不料误伤父亲。根据律条的规定，“殴父”罪应处应处以“枭首”。董仲舒根据“君子原心赦而不诛”的“春秋大义”，说父子乃至亲之情，子执杖救父，动机本非“殴父”，遂将其免罪。对其他存疑的案件，大体依此处理。这些案例后来汇编成长达十卷的《春秋决事比》，在两汉时期的司法实践中被广泛引用。

在引经断狱的同时，引经注律的“律学”也乘运而兴，很多大儒亲自注汉律，这些法律或者得到朝廷钦定，具有法律效力，或者为法律的完善提供理论资源。无论是引经断狱，还是引经注律，基本精神都是遵循儒家伦理的指导。[①]根据儒家学说对成文法进行注解，东汉的大儒马融、郑玄、叔孙宣等人，都竞相以儒家经典对汉律作章句注解，各家的注释洋洋洒洒，对断罪适用的有二万六千多条，共七百七十三万余字。

《后汉书·刘恺传》中记载了春秋决狱的典型案例：

东汉安帝初年，清河相叔孙光因贪污被判罪，同时判处他与儿子两代禁止为官。建光元年（121年），居延都尉范邠也犯了贪污罪。司徒杨震、司空陈褒和廷尉张皓，都认为按汉法，可按照叔孙

① 张静如、孙秀民主编：《中国古代治国理政经验研究》卷四，北京出版社，2007。

光案的先例进行判决。汉代重视道德，因此对官员贪污受贿等涉及道德品质的惩处极其严厉，对于较重的贪赃行为，处以死刑。特别是东汉官员贪腐愈发严重，如光武帝刘秀时，欧阳歙在汝南太守任上贪污千余万钱，刘秀坚决处之以死刑，即便他有“学为儒宗，八世博士”的显赫身份，也抵消不了他的罪。对于一般的贪污，处分轻的褫夺爵位，黜免官职，没收罚金，重者禁锢终身，甚至三代不得为官，更有甚者判处死刑。叔孙光犯法，殃及儿子，就是累及两世。唯独刚刚上任的太尉刘恺认为比照清河相惩处居延都尉，实属不妥，因为根据《春秋公羊传》中“恶恶止其身，善善及子孙”的古义，对善行的回报应该延及子孙，对恶行的惩罚应当只限于罪犯自身承受，如今禁止赃官的子孙为官，既有悖导人向善的古义，也不符合先王慎罚的原意。

法律有其固有的严肃性和残酷性，司马迁在作《史记》时，特设《酷吏列传》，他在解释作此传的初心时，是这样说的：法令是治理国家的手段和工具，但不是变浊为清的根本方法。以前的社会，法网密布，但是奸邪照样滋生不断，最严重的时候，上下相欺，相互推诿，导致社会秩序混乱。发生这种情况，再整顿官吏犹如扬汤止沸，无济于事。不是顽固强大残忍的官吏，怎么能够心情愉悦地胜任这个职位呢？讲道德的人，反而没有用武之地。……汉朝建立以后，削掉棱角而改成圆形，去掉雕饰而回归质朴，破除秦朝苛法，法网宽到连能够吞下船的鱼都能漏掉，但是国家却井然有序，百姓安居乐业。由此来看，治理国家关键在于德化的力量，而不在于严刑的威慑。

司马迁这段话就是要说明为政之道在德不在刑。他还列举了史上有名的酷吏，武帝时期就占了九个，当然他并不希望武帝施行严刑，因为他认为治国的根本在于道德教化，而不是严刑酷法。

汉武帝的宠臣公孙弘，年轻时做过狱吏，过了不惑之年又开始学习《春秋》，所以他跟西汉其他官员相比，长处就在于“习文法吏事，而又缘饰以儒术”，并因此得到了汉武帝的赏识。

张汤在做廷尉之前，就以“习文法吏事”而闻名，他和赵禹制订各种法令，就务求苛细严厉，并约束在职官员不许宽恕犯法之人。事实上，自秦以来，时代并不缺少为法严苛的官员，而是缺少能够改变秦以来治法狠厉局面的人。当时汉武帝正热衷于倡导经学，迫切地需要儒家思想作为官方哲学，以期其能够为现实的政治生活和社会生活服务。为此他还特设“四科之辟”，选拔国家政事中急需的人才类型。一是德行高妙，志节清白，即选拔德行无暇之士。二是学通行修，经中博士，即选拔硕学鸿儒。三是明晓法令，足以决疑，能案章覆问，文中御史，即选拔精通文法之士。四是刚毅多略，遭事不惑，明足以照奸，勇足以决断，才任三辅剧令，即选拔处理政事的能吏。于是张汤顺乎潮流，也意识到了儒家的重要性，但他不懂儒学，于是聘请了一批懂《尚书》和《春秋》的博士弟子，来给他当廷尉史，让他们参与平断疑难案件，达到宽猛相济的法治效果。《汉书》评价张汤为人“文深意忌不专平”，就是说他为人刻深，待人有失宽和，不公平，但他能学公孙弘“习文法吏事”，又能“缘饰以儒术”，因此仍然得到了汉武帝的重用。

汉代皇帝的诏令和大臣的奏议中，频繁地征引《诗》《书》《易》《春秋》《孝经》《论语》等儒家经传，明确要求臣下以经传对问。例如，汉昭帝始元五年（前82年），有人自称前朝武帝的长子卫太子刘据，来到北宫门，众臣一时不知所措，皇上诏令三公九卿、将军及诸大臣共同辨认，长安城中官民聚集围观的人多达数万。右将军带兵守卫在宫门前，预防突发事件。丞相、御史大夫及诸大臣到场后，都不敢发表意见，唯有京兆尹隽不疑达到现场后，命令属下拿下此人。有人对他的做法质疑和担忧，认为事情真相还不明朗，贸然逮捕此人并不妥当，不如由他而去。隽不疑拿出春秋时期卫灵公太子蒯聩故事打消了众人的疑虑。

隽不疑是汉昭帝时期的名臣，史书记载，他是“治《春秋》”

出身的儒生，曾“为郡文学，进退必以礼”，在疑难案件面前，能依《春秋》经义原则，果断地命人将假卫太子收捕入狱。《春秋》一书蕴含着君臣、父子和夫妻之道的微言大义，对维护社会秩序有着重要意义。隽不疑决断此事，依据的正是春秋时期卫灵公太子蒯聩故事。卫国太子蒯聩得罪了父亲而出奔晋国，继位的卫出公不许他回国，《春秋》对此是予以肯定的。比附之下，卫太子得罪了汉武帝，逃亡在外，即便还活着，如今自己哪怕是送上门来，仍然是有罪之人，将他押送到诏狱，不仅合乎《春秋》大义，也不违背汉代律令。经审讯，此人确为假太子，遂将案犯处以死刑。隽不疑据《春秋》平断了重大刑事案件，因此赢得了汉昭帝和丞相霍光的赏识，引发了他们关于“公卿大臣当用经术明于大谊”的感叹。

黄龙元年（前49年），即汉宣帝执政的最后一年，他下诏曰：

> 盖闻上古之治，君臣同心，举措曲直，各得其所。是以上下和洽，海内康平，其德弗可及已。朕既不明，数申诏公卿、大夫务行宽大，顺民所疾苦，将欲配三王之隆，明先帝之德也。今吏或以不禁奸邪为宽大，纵释有罪为不苛，或以酷恶为贤，皆失其中。奉诏宣化如此，岂不缪哉！

汉宣帝一改之前好用刑名的治国思路，要求公卿大夫们“务行宽大”。

宣帝的继承者，被宣帝认为“乱我家者，太子也”的元帝，“柔仁好儒”，尊崇儒术，他不赞同宣帝多用法家治天下，曾经向宣帝进言重用儒生，减轻刑罚。在前辈的铺垫之下，从元帝开始，汉朝治国方略才真正朝着“德教”努力，表现就是他选用儒生，以仁治国，儒学真正获得统治地位。

从宣、元之后，汉代循吏政治盛行。所谓循吏，始见于《史记·循吏列传》，其中给“循吏”下了定义，认为循吏应该符合这样的特征："奉法循理"。在此之后，《汉书》和《后汉书》也都专门列有《循吏传》。《汉书》将董仲舒、公孙弘、倪宽三人列在《循吏传》的开头，认为他们"皆儒者，通于世务，明习文法，以经术润饰吏事"。而《后汉书》中认为，循吏的基本特征是既能"导德齐礼"，又能"明发奸伏，吏端禁止"。

汉代春秋决狱是对秦朝繁法严诛的一种修正，处罚崇尚宽平，对两汉时期酷吏的泛滥和机械执法的确有所改善，减少了法律和情理之间的冲突，揆情度理。

2. 春秋决狱的法律效果

汉代皇帝开启的援德入法政治传统，无论对社会还是对法律的塑造都是极为深刻的。无论是中央官员，还是地方官员，在断案折狱时都要同时征引法律和经义，做到"礼律两不相失"，尽可能地达到"情法两尽"的境界。在援德入法的时代大背景下，儒家经典被赋予了法律效力，道德规范是社会治理和司法裁判的根据。但是，不可否认，在具体的司法实践方面，经常出现法律和儒家经义相违背的情况。

第一种情况，是同一案件援引不同的经义，会得出不同的处罚结果，这并不能体现法律的公平。

例如，汉武帝元鼎年间，博士徐偃奉命出使，巡视各地风俗教化。徐偃假托皇帝命令行事，让胶东国、鲁国铸铁、晒盐。回京后上奏。时张汤任御史大夫，弹劾徐偃假托皇命行事，依法应该处死。但徐偃援引《春秋》之义，认为大夫出了疆界，遇有能够安定社稷，抚慰万民的事，可应变处理。张汤只能根据法律判定徐偃的罪名，却不能驳倒他为自己辩护的《春秋》之义。

武帝让终军审问案情，终军"少好学，以辩博能属文闻于郡中。年十八，选为博士弟子"，他诘问徐偃说："古时候的诸侯国，国家不同风俗有别，百里之间不能相通，时常有朝聘会盟的事情，安定或危亡的形势，在顷刻之间就会发生变化，所以有不经请示即可假托朝廷命令而专断行事的做法，如今天下一统，万里之内风俗相同，所以《春秋》上说‘王者无外’。你在疆域内巡视，却说出了疆界是为什么呢？况且，盐、铁郡里都有余藏，纵使废掉胶东和鲁国的盐、铁，也无关国家利害，而你却以安定社稷抚慰万民为说辞，又是为什么呢？”直接假托朝廷命令来顺应下民，沽名钓誉，这是圣君明主予以诛罚的行为啊。徐偃理屈词穷，服罪该死。

这样真是牵强附会，无所不至。同一个案件可以附会截然不同的经义。所以经义是不可恃为断狱的准绳的。

第二种情况，可能会导致礼法冲突，混淆罪与非罪的界线。

中国文化的一个特质就是重视家族血缘，珍视伦理情感。春秋决狱实行“原心定罪”的原则，如果犯罪之人触犯了律法，但其犯罪动机符合统治者所倡导的伦理观念，那么即便其行为造成严重后果，也可以豁免。相反，如果其行为违背了儒家伦理，即便他没有触犯刑律，也要接受惩罚。所以，很多为亲复仇的暴力犯罪，就以孝德之名而得到宽赦。

东汉章帝建初年间，有人因为父亲受到他人侮辱，而将那人杀害。这种行为在以孝治国的政治文化中是受到政治支持的。章帝认为此人孝心可悯，亲自免去了他的死罪，并从轻处理。以后各级官府在处理相关案件时，皆循此旧例。这种情况大概实行了十多年时间，到汉和帝刘肇执政时，甚至专门作为惯例沿袭下来，并制定了一条新的律令，即《轻侮法》。

《轻侮法》的精神，用一句话概括，就是杀害侮辱父母者不判死罪。这部法典本是皇帝出于一时的仁慈而给予人民的恩典。自古杀人偿命，欠债还钱，现在因这部法典的出台，杀人的重罪也不是罪了。更确切地说，非但不是罪，甚至还成为杀人者被褒奖、被提拔的理由。有个叫阳球的，因为母亲受到郡吏侮辱，便纠集几十个少年杀光了郡吏全家。这位灭门惨案的元凶阳球，不但没有受到法律的制裁，反而因灭门惨案一举成名，被地方官府举为孝廉。南阳人韩暨，他的父亲和哥哥被同县的豪强陈茂诬告，差一点蒙冤致死。韩暨假装若无其事，私下里积累钱财结交不怕死的勇士，后来寻机杀了陈茂，将他的脑袋放在父亲坟前祭奠。韩暨因此名动一时，被地方上察举为“孝廉”，在汉代取得孝廉资格就等于一只脚已经迈进官场了，后来他又受到司空的征辟。

东汉和帝年间，尚书张敏考虑到《轻侮法》造成了立法冲突，混淆了罪与非罪的本质，主张废除《轻侮法》。张敏为官“用刑平正，有理能名”，他知道《轻侮法》对法治公平和严肃性的危害，遂给汉和帝上书，建议取消《轻侮法》。不过他的奏疏石沉大海，于是再次上书坚持要求废除《轻侮法》，指出《轻侮法》的弊端：

第一，判决人的生死，应该遵循法律规定，而不是根据人的感情好恶。如果因为义愤杀人，托孝或义来减轻刑罚，那么义愤杀人和乱杀人将无法区分，执法官员也就有可能从中取巧，徇私枉法，为行凶之人犯法铺平了道路。这就失去了法律教导人们相安勿争的意义。

第二，“天地之性，唯人为贵，杀人者死，三代通制”。杀人抵命，这是人所共知的道理。《轻侮法》是在钻法律的空子，这无异于“一人不死，天下受敝”，将天下人的性命暴露于恶人面前，以至于“反开杀路”，到时候打着孝亲的旗号报私仇的事就无法禁止，造成更多的冤假错案。制定法律的初衷是禁止百姓作恶，引导民众走正道。如果把恻隐之心定为法律固定下来，不但不能“禁民为非”，反而给行凶之人敞开后门“开相杀之路”，给社会平添诸多不安定因素。

所以说，这条法律的施行，公平将无从谈起。以情扰法，破坏法律威严的做法，实不可取。最终，汉和帝采纳了张敏的建议，取消了《轻侮法》。

3. 春秋决狱的历史影响

《轻侮法》虽然取消了，但是法律和人情人伦相冲突的案件，仍然没有得到恰当的处理，后世对此一直有争论。直到唐宋时期，遇到案件中有复杂关系时，仍然习惯以春秋决狱的精神进行判决。

唐代法制大备，但是因孝复仇杀人的案例仍然困扰着司法官，成为一大难题。武则天年间，御史赵师韫在驿站被驿站服务员徐元庆谋杀致死，徐元庆的杀人动机是为父报仇。案发后徐元庆主动投案自首。为父报仇致人死亡者，应该如何判决？这样的事情若是放在春秋时期，孔子会怎么处理呢？

《礼记·檀弓上》记载，孔子的学生子夏曾问道：对于欺辱父母的人，和我有不共戴天之仇。应该怎么处理？

孔子回答：如果是我，我每天拿盾牌当枕头，睡在草席上，就为了哪一天遇见恶人，手无寸铁也要和他搏斗报仇。

孔子是一个主张温良恭俭让的圣人，但碰到辱母欺父这样的事，也是不能容忍的。

《礼记》在唐代属于大经，徐元庆案如果依法处理，徐元庆杀人偿命毋庸置疑；但如果按照儒家的礼，那徐元庆杀赵师韫又是天经地义。礼与法就产生了冲突。武则天心有不忍，决定释放徐元庆。但右拾遗（谏官）陈子昂反对：

> 时有同州下邽人徐元庆，父为县尉赵师韫所杀。后师韫为御史，元庆变姓名于驿家佣力，候师韫，手刃杀之。议者以元庆孝烈，欲舍其罪。子昂建议以为“国法专杀者死，元庆宜正国法，然后旌其闾墓，以褒其孝义可也”。当时议者咸以子昂为是。

徐元庆杀人违法，当死；报仇行孝，可赞。国家可以在徐元庆执行死刑后，再表彰他的孝心，这样就解决了德与法的冲突。武则天采纳了陈子昂的建议，并将这一案例收进国典。

这种兼顾德法的做法看起解决了这起棘手的案件，但是，柳宗元对道德和法律的界限分辨得很清楚，因此他极力反对陈子昂这种判定既有罪又无罪的做法。在七十年以后，柳宗元写了一篇《驳复仇议》，反对陈子昂这种礼法不明的处决办法：

> 臣伏见天后时，有同州下邽人徐元庆者，父爽，为县尉赵师韫所杀，卒能手刃父仇，束身归罪。当时谏臣陈子昂建议诛之而旌其闾，且请编之于令，永为国典。臣窃独过之。
>
> 臣闻礼之大本，以防乱也，若曰无为贼虐，凡为子者杀无赦。刑之大本，亦以防乱也。若曰无为贼虐，凡为治者杀无赦。其本则合，其用则异，旌与诛莫得而并焉。诛其可旌，兹谓滥，黩刑甚矣！旌其可诛，兹谓僭，坏礼甚矣！果以是示于天下，传于后代，趋义者不知所向，违害者不知所立，以是为典，可乎？
>
> 盖圣人之制，穷理以定赏罚，本情以正褒贬，统于一而已矣。向使刺谳其诚伪，考正其曲直，原始而求其端，则刑、礼之用，判然离矣。何者？若元庆之父不陷于公罪，师韫之诛独以其私怨，奋其吏气，虐于非辜，州牧不知罪，刑官不知问，上下蒙冒，吁号不闻，而元庆能以戴天为大耻，枕戈为得礼，处心积虑，以冲仇人之胸，介然自克，即死无憾，是守礼而行义也。执事者宜有惭色，将谢之不暇，而又何诛焉？其或元庆之父不免于罪，师韫之诛不愆于法，是非死于吏也，是死于法也。法其可仇乎？仇天子之法，而戕奉法之吏，是悖骜而凌上也。执而诛之，所以正邦典，而又何旌焉？
>
> 且其议曰：“人必有子，子必有亲，亲亲相仇，其乱谁救？”是惑于礼也甚矣。礼之所谓仇者，盖其冤抑沉痛而号无告也。非谓抵罪触法，陷于大戮，而曰“彼杀之，

我乃杀之”。不议曲直，暴寡胁弱而已。其非经背圣，不亦甚哉!

《周礼》：“调人，掌司万人之仇。”“凡杀人而义者，令勿仇，仇之则死。”“有反杀者，邦国交仇之。”又安得亲亲相仇也?《春秋公羊传》曰：“父不受诛，子复仇，可也；父受诛，子复仇，此推刃之道，复仇不除害。”今若取此以断两下相杀，则合于礼矣。

且夫不忘仇，孝也；不爱死，义也。元庆能不越于礼，服孝死义，是必达理而闻道者也。夫达理闻道之人，岂其以王法为敌仇者哉?议者反以为戮，黩刑坏礼，其不可以为典，明矣!

请下臣议附于令，有断斯狱者，不宜以前议从事。谨议。

徐元庆的父亲若有罪，被明正典刑是罪有应得，那徐元庆杀害朝廷命官就是十恶不赦的大罪，当诛。徐元庆父亲若无罪，那么赵师韫就涉嫌草菅人命，那么徐元庆不但无罪，还是为国除害，应被表彰。所以一个人要么有罪，要么无罪，不应该像陈子昂说的那样，既有罪，又无罪。法律应该维护社会治安，而不是为冤冤相报推波助澜。

唐宪宗年间，也发生了一起类似的案件，富平县人梁悦为父报仇杀人，事发后也到衙门自首。中央对这件事的处理是：

复仇杀人，固有彝典。以其申冤请罪，视死如归，自诣公门，发于天性。志在徇节，本无求生之心，宁失不经，特从减死之法。宜决一百，配流循州。

对这类复仇杀人案件的处理在封建社会是比较棘手的，其中包含着礼法的冲突。为父报仇是伸张正义、遵守孝道的行为，为礼所认可，但杀人就是杀人，违反了法律，为法所不容。而在封建社会，礼德是高于法律的，所以唐朝中央判决此案时就没有固守法律，而是选择了申礼而曲法。但当时的尚书职方员外郎韩愈认为不妥，他给皇帝上了一篇《复仇状》，认为如果国家禁止孝子们复仇，那就伤害了孝子的拳拳之心，不符合执政者所倡导的人伦孝道；如果对复仇行为不加以禁止，又会变相诱导人们擅自杀人，危害社会治。所以对于子女为父报仇之类的事件，应将事件原委详细记录下来上报尚书省，尚书省召集相关人员讨论，最后上奏皇帝，这样经义与法律就不会冲突了。事实上韩愈的处理办法仍然是模棱两可的，还是没有从根本上解决司法实践中德与法的权衡问题。从“春秋决狱”盛行以来，就对复仇采取了放任的态度，以至于社会治安愈发混乱，“私结怨仇，子孙相报，后忿深前，乃至灭户殄业”。

西晋惠帝年间，三公尚书刘颂在给惠帝的一篇奏疏中就讲到了法令不一对国家的危害，就制定法律和执行法律而言，国家只有依法执政，才能做到“政平事顺”。他说，脱离法律条文处理某一个案件，要满足人情，又要合乎舆论，可以让人看着顺眼、听着顺耳，在处理案件的时候这么做确实会有顺心的感觉，远胜过那种依据条文办案却不顺人心的情况。但是，如果把这种做法变成固定不变的法制，要求官员长期贯彻下去，就会得不偿失。所以不能因贪图一时的便利，而损害大局，只有舍弃那种适于眼前的状况，灵活变通的办案方式，才能成全简要而公正的法制。办案时不受一般人习惯看法的影响，坚持援引法律条文来办案。

他的核心观点就是要统一法律，否则同一个案例，审论不一，狱犴不平，法律就不能取信于民。他基本继承了以韩非为代表的法治思路。西晋时法制衰败混乱，“每有疑狱，各立私情，刑法不定，狱讼繁滋”，执政者既想求全，又置法律明文于不顾，自然就会造成政出多门的情况。刘颂就提出来断案时首先要以律典条文为依据，法律没有明文规定的，就依附名例断案。即使断案合乎经传，合乎前比故事，也“不得任情以破成法”。对法律和名例都没有提到的疑难案件，则依附律令、经义、故事等上报朝廷，由大臣集体讨论，再由皇帝决断。

由上可知，援德入法的初衷在于体察刑事案件中的人情伦理，在遵循法治的前提下，维护正义，导人向善。但援德入法有时会将法治推进了两难境地。随着法治文明的进展，“引经决狱”之风逐渐寝息，至隋唐以后走向终结。不过，儒家伦理纲常观念，仍然在古代司法判决中发挥指导作用，无论是唐律，还是宋、明、清法律中，德主刑辅思想依然彰显着它的价值。

三、德治与人文的形塑

以德治国的思路在司法实践中留下了深深的印迹，以人为本的精神被极大地突显出来，司法过程成为法律公正和人文塑造相结合的过程。在司法审理和判决的过程中，要关注的不仅仅是案件本身，更应该关注人的生存状况，维护其人格尊严和精神期待，使法治充满人情味。在古代中国这个极其重视人伦人情的国度，将道德引入司法，能够在张扬法律公正的基础上，重建人文精神。

1. 司法与人伦

中国是一个重视人伦的国度，无论是家庭生活、政治生活，还是司法实践，都在维护着血缘亲情和人际秩序。“三纲五常”是中国传统社会赖以维系的伦理道德标准，是维持家族稳定和国家稳定的不二法门，当然，在以德治国的传统社会里，道德指导着司法实践，而司法实践必然打上深深的人伦烙印。

在家庭生活中重视人伦自不待言，例如东汉社会就非常流行同居共财的家庭模式，几兄弟各自成家之后仍不分家，这样的做法是符合儒家重视家庭人伦的要求的。儒家要求，父母尚在世，兄弟不许分家，更不许有私财，哪怕娶妻生子也要同居共财。这样的家庭模式是受到道德和法律的双重保护的。这与秦朝尊法反儒，禁止同居，“民有二男以上不分异者，倍其赋”，法律强制兄弟分家，不顾父子之情、兄弟之谊的做法不同。东汉时，李充家境贫寒，兄弟六人生活在一个屋檐下，他的妻子认为这样的日子过下去实在难以长安，于是提出了分家的请求，李充为维护大家庭同居共财的和睦生活，就以妻子离间母子、兄弟人伦的理由休妻。东汉时甚至有数世同居的风气，例如樊重三世共财，蔡文姬父亲蔡邕也与叔父、从弟同居，三世不分财。同居共财的家庭模式使血缘亲情得到了经营和稳固，在一定程度上强化了人们对家族的认同感，对于维护三纲五常的伦理道德是有积极意义的。

即便是政治生活，也极其重视家庭人伦和血缘亲情。例如东汉时期，“孝廉”是两汉选拔官员的常科，各地名额非常有限，能被举为孝廉是极其不容易的，封观被举孝廉，但当时他的兄长还没有名位，封观遂“耻先受之，遂称风疾”，过了数年之后，其兄长也被举为孝廉，封观这才入仕，只要能维护兄弟悌道，宁愿牺牲自己的政治前途。

具体到司法实践中，执法人员在裁决案件时要体现三纲五常的国家意志，在尊重法律的基础上，顾及人伦情感。在西汉董仲舒的努力之下，儒家人伦思想被纳入到法律之中，不再实行秦朝那种“广狱而酷法”的狱政。古代皇帝认为血缘伦理是永恒的，如汉宣帝四年诏令中曰：“父子之亲，夫妇之道，天性也。虽有患祸，犹蒙死而存之。诚爱结于心，仁厚之至也，岂能违之哉！”法律是严肃、无情的，但是涉及家庭伦理的诉讼案件，官员一般不会生搬硬套律令条文，而是兼顾家庭关系的调解，维护血缘伦理是司法的内在精神。这是德治传统对法治文明的一大塑造。

法律和伦理之间确实有分化，但不是不可逾越的鸿沟，在两者之间可以找到一个平衡点。地方官员承担一地的行政、司法等权利，“听讼断狱”是地方行政长官的主要职责。而地方官员并没有经过系统严格的法律职业培训，他们都是具有深厚儒学功底的饱学之士和道德标杆。他们审判案件，重要的不是死守法律，依法审判，而是要引经据典，使审判能够合情入理。断案的目的不是惩罚，而是育人。尤其是在家庭伦理关系的处理上，很多时候道德感化比法理严判更有效果。

我们可以通过几案件，了解在德治下司法是如何维护人伦的。

首先是维护亲缘孝道。古代中国以孝治国，孝养亲老也是中华民族的传统美德，为人子女应该孝敬父母，兄弟之间应该顾念亲缘之情。所以在历代的司法实践中，都有以人伦亲情诠释司法的做法。上到最高统治者，下到地方各级官员，在处理相关司法案件中，基本都会秉持这一精神。

比如据《资治通鉴》记载，贞观六年（632年）的腊月二十二，唐太宗亲自审阅死刑犯卷宗，想到年关将至，死刑犯却不能回家与家人团聚，顿生悲悯之心，就临时做了一个惊人的决定，下令让全国死刑犯回家过年与亲人团聚，并约定第二年秋天回来就死。结果到了约定的日期，被义纵回家的死刑犯，在无人监督的情况下全部回到狱中。天下之人无不感念太宗的德化，白居易作诗“死囚四百来归狱”，盛赞唐太宗的仁德之举。唐太宗认为死囚诚信，就大赦他们。当然，唐太宗的这种做法，是严重违背司法尊严和威信的。唐代对死囚原本就有三复核实，甚至五复核实的制度，根据唐律，这些死囚犯都是按律当死之人，按说没有赦免的理由，那么唐太宗为什么还是这样做呢？这是因为放死囚犯回家与亲人共叙人伦亲情的社会效果，远远大于严格执法所带来的司法效果。

《名公书判清明集》记载，南宋时，胡石壁多年担任司法官员，他在处理这一类家庭纠纷时，秉持的基本原则也是法让道于德。他说自己为官“惟以厚人伦，美教化为第一义。每遇听讼，于父子之间，则劝以孝慈；于兄弟之间，则劝以爱友；于亲戚、族党、邻里之间，则劝以睦任恤。委曲开譬，至再至三，不敢少有一毫忿疾于顽之意。剽闻道路之论，咸谓士民颇知感悟，隐然有迁善远罪之风，虽素来狠傲无知，不孝不友者，亦复为之革心易虑”。在处理案件时贯穿着国家纲常教化意志，体现着和睦亲族、宁人息讼的治理精神，先劝以和而后断以法，达到“迁善远罪”之目的。

胡石壁在湖南提点刑狱时还受理了一个贫穷彻骨的老母亲状告自己的儿子不孝的案件：蒋姓寡妇生活艰辛，“至鬻其榻，以苟朝夕，剥床及肤，困穷极矣”，全倚赖她唯一的儿子钟千乙为生，但是，钟千乙丝毫不尽人子赡养母亲的义务，逼得寡母无奈之下把家当都变卖了，穷困得几乎到了乞讨的地步。母亲已经如此艰难，然而钟千乙还将母亲变卖家当换来的钱拿出去胡乱挥霍。母亲衣食无着，不得已将儿子告到官府。在古代社会，母讼子不孝养案是常见的案件，宋法沿袭了唐法，将“不孝”视为十恶不赦的重罪之一。对于钟千乙这样的不孝子，胡石壁应当援引相关的法律规定严正典刑，但是，他不拘泥于律典，给出的判词如下，教人息讼宁人，充满浓浓的人情味：

> 钟千乙合行断治，今观其母羸病之余，喘息不保，或有缓急，谁为之倚，未欲置之于法，且责劝励，放。自此以后，仰革心悔过，以养其母。本州仍支五斗，责付阿蒋，且充日下接济之须。

胡石壁考虑到寡母生活朝不保夕，就放不孝子回家，望他洗心革面赡养母亲，不仅如此，官府还支付五斗粮食给寡母，帮助其以度时日。这充分体现了德治的仁德追求。《论语·颜渊》中，季康子曾向孔子问政，孔子答曰：“政者，正也。”执政的目的就是要引领民众走向正直。

在司法实践中体现仁德之意，成全犯人的人伦亲情，作为一种优良的传统代代相承。明代文学史上的一颗明珠——归有光，被称为“今之欧阳修”，嘉靖四十五年（1566年），他在做长兴县令时即以大儒自任，用古教化为治，“有重囚母死当葬，熙甫纵之归，治葬事毕，还就狱。有劝之逸去者，囚不忍相负也”。在归有光治下，有一重犯，其母亲去世当下葬，归有光特令重囚犯归家为母亲送葬，以全人子的孝道。

其次是维护兄弟悌道。

兄长爱护弟弟，弟弟敬爱兄长，兄弟之间的悌道，是古代社会五种伦理道德中的一种。古时候用于儿童启蒙的教材《千字文》中，就有一句“孔怀兄弟，同气连枝”，是说兄弟同父同母所生，共有父母气血，犹如树枝相连。颜之推在《颜氏家训》中说：“夫有人民而后有夫妇，有夫妇而后有父子，有父子而后有兄弟：一家之亲，此三而已矣。……兄弟者，分形连气之人也。”先有夫妻之分，然后有父子之情，然后有兄弟之谊。人世间最亲近的关系，莫过于夫妻、父子、兄弟这三种，彼此之间怎能不相亲相爱？

兄弟之间年幼的时候，“父母左提右挈，前襟后裾，食则同案，衣则传服，学则连业，游则共方”。兄弟都是父母左提右拉着长大，在一方桌子上吃饭，衣服传递着穿，读书时用同一本书，外出游玩也是去同一个地方，这种双向的亲情，体现着亲密无间的血缘亲情。

古代社会极其重视兄弟之间的悌道对维护社会秩序稳定所起的重要作用。东汉和帝时，许荆任桂阳太守。汉朝有规定，郡守春天都要行县，视察所辖县邑。许荆行县时来到耒阳县，恰好遇到县里蒋均和兄弟争夺财产，诉讼到县衙。许荆认为自己在管辖范围内，教化百姓，但是伦理纲常却没有在这里通行，这是自己失职，遂让郡吏给皇帝上书，陈述自己的罪行，并乞求到中央廷尉那里伏罪。许荆以这种方式教育蒋均兄弟要相敬相爱，蒋均兄弟受到感化，从此不再为身外之物争讼。

再比如元朝的况逵，他在任光泽县尹时，亦在审理案件的过程中向诉讼之人宣扬儒家伦理道德。时有兄弟二人争田，他以《小雅·伐木》喻之，亲自讲授亲友和睦之道，两人大为感动，和解而去。

第三是要维护夫妻和顺之道。

宋代有个叫王回的地方官员，在审判前妻状告前夫的案件中，就体现了人伦价值在司法判决中的地位：妻子被休之后，状告前夫曾经“指斥乘舆”。乘舆是皇帝乘坐的车辆，用来代指皇帝，显然，在宋代“指斥乘舆”是一项大罪，按照《宋刑统》的规定，前夫可能会被判以极刑。这是法律的规定，但是按容隐原则来说，妻子对丈夫有容隐的义务，尽管现在二人已经解除了夫妻关系，也就意味着前妻对前夫没有容隐的义务了，但王回还是根据容隐原则，认为即便二人解除了夫妻关系，但仍然应该顾念夫妻之恩，维护夫妻之纲，尽到容隐的义务。

明代的海瑞，一生清廉，深孚民望，被称为“海青天”，他在总结断决疑难案件的原则时指出，应该合乎伦理之道：

> 与其屈兄，宁屈其弟；与其屈叔伯，宁屈其侄；与其屈贫民，宁屈富民；与其屈愚直，宁屈刁顽。事在争产业，与其屈小民，宁屈乡宦，以救弊也。事在争言貌，与其屈乡宦，宁屈小民，以存体也。

对于疑难案件的裁决有异议时，与其冤屈兄长，宁愿冤屈弟弟；与其冤屈叔伯，宁愿冤屈侄子；与其冤屈穷人，宁愿冤屈富人；与其冤屈敦厚正直之人，宁愿冤屈狡猾顽固之徒。若是产业之争，与其冤屈小民，宁愿冤屈乡绅。若是言辞之争，与其冤屈乡绅，宁愿冤屈小人。基本上要合乎兄弟悌道、长幼有序、富不凌弱等儒家所倡导的原则。从不同的角度来看，海瑞断案是有争议的。若从法治精神来看，这种“两害相权取其轻”的取舍法却有失公平。但是，以封建社会的道德伦理来看，海瑞断案非常重视个人身份及相应的伦理观念，完全符合封建礼法要求。正如上文中所有，“以存大体”。中国人自古就形成了重视人伦的文化传统，为了成全人伦，哪怕牺牲一点法律精神也在所不惜。

在中国古代的法律体制下，伦理和法律是一个相互矛盾的存在。法律的基本精神是追求公平和正义，但人伦的基本精神却是维护亲亲之义。很多刑事案件中，维护了法律正义，就伤害了人伦亲情；反之，维护了人伦亲情，就损害了法律精神。例如“亲亲得相首匿”制度，根据这一制度，亲属之间相互藏匿犯罪之人，是可以减免刑事责任的。这一制度还对亲属之间相互举报的行为进行严格限制，特别是卑告尊、幼告长这种“以下犯上”的行为，举报者要受到法律制裁。这个制度源自孔子说的“父为子隐，为子父隐，直在其中”，“父亲有亲”是五伦中的重要一环，根据五伦的道德要求，父子间的相互容隐是一种美德和义务。后世历朝历代的法典都将其作为一种制度加以规定和遵守。可以说，家庭亲情和人伦价值在中国法系中占据重要的地位。在德治传统之下，司法判决承担着感化人伦，导人向善的责任。

2. 司法与人性

历朝历代推行以德治国，皇帝们不断颁布具有法律效力的诏令，要求宽缓刑狱，以示关注人性，尊重人道。这种将仁义道德变成法律义务的做法，不仅执政者倡导，百姓也尤为支持。这种做法使得中国古代司法实践闪耀着文明的闪光点。

首先表现在听妻入狱上，在司法判决中高度关注犯人的情感需求。对于死刑犯，如果已娶妻而未有子，则允许其妻入狱，待妻妊娠有子后再执行死刑。如《东汉书》记载，东汉光武帝年间，鲍昱在沘阳县长任上，有一沘阳县男子赵坚杀人系狱，罪行当死。他的父母跑去跟鲍昱哭诉：“我们已经是七十多岁的人了，膝下只有赵坚一个儿子。最近他才娶妻，如今被判处死刑，可是他还没有后代啊。”鲍昱心生怜悯，让赵坚妻入狱与赵坚同宿，直至赵坚妻妊娠得子。

照顾犯法之人的情感需求是德治传统下司法实践的特色。传统社会以孝治国，从孝道出发可以法外行仁，成全死囚犯的生育权。汉代虽然对此没有明文规定，但在具体实践中却会法外施恩，这个做法在古代社会是常见的。《后汉书·吴祐传》记载，东汉末年，吴祐任胶东相，“政唯仁简，以身率物”。在他治下，有一叫毋丘长的安丘男子，其母亲被一名醉汉污辱，毋丘长将醉汉杀死后逃亡他乡。这事发生在吴祐辖境内，吴祐从安丘一直追捕到胶东才将毋丘长抓住。吴祐说：“作为儿子看到自己的母亲受到玷污，这是人子所羞耻的。愤怒之下杀了醉汉，却连累了父母。青天白日之下杀人，赦免了你不符合国家法律规定，若将你处以死刑又不忍心。”吴祐了解到毋丘长有妻子而无儿女，遂让其妻入狱待妊娠产子之后再行刑。毋丘长感念吴祐的恩德，立下誓言妻子生产后，若是男婴即取名为“吴生”。

这一有心之举潜移默化中对后世司法实践产生了深远的影响。西晋惠帝时，乔智明任县令，有县人张兑为复仇杀人被捕入狱。张兑也是有妻无子，无后即不孝。乔智明按照传统的惯例，将他关在狱中数年都没有处决，并准许其妻入狱同宿。有人劝张兑逃走，张兑说：“有这样仁明的父母官，我怎么能拖累他呢？即使我逃出去活了命，有何面目活在世上？”后来张兑的妻子在狱中产下一个男婴，张兑本人也遇赦免死。

人伦比法律的历史更加久远，它是中国传统伦理思想中最根深蒂固的部分。中国是在农耕文明的土壤上建立起来的国家，重视家庭和家族的血脉传承，孟子那句“不孝有三，无后为大”，正是对传统社会的一种映照。清朝监狱所设的“家信房”，也是出于对死刑犯的人性化执法。

在死刑犯临刑之前，“听妻入狱”既能够满足犯法之人的情感需求，也能够保证其能有后代，不至于当一个不孝之子。尽管这一做法为现代社会所不容，但是对死刑犯临刑前的人道关怀，展现出了以德治国的文明之光，执政者给予百姓现实关怀的做法，对今天仍然有现实意义。

其次还表现在悯囚录囚的措施上。随着监狱的诞生，监狱管理也形成了比较完善的制度，儒家德治思想对监狱管理影响深远。监狱的镇压作用是首位的，但从汉代开始，在儒家德治思想的影响下首开悯囚制度，以后各朝代相沿不改。

例如晋代制定了《狱官令》，规定监狱的墙屋必须牢固，草蓐切勿漏湿；家人探监时所带的食物，要由狱卒代为加热；离家远且没有人来给送饭的，由狱卒为之作食；犯人生病要提供医药进行救助，患病严重者允许家人一人入内看护。总之对犯人的衣、食、住、医等生存环境进行了强烈的人道主义关怀。

封建社会，执政者为达到对犯法者的威慑与镇压，给良民一种警示，对于监狱的管理十分残酷。狱吏素质良莠不齐，历朝历代都存在虐待囚犯，使食不能饱，垢不能浴，甚至会动用私刑虐待囚犯致人死亡的情况。如南齐的“上汤杀囚”，便是借给囚犯治病为名毒杀囚犯。在一个社会里，对囚犯衣、食、住、医药等方面的体恤，体现了执政者的宽仁和好生之德。古代社会尽管无法彻底根除监狱管理的种种问题，但是执政者所采取的悯囚措施，从一定程度上缓和了阶级矛盾，内容有“给衣给食，疾病给医，准许家人探视”“夏置浆饮，月一沐之”，在一定程度上保障囚犯的衣食医药，以免造成庾死等，是德政在监狱管理上的体现。

录囚制度也带有悯囚的特色。西汉建立后，总结秦朝酷法而亡的教训，建立了录囚制度。皇帝或相关官员会巡视监狱，巡视时会记录囚徒的罪状和决狱的情况，以达到平理冤狱、督查狱政的目的。西汉时，州郡的行政长官会定期录囚，昭雪冤狱。汉昭帝时，青州刺史隽不疑巡视下属各县，审查囚犯有无冤情，回来后他的母亲会问他：“有所平反，活几何人？”如果隽不疑说平反的人多，母亲就很高兴，“为饮食，语言异于他时”；有时没有平反的人出狱，母亲就生气，因此吃不下饭，所以隽不疑做官，严厉却不残酷。东汉时，皇帝亲自录囚，至三国两晋南北朝，逐步形成一种正常制度，皇帝至朝廷监狱录囚，其间也巡行地方监狱。《隋书》中就记载隋文帝多次亲自录囚徒，在他执政的十八年间，亲录囚徒平均两年一次。录囚会使一些悬而未决的案件得到督促审办，带有一定的悯囚色彩。这样的制度体现了执政者的仁德宽厚。

古代的颂系也体现了德治对司法实践的指导。所谓讼系，即宽容地矜恤老、幼、孕、残疾人犯，监禁期间不戴刑具。如汉景帝后元三年令规定："八十以上，八岁以下，及孕者未乳，师、朱儒当鞠系者，颂系之。"西汉末年，王莽的儿子王宇行巫蛊，"莽执宇送狱，饮药死。宇妻焉怀子，系狱，须产子已，杀之"。对年老、年幼和孕妇等囚犯不得上刑，实行拘禁上的优待，这些宽容措施正是德治仁政在司法实践中的体现。尽管古代社会刑罚种类多，刑狱在今天看来至为酷烈，但刑罚总体上从严酷趋向缓和，这其中体现的正是德治社会的人文关怀精神。

德治思想指导下的悯囚、录囚、讼系等，一定程度上有利于维护伦理道德，同时也可以减轻民众对刑罚的厌恶感，维护国家法律秩序，具有良好的社会效果。

古代社会对死刑的尊重，也显示了司法向文明的进步。唐代实行死刑三复奏制度，谨慎对待死刑犯，有效避免冤假错案。

《资治通鉴》记载，唐太宗贞观五年（631年）的八月，河内人李好德散布妖妄之言，太宗下令将其下狱之罪。当时张蕴古是大理丞，其职责就是掌管国家刑罚。张蕴古为李好德辩护，说他精神疯癫，胡言乱语，按法不应该惩办。唐太宗采纳了他的意见。当时治书侍御史权万纪弹劾张蕴古，因私情袒护优容李好德，说李好德的兄长任相州刺史，而张蕴古家住相州。唐太宗闻言大怒，痛恨张蕴古"小子乃敢乱吾法"，遂下令将他斩于长安。很快唐太宗就后悔自己草率杀人，即便张蕴古有罪，也罪不至死。然而人死不能复生。前朝隋朝就是滥刑而亡，凡是犯盗窃罪的，无论数额多大，一律判处死刑。自己应当吸取隋朝的教训，在司法审判和执行中体现宽德之意。

唐太宗在盛怒之下，草率地冤杀了大理丞张蕴古，这启发他思考慎重地死刑执行问题。于是在张蕴古死后的第四个月，唐太宗与亲近大臣讨论关于慎重对待死刑的问题，提出死刑五复奏制度。太宗对左右大臣们说："我认为死刑至关重要，所以下令必须经过三次复议、上奏才能确定死刑，就是希望深思熟虑，以免减少冤假错案。"他还提到对死刑犯的尊重，联想到古代社会有礼乐制度，乐舞、酒食都应当在适当的场合进行，以示合礼之意，处决死刑犯时也有相应的礼乐制度，国君要彻乐、减膳。唐太宗下制文明确规定：判决死刑犯人，两天之内中央部门要经过五次复议、上奏，下到各州的也要三次复议、上奏，行刑当天，负责皇帝膳食的尚食局不能进酒肉，负责宫廷音乐的内教坊和太常寺不得奏乐。以上要由门下省负责监督落实。凡依法应当处死而情有可原的特例，要上奏中央。

3. 司法与教化

中国人自古重视教化，对教化的宣讲可以说是无孔不入、面面俱到，教化很大一部分是在家族家庭之内完成的，族规家法成为约束族人立身行事、维持族内秩序的制度，因此，各家族的家训、族规经历代积累，可谓蔚为大观。

另有一部分教化是国家通过官方的宣谕完成的，即皇帝颁发诏书或圣旨制定基本精神，再由地方官员向百姓布德宣化。如朱元璋的《守令八事》就属于这一类，要求地方官员把"宣扬风化，抚字其民"当作首要任务来对待，"时命里长高告戒其里人，敦行孝弟，尽力南亩，毋作非为，以罹刑罚；行乡饮酒礼，使知尊卑贵贱之体，岁终察其所行善恶而旌别之"。

还有一部分教化是在司法判决中完成的。在帝制社会中，政治的一大显著特点就是行政和司法合二为一。自秦至清，中央政府都有专门的司法机构，如廷尉、大理寺、刑部、御史台、都察院等。但司法仍然是行政的附庸，尤其体现在地方，即地方官员既是行政事务官，也是司法审判官，同时还是人伦教化官。汉代发明了春秋决狱，将儒家经典引入司法判决，注重的就是司法惩恶扬善的教化功能，中国也因此形成了与西方截然不同的司法传统。西汉刘向说："教化，所恃以为治也，刑法所以助治也。"教化本应是教育领域的职能，但在古代社会，司法也承担了一部分教化责任。

汉代以后以儒学为尊，所以整个社会上通经之士队伍庞大，这些饱学之士走上仕途以后，就有机会用儒家经典来解释律令，发挥司法的教化功能。古代社会以德治国，要求地方官员应该从道德出发，成为道德的标杆。按照这个标准来看，地方官员按时收缴赋税，管理治安，依法断狱，就算是恪尽职守了吗？显然不是，他们还必须在司法判决中，将仁义礼智、孝悌忠信的价值观念灌输至百姓内心。只会断案而不懂教化的官员，不算是良吏，他们充其量只是刀笔吏，司法不仅具有审判的职责，同时还具有教化的使命，使法理和人情在判决中得到交融。在儒家看来，诉讼产生的原因就在于"教化不行"，致使百姓不明礼义，以至于行为突破礼义界限。所以，司法不能止步于结案了事，而应该达到"未讼者可诫，已讼者可息"的境界。

德治是儒家认为治理国家最好的方式，地方官员对中央德治精神心领神会，他们以道德治民，以仁义化民，也认为民间有争讼现象，一定是自己教化有亏所致。东汉的吴祐，"民有争讼者，辄闭阁自责，然后断其讼，以道譬之。或身到闾里，重相和解。自是之后，争隙省息，吏人怀而不欺"。再比如东汉的秦彭，在山阳太守任上，以礼仪训导百姓，而不使用刑罚。他崇好儒雅，建立学校，每年春秋时节行飨射之礼，总是实行升降揖让之仪。他为山阳人民制定了四条训诫，用来确定父子、兄弟、夫妇、长幼之间的礼节。

有遵奉其教化的，秦彭则将他们提拔为乡三老，每年的八月份给他们送去酒肉以示褒奖和勉励。吏员犯了过错，秦彭只是将其免职而已，从不言语相辱。因为这样的仁政，山阳人民都很爱戴秦彭，没有敢侵犯他的。人民懂礼仪，知廉耻，怎么还会有争讼之事呢？刘矩也是如此，他当雍丘令时，亦以礼仪教化百姓，那些不孝之子、无义之徒受其感化，纷纷改过自新。民间有到官衙对簿公堂的，刘矩会将他们叫到面前耳提面命，悉心劝导，诉讼者回家之后便不想再打官司了。

清代康熙年间，在一起“兄弟争财”的诉讼案件中，知县陆其龙“不言其产之如何分配，及谁曲谁直”，就是说先不审理案件本身的是非曲直，而是“但令兄弟互呼”，“此唤弟弟，彼唤哥哥”“未及五十声，已各泪下沾襟，自愿息讼”。

“入孝出悌”是中国古代社会的基本人伦道德，陆知县旨在让兄弟二人体会兄友弟恭的人伦至情之美。对于人伦的还原和重塑，意义远远大于财产分配的公平。遵循法律而不拘泥于法律，下顺人情，才是司法审判的应有之义。

在行政兼理司法的政治体制下，地方官员既是司法的裁决者，又是道德的宣教者，一个合格的地方州县官员，应当具备启天良之心，使道德教化寓于司法之中。正如清人王景贤《牧民赘语》中所说：“国家之设县令，不但使之收一方钱粮，断一方词讼，必责以移风易俗之事。”既然司法判决承担着教化功能，那么国家就非常重视地方官员的道德水准。只有那些道德高标、博学鸿儒的清官廉吏，才能将重德的司法文化贯彻下去。

汉代选官重视重德，从汉武帝后期到汉宣帝时期，社会动荡，从中央到地方，官员多实行严酷的刑罚来维持社会的稳定。但只行法律而不行教化的统治，是不稳定的，因此汉宣帝重视提拔贤士任职。

隋唐以后的科举制度，取消了“明法科”，选拔上来的官员都是饱读经典之士。清朝尹会一曰：“牧民之道，不外教、养两端，而劝导之法，全在良有司感之以诚、要之于久，而后默化渐移，著有成效。”地方官员在司法审判中要张扬、明确道德的价值。在司法判决中，很多官员为了迎合民间的价值需要，满足社会民众的利益需要，甘愿辞官，可谓在所不惜。《后汉书》记载，张禹的父亲张歆为官时，有一个人为父报仇后自首，张歆将这个人召到阁中亲自审问，可是等行凶之人进来后，张歆“解械饮食，便发遣”，亲自解开罪犯的枷锁，将罪犯放了，然后他自己也“弃官亡命”，后来“逢赦”以后才敢公开活动，从此“乡里服其高义”。

诚然，司法教化能在一定程度上匡正社会秩序，但这有赖于地方官吏的道德水平，以致于形成了道德的高调和司法审判专业能力的低下之间的矛盾。无讼是中国法律精神，但无讼不是通过司法审判专业能力的提高来实现的，而是通过司法审判中的教化来达成。

地方官员基本上分为两类，一类是科举出身的儒学官员，他们饱读经书，却不通法律；另一类是胥吏，他们掌握法律条例，熟稔国家律典，却不通文墨，道德水准也参差不齐。所以提高儒学官员的法律水平，同时提高胥吏群体的道德水准，才能实现司法的教化功能。

历代王朝做过很多努力，来提高儒学官员的法律知识和司法水平，儒学官员不知法，却是执法者，因此执法之前必先知法。以明朝为例，明朝以重典治国，而法典就是帝王精神意志的体现，因此对官员学法通法做出了严格的规定：“凡国家律令……百司官吏务要熟读，讲明律意，剖决事务。每遇年终，在内从察院，在外从分巡御史、提刑按察司官按治去处考校。若有不能讲解、不晓律意者，初犯罚俸钱一月，再犯笞四十附过；三犯于本衙门递降叙用。”国家会监管落实官员对律典的掌握情况，在中央由都察院落实，在地方则由巡按御史及提刑按察司落实，还有配套的惩罚措施。

针对后一种情况，即胥吏道德水准问题，金朝的做法值得肯定。金朝的帝王倾心儒术，如熙宗皇帝就“颇读《尚书》《论语》

及《五代》《辽史》诸书，或以夜继焉”。在金代，律科是科举考试的科目之一，以选拔中下级司法官吏。考试内容就是“律令内出题”，但是到了世宗大定二十九年（1189年）规定，律科考生必须通晓儒家经典，“律科举人止知读律，不知教化之原，必使通治《论语》《孟子》，涵养器度”，遇府、会试，委经义试官从《论语》《孟子》中出题加试，“与本科通定去留为宜”。这就要求律科出身的官吏必须熟读《论语》《孟子》等儒家经义，目的就是要使官员“知教化之原”，这对于司法教化的提升大有裨益，可以说在法律与德行之间两不失的。

帝制社会中，司法追求两个价值，一是追求公平正义，汉宣帝“决狱不当，使有罪兴邪，不辜蒙戮，父子悲恨”，成为司法判决的反面教材。二是追求以德化人，古代司法审判在结案中形成的判词，处处体现着道德教化的精神。例如，唐代宗时，颜真卿任抚州刺史时，审判了一起“愚妇求离”的民事案件。当地有一名叫杨志坚的儒生，好学而家贫，其妻嫌贫爱富，不堪受穷，便起诉与杨志坚离婚。杨志坚写了一首诗：“当年立志早从师，今日翻成鬓有丝。落拓自知求事晚，蹉跎甘道出身迟。金钗任意撩新发，鸾镜从他别画眉。此去便同行路客，相逢即是下山时。”其妻持诗诣州，请求判处离婚。颜真卿虽然很同情杨志坚的遭遇，不过仍然依法判处二人离婚，但他同时写了一段维护夫妇人伦的判词，说杨志坚早年倾心儒学，颇有造诣，虽然一心追求功名，但却未能封官加禄。妻子愚昧，嫌弃丈夫贫穷落魄，意绝离婚。其妻不仿效古代冀缺的妻子帮助丈夫功成名就，倒要学习汉代朱买臣的妻子嫌贫爱富，这样的做法实在是有伤风化，败坏人伦。今任其改嫁他人，但对于此妇人嫌贫爱富的微风邪气还是要有多惩戒，判其受笞二十，作为惩罚。对于那位落魄的杨志坚，其衣食所需由节度使的属官来解决，算是尽力爱护了一个贫寒书生。判词中没有引用法律条文，但是，字字句句彰显着教化之义，在民间引起了极大的反响，“四远闻之，无不钦服。自是江表妇人，无敢弃其夫者”，以一则判词宣教了夫妻和顺之道，维护了万千家庭的稳定。

宋代官员胡石壁在审理一起亲人之间因争财而诉讼的案件时，也写了一则判词，指出人之所以异于禽兽，就在于人知礼仪。被告李三为人弟弟不遵悌道，为人儿子不遵孝道。若根据律条来判，他的罪行岂是死刑可以判定的。如今胡石壁对李三之过既往不咎，愿意给李三改过自新的机会。希望回家拜谢父母亲人，并要求邻里之间相互劝和。如若将来再犯，则依据律条法办。这体现了为政者的宽仁之德，也给犯法之人讲明了义利之别和兄弟悌道、亲子孝道。

地方官员审理案件的过程，一项重要的职责就是拟写结案判词，首先交代案件当事人及事件始末，最后根据儒家伦理和当朝律令做出裁决，以“正人伦、警世风”。从结案判词中就能看出古代司法审判法理与情理允协适中的特征，通过司法审判起到教谕、引导作用。“这使得司法行政职能兼备一身的州县官，更倾向于在道德框架下追求伦常合法正当性。他们并不简单拘泥于法条适用，而是参酌‘人情’与‘天理’‘礼’与‘法’价值标准适用性进行判决。”①

明末清初时人李清，是崇祯四年（1631年）进士，曾任宁波府推理，负责案件审判，断案严明。他将自己在宁波府任职时审理的结案判词二百一十篇，汇编成《折狱新语》一书，这是我国现存的唯一一部明代判词专集，内容包括婚姻、承袭、诈伪、淫奸、贼情、钱粮、失误、重犯、冤犯等十类，几乎囊括了日常生活中的常见领域。在每一篇判词最后，都是根据儒家礼法和大明律做出判决，使人在服从法律判决的同时，受到启发和教育。

在“活占事”中，曹文礼含冤状告岳母王氏为了利益将他的妻子新女另嫁他人，违背公序良俗。先是王氏为了六两银子将年仅七岁的新女嫁给“年齿不类”的佣工曹文礼，婚后发现曹文礼“床

① 苗丽：《清代判词研究》，苏州大学法学院博士论文，2012年。

绕无钱”家境贫寒之后，又将女儿新女嫁给恶霸李相为妾。李相弄虚作假，佯装将新女嫁给严大才。新女的兄嫂在整件事件中充当帮凶，为了掩盖新女已在李相处的事实，王氏和新女兄嫂谎称嫂嫂陈氏就是新女，以便为李相开脱。整个事件中，家里家外沆瀣一气，“以羊易牛，指鹿为马”，让曹文礼坐实了冤情。只有王氏的二女良知未泯，“直云有阿妹在”，才拆穿了众人编织的阴谋，还曹文礼以公道。在判词中，李清写道：“独范二女‘有妹’一语，颇有良心，若随母兄鼓舌，此冤几沉黑海矣！合量行给赏。”表彰了二女的良知。

在“屠劫事”中，寡妇张氏和幼子周相相依为命，生活凄惨。一场大雪压坏了他们家的房顶，族中恶人周昇“借题兴戈”，欺辱同宗；而生员沈阳春“青衿而墨面”，充当了周昇后盾，可谓斯文扫地。李清对周昇和沈阳春皆处以相应判决。案中另一人张国荣怀抱周相代替张氏前来告状，按照明律，代人告状要受到处罚。但是此案中李清对张国荣网开一面，因为若对张国荣处刑，“恐妇孤单而郎痴小者，将门无吠犬矣。原拟一杖，合与豁免”。这样的判词法理与情理分明，既处置了恶人，也保护了孤儿寡母，同时豁免张国荣，也有利于引导社会向善。

第四章 德治传统与官德建设

中国的德治传统源远流长，而官德是中国德治传统的一个重要组成部分。官德是官员在施政过程中应该遵循的道德规范，本质上是一种政治道德。治理国家的权力掌握在皇帝和各级官员手中，也可以说，官德是一种用权之德。中国历史悠久，无数贤臣宿将名垂青史，多少贪官恶吏失足落马，共同诠释着官员道德的内涵和力量。

一、古代官德的基本德目

我国官德的起源很早，从上古时期我们的先民就已经意识到了官德的重要性，在尧舜禹那个时代，选择继位之君时最看重的就是德性。三代以来，执政者无不深谙“官吏清则海宇平”的道理，而注重官德的建设和规范。西周时期对官员的选举以德行道义为主，其中对官员的道德要求被凝练为“智、仁、圣、义、忠、和”六德。在整个中国古代社会，对官德的重视和建设都是一以贯之的，总体来看，执政者重视的官德基本包括以下几点：

1. 廉洁之德

专制主义中央集权制度在中国实行了两千多年，历代执政者都非常重视廉正文化的建设。那么什么是廉政呢？所谓廉政，即“临财毋苟得”，不属于自己的财物不会纳为己有。春秋时期，鲁国博士公仪休因德才优良做了鲁国相。公仪休嗜好食鱼，有人就投其所好，给他送鱼拍马逢迎，但是公仪休廉洁自守，推辞不受，客人疑惑不解，公仪休解释道：“以嗜鱼，故不受也。今为相，能自给鱼。”

中国历史上第一个因贪污而受到惩罚的官员，是春秋时期晋国的大夫、代理司马、代理司寇羊舌鲋。“渎货无厌”“卖法纵贪”，史书对他的这些评价，足以让他坐上贪官“开山鼻祖”这把交椅。他在出兵郑子国的过程中大肆搜刮，金银珠宝马拉车载。在之后出兵郑、齐、邾、莒等十几个国家时，同样大发战争横财。后来，羊舌鲋代理司寇，执掌晋国的刑狱司法大权。他在处理邢侯和雍子的纠纷中，演绎了一个贪官的丑恶嘴脸。邢侯和雍子都是当时晋国有影响力的人物，两人的封地毗邻，但彼此的封地并没有很明确的地界划分，雍子私自扩大了封地边界，侵占了邢侯封地，两家因此争讼不断。雍子自知理亏，便将自己的女儿嫁给了羊舌鲋，以美色贿赂羊舌鲋。羊舌鲋抱得美人归，便不辨是非，颠倒黑白，宣判邢侯有罪。邢侯冲冠一怒，杀了羊舌鲋和雍子。晋国迫于舆论压力，判定羊舌鲋墨罪。“贪墨”一词，即来源于此。羊舌鲋利用职权贪财、贪色，最终自掘坟墓。此事传到鲁国，孔子说“邢侯之狱，言其贪也”。

公仪休和羊舌鲋，一廉一贪，一个名垂史册，一个身败名裂，用生动的经历给后世以警醒。自官僚制度建立以来，贪腐就相伴而生，所谓“政以贿成”，似乎不贪墨、不行贿就办不了事、办不成事。“国家之败，由官邪也。官之失德，宠赂章也。”惩治贪官对历朝历代来说都是一项长期艰巨的政治任务。所以，从先秦以至明清，执政者和人臣对廉洁的论述和思考就尤为深刻。西汉经学家刘向说：“义士不欺心，廉士不妄取”“临官莫如平，临财莫如廉”。包拯在《乞不用赃吏疏》一文中说：“廉者，民之表也；贪者，民之贼也。”清代陈宏谋说：“亲民之官，以廉为基。”对廉洁的论述如此丰富，其实归根结底就是一句话，读书做官应该恪守廉洁之德，不为名所累，亦不为利所诱。

战国时代是一个崇尚智诈的时代，礼仪荡然无存，不仅当时诸侯国君带头贪贿暴敛，各国各级官吏也都贪纵横行，以至于“天下以市道交”。大官大贪，小吏小贪，卫嗣公就亲身体验了一把小吏之贪婪。卫嗣公使人假扮客商过关市，以考察关市吏员的政绩，结果关市小吏刁难国君使者，使者拿出黄金孝敬关市吏员才得以通行。卫嗣公对关吏说：“某时有客过而所，与汝金，而汝因遣之。”（《韩非子·内储说上》）困扰中国古代官场几千年的“阎王好过，小鬼难缠”，从先秦时期就已经开始了。

中国自古尊崇清官，但是翻遍二十四史，清官廉吏并不多见。执政者也知道，一两个清官廉吏，并不能挽救一个朝代的腐败，而成群结队的贪官污吏，却能够将一个积极进取的政权推向深渊。这也是历代执政者再三强调人臣要清廉自守的原因。

我们看看秦朝立国之初的情况。为吏之道是为官从政之人应该遵守的政治道德，对官员的行为做出了明确规定。饶是如此，仍然刹不住贪腐的歪风邪气，大小官员巧立名目敛财的现象屡见不鲜。《史记·货殖列传》记载，秦在统一过程中，出于开疆实边和防范六国旧贵族的政治需要，对六国旧民进行了大量的强制性迁徙。而在迁徙移民的过程中，官吏们趁机大收贿赂：“秦破赵，迁卓氏。卓氏见虏略，独夫妻推辇，行诣迁处。诸迁虏少有余财，争与吏，求近处，处葭萌。”被迁徙的赵国人，稍有余财的争相贿赂官吏，祈求把他们迁到近处去。《史记·高祖本纪》中记载，汉高祖刘邦还是秦朝泗水亭长的时候，虚报礼金参加沛县令宴席的事：“沛中豪桀吏闻令有重客，皆往贺。萧何为主吏，主进，令诸大夫曰：‘进不满千钱，坐之堂下。’高祖为亭长，素易诸吏，乃绐为谒曰‘贺钱万’，实不持一钱。”沛县令设宴招待旧友吕公，全县大小官吏都去赴宴送礼，礼钱少的也有千钱，泗上亭长刘邦虚报万钱，虽然是虚报，但也从侧面说明当时官吏敛财之重。

西汉开国之初，王朝的中下层官吏就已经开始滥用权力而腐败了。史书记载，汉朝实行军功爵制，按照爵位高低分配田宅。刘邦在战胜项羽之后，曾经下发过一道安民令，里面规定士兵转业回家各事产业，有高爵位的赐给田宅。这项优待就被不法官员给盯上了。地方上有些小吏以权谋私，明明没有参过军，打过仗，也没有什么功爵，却凭借职务之便将权力变成了财富，惹得刘邦雷霆震怒。为了督促地方吏员秉公办事，刘邦还会派人巡视查访，凡是不尊皇令的都要处以重罪。尽管如此，仍然刹不住上上下下的贪腐之风。

贪污是历朝历代的痼疾通病。王莽地皇三年（22年），“流民入关者数十万人，乃置养赡官禀食之。使者监领，与小吏共盗其禀，饥死者十七八”。涌进关中的流民达到几十万人之多，王莽设置了养赡官，发救济粮赈灾，由使者监管。但是使者竟然与小吏们一起盗抢赈灾粮，致使流民饿死的达十之八九。读一读《汉书》就能知道，西汉的皇帝对荒政的态度是极其认真严肃的，但西汉后期是政治最黑暗的时期，王莽当政时期竟然发生了贪污赈灾钱粮之事。当官的连老百姓的救命粮都敢贪，还有什么是不敢伸手的呢?

北魏孝文帝对官员的清廉极为重视，他说“为牧之道，亦难亦易。其身正，不令而行，故便是易。其身不正，虽令不从，故便是难”（《魏书・高阳王传》）。为了确保吏治清廉，孝文帝开创了相告制度，让官员们相互检举揭发，德行清廉的给予升迁，贪赃枉法的则给予黜降。还要从每个县召集秀才二人，询问当地吏治，凡被举报有贪污劣迹的官员，一律撤职罢免。孝文帝惩治贪官从不手软，曾出台了惩贪条例——“义赃一匹，枉法无多少，皆死”（《魏书・刑罚志》），贪赃满绢一匹者直接处死。

为了落实惩贪条例，太和十五年（491年）秋，孝文帝派遣中央使臣巡视天下，纠察地方官员不法行为，一下子揪出四十多名地方官员贪赃，皆处以死刑。即便是皇亲也绝不开后门。时秦、益州刺史李洪之，是献文帝的舅舅，身为皇亲国戚，李洪之为官“素非廉清，每多受纳”，被押往京城后，孝文帝令“听在家自裁”。这些严厉的措施对官员形成了极大的震慑作用，官员们小心谨慎，清廉自守，有效地遏止了北魏开国以来的贪腐风气。

同时，对于“克己清俭，忧济公私”的官员，孝文帝也予以褒奖。当时定州的历任刺史可以说是十人九贪，这种大环境下，廉洁自持的刺史对于地方而言就特别具有榜样作用。赵黑任定州刺史时，有人企图向他行贿被拒绝，成了一个特例。赵黑为人，史书上说“克己清俭，忧济公私”，做到了一个优秀的官员应该具备的勤勉、廉洁、公忠等官德。当时有人向他行贿，赵黑拒绝，说“高官禄厚，足以自给，卖公营私，本非情愿”，国家发放的俸禄已经足够维持生活，拿着国家公器为自己谋取私利，并非自己为官的初衷。孝文帝听说这件事后，特赐赵黑帛五百匹、谷一千五百石，以示褒奖。（《魏书·赵黑传》）

司法公正是一个国家公平正义的底线，所以司法领域的官员更应该清廉自守。但是司法官贪赃枉法也是司空见惯的，当时社会上流传的“千金不死，百金不刑”的谚语，就是司法腐败的真实写照。如秦朝末年，项伯杀人后，跑到张良家藏匿起来，由张良贿赂官府，才得以平安无事。

官员清廉是执政者所大张其词的，而贪腐则是所深恶痛绝的。唐太宗时“深恶官吏贪浊，有枉法受财者，必无赦免。在京流外有犯赃者，皆遣执奏，随其所犯，置以重法。由是官吏多自清谨”（《贞观政要·政体》）。王夫之曾经以唐朝的官吏失德、贿赂公行导致唐王朝灭亡，警示后人必须引以为戒。他说“贿行于中涓，而天子慑；贿行于宰相，而百官不能争；贿行于省寺台谏，而天子宰相亦不能胜”，“唐之乱，贿赂充塞于天下为之耳。凡三百余年，自卢怀慎、张九龄、裴休而外，唐之能饰簠簋以自立于金帛之外者无有”。如果天子不能驾驭宰相，宰相不能驾驭百官，官吏失德，贿赂公行，那么，必将导致国家败亡。

2. 为公之德

官员要为公之德，公即公心，是与私心相背。北宋思想家程颐、程颢说："一心可以丧邦，一心可以兴邦，只在公私之间尔。"官员在其位谋其政，手中的权力就是肩上的责任，权力越大，责任也就越大。国家的兴衰存亡，全在于无数官员对公私的理解上。

自古以来，政治家和思想家们就对官员的公私之心提出了有深度的见解，关于"公"的言论可谓车载斗量，春秋战国时期诸子百家的贵公言论，对后世官德的构建影响深远。如"政在去私，私不去则公道亡"（《傅子·问政篇》），"我之出而仕也，为天下，非为君也；为万民，非为一姓也"（《明夷待访录·原臣》）。读书做官不是为了一家一姓的皇帝，而是为了普天之下的人民。先秦诸子对治国路径的认识有所不同，但无论是道家、儒家，还是墨家、法家，都认为"居官无私"乃"人臣之公义"。如儒家创始人孔子说："大道之行也，天下为公。""以公灭私，民其允怀。"从政能做到以公灭私，就能得到民众的信任和拥戴。道家创始人老子也说："容乃公，公乃王。"是说宽容大度，才能坦然为公。坦然为公，才能称王天下。墨家创始人墨翟说："举公义，辟私怨。"法家集大成者韩非子说："能去私曲就公法者，民安而国治；能去私行行公法者，则兵强而敌弱。"《吕氏春秋·孟春纪·贵公》："昔先圣王之治天下也，必先公。公则天下平矣。"古代先贤治理国家，一定是出于公心，而不是为了私利。有了坦荡公心，天下自然就和平安宁了。

身为官员要以公心为国家举贤，不可拿国家公器来谋取私利，填补私情。《左传》记载了祁奚"外举不避仇，内举不避子"的高德。前570年，晋国中军尉祁奚要辞掉官职请求告老，晋悼公问他谁可以担任这个职务。祁奚就向国君举荐了和自己有私怨的解狐。

晋悼公不解，问："解狐不是你的仇人吗？"祁奚答曰："国君问的是谁可以胜任这个职务，不是问解狐是不是我的仇敌。"整个晋国无不钦佩祁奚的高风亮节。晋悼公遂任命解狐为中军尉。不久，解狐去世了，晋悼公又征求祁奚的意见。祁奚又向国君举荐了自己的儿子祁午。晋悼公又不解，问："祁午不是你的儿子吗？"祁奚答曰："国君问的是谁可以胜任中军尉这个职务，而不是问祁午是不是我的儿子。"晋悼公遂任命祁午为中军尉。祁奚胸怀坦荡，才能做到为国举贤公心无私，得到了孔子"公"的称誉。

所谓"天无私覆也，地无私载也，日月无私烛也，四时无私行也。行其德而万物得遂长焉。……尧有子十人，不与其子而授舜；舜有子九人，不与其子而授禹：至公也"（《吕氏春秋·去私》）。"至公"的精神正是很多官员所欠缺的。杜绝私心，秉公举贤，国家才能发展；否则朋党勾结，私欲得逞，国家的公利必然受到损害。对官员来讲，公私之间的处理最为困难。因私损公之事在古代社会尤为常见，严重者甚至可以将一个国家推入万劫不复的境地。远的如春秋晚期伯嚭坑害吴国之事，近的如清朝末年北洋水师的全军覆没。

远者，《国语·越语上》中记载，伯嚭本是春秋晚期楚国太宰伯州犁之孙，大夫郤宛之子，为人好大喜功，贪财好色。郤宛有贤名，却被费无极谗言所杀，阖闾元年（前514年），伯嚭奔逃吴国。是时吴楚长期对立，吴王的左膀右臂伍子胥和伯嚭都是因复仇而逃到吴国去的，二人联合伐楚，一直打到了楚国的郢都，楚昭王出逃随国。二人没找到楚昭王，就掘楚平王之墓，鞭尸三百，以报父仇。正是因对楚作战有功，阖闾九年（前506年），升伯嚭为太宰，即吴国最高行政长官。至吴王夫差时期，在对攻打越国胜利的问题上，伯嚭和伍子胥产生了分歧，伍子胥坚决主张灭越，而伯嚭拿了越国的好处，就积极为越国的存活而奔走。

吴国和越国是春秋后期的两个大国，吴越争霸越国战败，越王勾践卧薪尝胆的故事为人津津乐道。就是在这一背景之下，吴王夫差欲听从大夫文种的话，与越国讲和，但是伍子胥坚决反对，认为吴、越乃仇敌之国，况且吴国有三江环绕，百姓无处迁徙，所以有越国就没有吴国，有吴国就没有越国。而且各国民众水陆习性不同，生活在旱地上的人不习惯生活在水边，而生活在水边的人也不适应居住在旱地。中原各国就算吴国战胜了他们，我们的百姓也不能居住在他们的土地上。所以这次进攻越国是一个机会，失去了后悔莫及。

事未决，越国于是用八个美女和金银贿赂太宰嚭，说："如果您能让吴国宽赦越国之罪，越国还有更美的美人进献于你。"太宰嚭收受了贿赂，就替越国劝谏吴王："古代征伐他国，只要降服即可，如今越国已经降服，还求什么呢？"吴王夫差轻信了太宰嚭的媚语，答应了越国讲和的请求，此后将力量放在北伐中原各国上。

伯嚭将一切建立在自己的一己私利之上，罔顾国家存亡，他利用吴王的骄狂轻信，内残忠臣，外通敌国，推行错误的决策，释放勾践，接受了越国的求和，致使吴国在拥有绝对优势的条件下，丧失了有利时机，在吴越争霸中走向衰败，完全丧失了为人臣子应有的公忠体国的优良品质。时隔三年，夫差欲赦免勾践，乃召太宰嚭商量，太宰嚭以"无德不复"为借口，建议吴王赦免勾践，日后勾践必定会报答吴王的恩德。后来的历史证明，越国并没有报答吴国的恩德，而是卧薪尝胆十余年，励精图治，终于一举灭掉了吴国。

越灭吴后，伯嚭为越王勾践所杀。在吴国从强劲到荏弱的没落过程中，伯嚭充当了一个极其丑陋的角色。伯嚭留给历史的教训是相当深刻沉痛的，孔子的高足子贡评论太宰伯嚭——"顺君之过以安其私，是残国之治也"。对楚国作战，伯嚭是为报私仇，接受对越求和，是为满足一己之私利，总之在国家前途命运这种大是大非的问题上，伯嚭完全出自私心私利，而无公德公心。

近者，1895年甲午中日战争中国战败，李鸿章经营近二十年的北洋水师全军覆没，中国被迫与日本签订了丧权辱国的《马关条约》，成为中华民族历史上一个永远的痛点。事实上，北洋水师的全军覆没，不单纯是因为慈禧太后挪用了海军经费建颐和园，清政府每年给北洋水师的军费预算是五百万两，四年时间，除去被慈禧太后挪用的一百五十万两，仍有一千八百五十万两军费可用。但这些军费并没有如数拨给北洋水师，起因只是当时的军机大臣、光绪帝师、主管户部财政的翁同龢，和李鸿章积怨颇深。

太平天国运动时期，太平军围困安徽，时任安徽巡抚翁同书是翁同龢的兄长，太平军袭来，翁同书弃城而逃，被李鸿章参奏。无论在哪个朝代，长官弃城而逃都必须严惩。皇帝宣判翁同书死刑。翁同龢的父亲是当时的帝师，做父亲的听闻自己的儿子被判了斩刑，当场气死。后来皇帝将斩刑改为充军新疆，而后翁同书死在那里。父兄二人，一死一流放，在翁同龢看来，全因李鸿章的参奏而起。

甲午战前，翁同龢主战，而李鸿章是北洋大臣，深知“海军弱，器械单，不敢开边衅”，因此反对开战。翁同龢认为李鸿章练水师那么多年，正好看看他的本事，要是打赢了也要大伤实力，日后恢复实力少不了要求他这个户部尚书拨款协助；要是打输了，李鸿章在朝廷上也就没什么地位了，正好借机报复李鸿章。翁同龢是清末清流党的代表，为官二十四载，罢官回乡后要靠门生故旧接济，他算得上一个好人，但绝不是一个好官，更谈不是一个优秀的政治家。翁同龢以财政经费支绌为由，奏请海军停购船械两年，弹药补充方面也横加限制。甲午战争爆发，北洋水师最大的两艘铁甲舰定远舰和镇远舰，十英寸巨炮共计只有三枚，其他小口径炮弹亦奇缺。战败后，翁同龢奉慈禧太后的命令，赴天津问责李鸿章，一见面，翁同龢即问北洋兵舰，李鸿章“怒目相视”，然而“半晌无一语”，最后反问翁同龢：“掌管户部财政大权在握，平时请求拨款经常被驳回，如今战败倒来询问兵舰之事？”翁同龢答：“我掌管财政，要以节俭为务，事情果然紧急，为什么不复奏申请拨款？”李鸿章极其无奈，心想：“平时里朝野就说我嚣张跋扈，御史台又参奏我贪婪，我若一而再再而三地申请拨款，还能活到今天吗？”①

国难当头，群臣本应同心御侮，翁同龢却以公器报一己之私怨，借倭敌之手对北洋水师下手，私心误国之害可不鉴乎？

3. 勤政之德

勤政是古往今来官德规范之一。我国勤政思想源远流长，据《尚书·盘庚》篇记载，早在殷商时期，就已经非常重视官员勤政，例如盘庚告诫百官“无傲从康”“无戏怠”，即不要因为享乐贪安懈怠政务。他要求百官“自今至于后日，各恭尔事，齐乃位”，兢兢业业，恪尽职守。可见勤政首先要做到无戏怠。这一思想为后世所继承。武王克殷后，西周执政者更懂得勤政的重要性，周公本人就是勤政典范，至今还流传着“一沐三捉发，一饭三吐哺”的佳话。至春秋时期，子路问政。子曰：“先之，劳之。”进一步询问孔子曰：“无倦。”子路询问孔子为政的道理，孔子特别强调“无倦”，即始终如一的勤勉。

中国幅员辽阔，官员队伍庞大，如何才能使官员队伍整齐划一地做到勤政不怠？往往在王朝初创时期，君臣尚能够砥砺勤勉，到中后期，往往贪于享乐，政事荒疏。例如西汉中期以后，官员渐生懒政之风，“上不能匡主，下无以益民，皆尸位素餐”，于是就有臣下建议加强职责考核，以保证官员咸能“竭精思职，推诚辅君，效功百姓”（《潜夫论·忠贵》）。到了明朝，针对当时官场苟且偷安的积弊，政治家张居正认为，使官员做到勤政，关键就在于将考核落到实处，随事考核，事事考核。他推行随事考成制度，规定中央各部院将各个衙门办理的事务一一登记造册，登记册共三份，本部留一份，其余两份一份送六科，办完一件注销一件，另一份送

① 胡思敬：《国闻备乘》，上海书店出版社，1997，第23页。

内阁备查。一时间朝中政令于“万里之外，朝下而夕奉行，如疾雷迅风，无所不披靡”，地方各级官员对中央政令都不敢敷衍推诿。

徐勉是萧梁政权前期的辅政大臣，勤勉体国。梁武帝天监年间，萧梁北伐北魏，来自前线的文书堆积成山，“勉参掌军书，劬劳夙夜，动经数旬，乃一还宅。每还，群犬惊吠。勉叹曰：‘吾忧国忘家，乃至于此。若吾亡后，亦是传中一事。’”勤于公务，平时很少回家，就连假日也宵旰忧勤，就连家犬都不认识他了。徐勉后历任吏部尚书、侍中、尚书仆射、中书令等要职，始终“尽心奉上，知无不为”“文案填积，坐客充满，应对如流，手不停笔”。徐勉的次子徐悱三十岁时突然去世，他悲痛不已，但不愿因哀痛荒废政事，即作《答客喻》劝勉自己，“即日辍哀，命驾修职事焉”。痛失爱子，涕泣伤心不能自持原本是人之常情，但是徐勉却不愿意因为家事荒废政事，古往今来有多少官员能勤勉到这样的境界?

隋时，“辛公义为并州（一作牟州）刺史，下车先往狱中，露坐验问十余日，决遣咸尽。还，领新讼事，皆立决，不立文案。有须禁者，公义即宿厅事，终不还阁。或谏曰：‘公事有程，何自苦！’公义曰：‘刺史无德，不能使民无讼，岂可禁人在狱而寝于家乎！’罪人闻之，咸自款服”。

纵观历史，有作为的帝王都是勤政之君，“自穆公以来，至于秦王，二十余君，常为诸侯雄”，秦国的官吏素有勤政之风，“及都邑官府，其百吏肃然莫不恭俭、敦敬、忠信而不楛”。秦始皇本人更是勤政的典范，“天下之事无小大皆决于上，上至以衡石量书，日夜有呈，不中呈不得休息”。汉文帝、汉景帝，唐太宗，康熙帝、雍正帝，都是勤政之君，将他们的王朝带进了盛世。

《诗经·召南·小星》中就刻画了一个从早到晚忙于公务的基层官员形象，“嘒彼小星，三五在东。肃肃宵征，夙夜在公”。后世常以“夙夜在公”勉励执政者要勤政为公。宋代吕本中在其《官箴》一书中就提出，当官就要做到三个字，一曰清，二曰慎，三曰勤。勤政不仅是官员的从政操守之一，也是官员政治责任感的体现。三者之中，清代汪辉祖认为最难做到的不是清与慎，而是勤，一个懒官“宴起昼寝，以至示期常改，审案不结，判稿迟留，批词濡滞，前后左右之人，皆足招摇滋事”，导致政务堆积如山，连勤政之德都做不到，又如何能做到清与慎呢？汪辉祖进一步指出，懒政之危害甚于贪贿。

道理其实非常简单，官员的贪酷之罪往往皆有迹可查，但是怠政之实却无迹可寻，致使老百姓明明深受其害，却难以揭发出来，而对旁观者而言又无关痛痒，他们甚至还以公务繁忙为由为懒官们辩解。于是官员们对懒政怠政习以为常，旷日经久，将他们怠政带来的后果叠加起来，天可鉴之！对百姓而言，拖沓一天就耽误他们一天的生计，对国家而言，官员“出仕以勤政为首务，政不勤则百事怠”，懈怠一日又会耽误多少国家大事呢？

汪辉祖讲过自己曾经目睹的官员懒政现象：人们去后城里告状，大概两天一个来回。然后就是等待批示，等候差役传唤，然后请亲友行贿差役，这些程序就需要十天半月。等到接到审理时间，又要邀请相关证人；等到审理日期将近，又被告知改期审讯，具体日期不确定，这期间差役不能离开，当事人也不能离开。所以，当事人是农民的，耽误生产，只能出资雇人替自己干活。当事人是商人的，只能停业。百姓等候审讯之前的所有花销，一样省不了。等诉讼结束，当事人也花光了积蓄，甚至没有了返乡的路费。倘若官员勤于政事，很多不必要的程序和花销就可以避免。

历朝历代，百姓都期待地方官员能够莅事以勤，恪尽职守。一个官员即便清廉自律，但如若在其位不谋其政，百姓还要奉养一个懒官，那这个官职还不如不设。自官僚制度设立以来，有多少官员荒谬地认为，只要清廉自持，明哲保身，就算是好官了。比如清代纪昀在《阅微草堂笔记》中讲了这样一则故事：

一官员到阎王面前报到，自称一生为官清廉，所到之处只喝老百姓一杯水，无愧于鬼神。阎王笑道：设官是为了治理百姓，若不贪钱就是好官，那么在公堂中设一木偶，连水也不用喝，岂不是比你更清廉？那位官员不服，辩称自己虽无功，亦无罪。阎王又道：你一生处处明哲保身，尸位素餐，国家对官员设置三年一考核的制度，为的就是考察官员是否尽职尽责，不尽职尽责就是有过，所以说你无功就是有罪责。

勤政就是要莅政恤民。勤政的落脚点在于民，即为民谋求福祉。古代中国人口众多，民心向悖关乎一个政权的兴衰存亡，所谓“君依于国，国依于民”，纵观古代社会，“水可载舟，亦可覆舟”的道理时刻警醒着历朝君臣勤政为民。春秋时期，楚国孙叔敖在今天的安徽省寿县修建了规模宏大的灌溉渠道——芍陂，可泽被一百多万亩农田，这是实实在在的为民谋利。北宋时期的福建，民间传唱着一首歌谣：“夹道松，夹道松，问谁栽种我蔡公。行人六月不知署，千古万古摇清风。”这位被百姓所称颂的蔡公即蔡襄。庆历四年（1044年）他知福州，庆历六年（1046年）改任福建转运使，在福建他勤于政事，为百姓做了很多好事。在福州大义渡至泉、漳七百里大道两旁种植松树，暑天遮阴，便于行走。知泉州期间，鉴于泉州东郊洛阳江下游有渡口，“每风潮交作，数日不可渡”“沉舟被溺，死者无算”，蔡襄主持修建洛阳桥，耗时六年多，自此以后，“渡石支海，去舟而徒，易危为安，民莫不利”。

汉代薛宣的儿子薛惠则是懒政的反面教材。据《汉书·薛宣传》记载：“始惠为彭城令，宣从临淮迁至陈留，过其县，桥梁、邮亭不修。宣心知惠不能，留彭城数日，案行舍中，处置什器，观视园菜，终不问惠以吏事。惠自知治县不称宣意。”薛惠就任彭城县令期间，彭城的基础设置一无改进，桥梁馆舍都颓圮不堪，未加修葺。

历朝历代都有奖勤罚懒的措施。秦汉就有不允许官员懒政怠政的法律规定，如秦律《睡虎地秦墓竹简·法律答问》规定：各级官吏都要克尽其责，敷衍推诿政事者受罚，“甲徙居徙数谒吏，吏环，弗为更籍。今甲有耐、赀罪，问吏何论？耐以上，当赀二甲”。意思是说，甲要迁居，请求官吏迁移户籍，官吏推诿不办，是要受到罚款二甲的惩罚的。西汉时期，朱博在任琅邪（一曰琅琊）太守期间，就对当地官吏怠政的旧俗大为整饬。当时“齐部舒缓养名”，齐人向来以举止迟缓，自尊自大来博取虚名，朱博刚到任的时候，“右曹掾史皆移病卧。搏问其故。对言皇恐。故事，二千石新到，辄遣吏存问致意，乃敢起就职”，右曹官员把文书束之高阁，称病怠政。原来齐地有一个“潜规则”，那就是新任郡守到任后，要先派官员慰问属吏，他们才会起来就职。朱博不认同官员怠政的旧俗，“乃召见诸曹史书佐及县大吏，选视其可用者，出教置之。皆斥罢诸病吏，白巾走出府门”，立即召集郡府属吏，选择能用的代替那些称病怠政的。他在齐地任职几年，怠政的旧俗有了很大的改观。为官为吏，当如南宋胡安国所说：“当一日勤如一日，深求所以牧民共理之意，勉思其未至，不可忽也。”（《与子寅书》）

4. 臣忠之德

《左传》中说“国家之败，由官邪也”。从秦朝以来，历代执政者非常注重培养官员的廉洁和忠诚，秦《为史之道》中就对官吏提出了“忠”的要求。古代统治者非常重视忠孝两德，孝是私德，忠是公德，对于臣子而言，只有忠心事主，才能忠于职守，勤政爱民。如果连忠诚都尚且做不到，遑论其他一切臣德，如廉、公、勤、慎等。

到了唐代，忠德观念已经发展得较为完善，唐代《忠经》的面世，就是对忠德观念的一次总结。不过唐代《忠经》认为，忠是面向所有人的，上至皇帝，下至百姓，中间百官臣僚，都应该尽忠。尤其是对臣子，提出了较为明确的要求，为人臣子应该敢于进谏、精忠报国。正如孔夫子所言：“君子之事上也，进思尽忠，退思补过，将顺其美，匡救其恶，故上下能相亲也。”官员奉事君王，在朝为官为国家做事，要时刻想着如何尽忠；退居在家时，要反省修身，想着如何来纠正补救君王的过失。对于君王的美政，必定帮助其发扬推行；对于君王的过失，不应该避讳，要匡正补救。

汉武帝时，苏武被匈奴困在北海牧羊二十年，手中时刻不离那根旄节，这代表汉武帝交托给他的使命，也代表他对大汉、对皇帝的忠诚。卫青、霍去病大破匈奴之后，汉匈关系冰释。前101年，匈奴且鞮侯单于遣使至汉，并归还以往扣留的汉使。前100年，汉武帝派中郎将苏武率副中郎将张胜、常惠等百余人出使匈奴。至匈奴后，他们一行人碰到了归降匈奴的汉人卫律。卫律的手下虞常与张胜合谋，欲杀卫律，结果事泄牵连到苏武。单于大怒，劝降苏武，但苏武宁死不降，单于无奈将其流放到人迹罕至的北海边牧羊，并说等公羊生了小羊羔之后就放他回去，欲以长期监禁的方式来消磨掉苏武心向汉朝的意志。苏武人在北海，却始终保留着那根代表大汉朝廷的旄节。前85年，匈奴发生了内乱，新单于向汉朝求和。这时候，汉武帝已死，他的儿子汉昭帝即位。昭帝遣使者到匈奴要求放回苏武。直到前81年，苏武回到了阔别十九载的京师长安。前51年，汉宣帝在位期间，匈奴终于来降，单于开始朝见汉天子，汉朝自高祖以来降服匈奴的愿望终于实现了。汉宣帝命人画了十一个功臣的画像悬挂于麒麟阁以示表彰，其中就有苏武，以激励后世忠义之士。道德的力量是伟大的，一旦深入人心，什么力量都无法撼动。匈奴的胁迫不足以使苏武改变气节，北海的艰苦亦不足以动摇苏武的意志，因为忠诚已经内化为内心的金科玉律。他所畏惧的，不是外在力量的逼迫，而是内心力量的审视。

唐代的姚思廉也是忠君的典范。姚思廉一生历经陈、隋、唐三朝。隋炀帝大业十三年（617年），农民起义风起云涌。李渊从太原起兵直取长安。当时姚思廉是隋炀帝孙代王杨侑的侍读。杨侑镇守长安，代王府上下见兵变遁走，只有姚思廉留下独身伴主。“兵将昇殿，思廉厉声谓曰：‘唐公举义，本匡王室，卿等不宜无礼于王。’众服其言，于是布列阶下。高祖闻而义之。”此事之后，李渊、李世民开始重视姚思廉。唐朝立国后，姚思廉入唐为秦王文学，成为秦王府“十八学士”之一。十年之后，唐太宗与群臣谈及隋亡之事，仍然钦服姚思廉的忠义：“姚思廉不惧兵刃，以明大节，求诸古人，亦何以加也！”当时姚思廉人在洛阳，太宗专门派使者带给他帛三百段，并附言曰：“想节义之风，故有斯赠。”这种不同寻常的优礼之举，表明唐代对臣子忠的重视。

忠于皇权是唐代对官员道德的最基本要求。“臣节贵忠”，忠义、守道是官吏的基本素质之一。唐太宗非常推崇春秋时期卫懿公的臣子弘演。据《吕氏春秋·至忠》记载，那位好鹤亡国的卫懿公死后，狄人“尽食其肉，独留其肝”，吃掉他身上的肉，只留下他的肝。当时大夫弘演正出使陈国，听闻国家有变，急忙赶回来，看见国君的肝呼天大哭，向国君的肝复命，而后“自出其肝，而内懿公之肝于其腹中”，即用刀剖腹，以自己的身体为棺椁，将卫懿公的心肝安葬于自己腹中。弘演的忠义让春秋霸主齐桓公深受震撼，认为卫国有弘演这样的忠臣，不可不让卫国复国，于是在楚丘这个地方重建卫国。史书中认为，弘演的忠不仅在于他甘愿为国君而死，还在于他使卫国的宗庙得以重建。在清平盛世表现忠诚是容易的，在国家败亡时表现忠诚却很困难。这也是唐太宗推崇卫懿公忠臣的原因。

贞观十五年（641年），唐太宗下诏提出，“周、隋二代名臣及忠节子孙，有贞观以来犯罪配流者，宜令所司具录奏闻”，周、隋二代忠臣的后代，在贞观以后犯罪被流放的，要从轻发落，并多加抚慰。唐太宗非常重视臣的忠义之德，因此对那些忠于前朝的大臣格外推崇，对他们的后代也分外优容。忠义是为官之人所应具备的基本政治素质，倘若臣子对皇帝、对国家持有二心，那么国家建设和政治稳定就是空中楼阁，不可达成。姚思廉对隋代王，就是“固守忠义，克忠臣节”的典范。

朝代更替、政权混之际，最能考验为人臣者的忠诚。僖公二十三年，晋国公子重耳流亡在外，狐偃、狐毛、赵衰、介子推等人追随左右，公子重耳流亡十九年，他们追随十九年坚定不改。晋怀公担心公子重耳素有贤名，如今流外，对自己始终是个威胁，就命令追随重耳逃亡在外的人如期回归，不归者诛灭其家。狐偃、狐毛不肯受诏回国，晋怀公就拘捕了狐偃、狐毛的父亲狐突，让他把两个儿子召回来，“子来则免”。狐突答曰：“子之能仕，父教之忠，古之制也。策名委质，贰乃辟也。今臣之子，名在重耳，有年数矣。若又召之，教之贰也，父教子之贰，何以事君？”儿子做官，做父亲的要教儿子忠于主君。古有制，初仕之时把名字写在简册上，把自己献给主君，若有二心就是罪过。如果教儿子不忠，那自己又以什么来事君呢？狐突因此被晋怀公所杀，但他“教子不贰”的精神代代流传。

继唐代之后的五代十国（907—979年），短短七十年，却是个政权交替频繁的时代，不同的政权如同走马观花一样“你方唱罢我登场”，子弑父、臣弑君的丑事层出不穷，道德沦丧至于斯，臣子们裹挟其间，在忠于旧主和追随新主之间做着艰难的选择。俗语云“乱世显忠臣”，尽忠者誓为纯臣，青史留名；不忠者甘当贰臣，遗臭万年。五代时的冯道，为官三十余载，“下不欺于地，中不欺于人，上不欺于天”，可谓尽心尽力。他曾以“但教方寸无诸恶，虎狼丛中也立身”自诩，但他历事五朝，侍奉八君，数易其主，一再失节，创下了中国古代历史上官员失节的记录。北宋政治家司马光对人臣的忠德也极为看重，他说“君有过则强谏力争，国败亡则竭节致死”。当然在唐末之后的乱世中，不能要求所有的臣子都殉节而死，但可以曲线尽忠，即“邦有道则见，邦无道则隐，或灭迹山林，或优游下僚”，即便做不到殉国，也应该不仕新朝才对。像冯道这般，在后唐、后晋任宰相，耶律德光灭后晋，他出任太傅，后汉时任太师，后周时任太师、中书令，历仕数朝，“国亡不能死，视其君如路人”，臣忠尽丧，以至于他在读了冯道晚年作的人生总结《长乐老叙》后无不痛惜地说道：“予于五代得全节之士三，死事之臣十有五，而怪士之被服儒者以学古自名，而享人之禄、任人之国者多矣，然使忠义之节，独出于武夫战卒，岂于儒者果无其人哉？岂非高节之士恶时之乱，薄其世而不肯出欤？抑君天下者不足顾而莫能致之欤？孔子以谓：‘十室之邑，必有忠信。’岂虚言也哉？”这也是他在《资治通鉴》中将冯道视为“奸臣之尤”的原因。欧阳修编修《新五代史》，将冯道视为“无廉耻者”，毛泽东评价冯道：“五代纲维横决，风俗之坏极矣，冯道其代表也。”

清朝康熙年间，下令重修明史，那些叛明投清的降臣，仍然被定为“贰臣”，而非有定鼎之功的功臣。这是封建社会对官员的道德评价，可见，为官从政最重要的是道德。在帝制社会，改朝换代之际，官僚士大夫的处境往往是最尴尬的，要么殉节，如同文天祥“臣心一片磁针石，不指南方不肯休”，为故国旧主殉节而死；要么认清时务，投靠新主。清朝执政者对明朝降臣、降将都非常看不起，乾隆更是这样。在对官员的道德要求中，诸如忠诚、清廉、勤政等，乾隆最看重的也是忠诚。清廉固然重要，但与忠诚相比，皇帝宁愿用忠心耿耿而聚敛无厌的官，也不愿意用清廉自守却野心勃勃、三心二意的官，这是因为官员的贪污与腐败，谋财与图利，都被认为是没有政治野心，对君主的统治不构成威胁，所以即便触犯了国家的刑律，往往也可以得到宽容。乾隆四十年（1775年）十一月，乾隆帝命四库馆臣修撰《明朝殉节诸臣录》，就在这封上谕中，他轻蔑地说：“至钱谦益之自诩风流，恬颜降附，及金堡、屈大均辈之幸生畏死，诡托缁流，均属丧心无耻。若辈果能死节，则今日亦当在予旌之列。乃既不能舍命，而犹假语言文字以图自饰其偷生，是必当明斥其进退无据之非，以隐殛其冥漠不娄之魂。”背明降清的人，清朝皇帝可以授其官职，赐其爵禄，但绝不会给予钦服与尊重。

钱谦益于南明福王时，谄事马士英，被任命为礼部尚书。顺治三年（1646年），清兵大举进攻江南，在南京陷落之前，他的爱妾、“秦淮八艳”之一的柳如是，以秦淮姐妹葛嫩娘被俘碎舌成仁的事迹鼓励钱谦益，劝他自尽殉国。钱谦益打算效法屈原投水自尽，可是直到夕阳西下，钱谦益终于没能走出殉节这一步。他最终降清，清政府给他一个礼部右侍郎的闲职来装点门面。在钱谦益死后，直接将其归入《明史·贰臣传》。乾隆帝亲自作了《题钱谦益〈初学集〉》诗：“平生谈节义，两姓事君王。进退都无据，文章那有光。真堪覆酒瓮，屡见咏香囊。末路逃禅去，原为孟八郎。”这首诗对钱谦益极尽讽刺，其实乾隆的用心是要鼓励臣子效忠大清。乾隆二十六年，沈德潜为孝圣皇太后祝寿，借机将编选的诗集《国朝诗别裁》呈给乾隆作序。这原本是锦上添花的事，但他将钱谦益的作品赫然放在卷首之冠，像钱谦益这种大节有亏之人，作品竟然能列于首位，如此没有道德标准和政治立场，引得乾隆不悦。乾隆在给军机大臣的谕旨中说：“伊在南明，曾任大僚，复仕国朝，人品尚何足论。即以诗言，任其还之明末可耳，何得引为开代诗人之首？”让一个降清贰臣的作品开新朝文学风流之先，在乾隆看来是给新朝抹黑，遂让翰林重新校订，删去了钱谦益等人的作品。钱泳在笔记《履园丛话》中就感叹钱谦益当死而不死：“虞山钱受翁，才名满天下，而所欠惟一死，遂至骂名千载。”

叛明降清的洪承畴，尽管高官任做，但仍然被列为贰臣。只不过清朝皇帝念他对清朝立国有功，才将其列为《清史·贰臣传》的“甲等”。百姓作了一副对联，上联“忠义孝悌礼仪廉”，下联“一二三四五六七”，上联缺“耻”，下联忘“八”，讥讽洪承畴“无耻王（忘）八”的贰臣形象。清初刘献廷学问渊博，是明末移民，不仕清朝，他在《广阳杂记》中记载了洪承畴的一则佚事："洪经略入都后，其太夫人犹在也。自闽迎入京，太夫人见经略，大骂，以杖击之，数其不死之罪。曰：'汝迎我来，将使我为旗下老婢耶？我打汝死，为天下除害。'经略疾走得免，太夫人即买舟南归。"母亲深明大义，儿子却做了不忠的贰臣。

二、古代官德的养成

将官德的纲目条分缕析，能够有始有终地做到廉、公、勤、忠这几点，官就一定是一个合格的官。说来容易，官德的养成并非朝夕之事，这是一个官员终身必修的课业。中国疆域辽阔，政区复杂，仅县一级行政区就有千余之多，即便执政者夙兴夜寐，克勤克俭，也是鞭长莫及，分身乏术，不可能天下官员进行全天候管理监督，因此编成官箴书对官员进行劝勉规诫，使官僚队伍常怀律己之心，形成一种精神自觉。

1. 历代官箴书及官德建设

古代社会重视官德，但官德的培养和制约却是不容易达成的，除了用冷峻的律令条例进行强制性规范以外，柔和的劝诫也是不可避免的手段。秦朝建立以后，流行于中国一千多年的世卿世禄制度彻底瓦解，待之而起的是选官制度。在两千多年的切磋琢磨中，对于如何做官，百官群僚们已经淬炼出一套经世致用的官场术，即官箴书。古来政绩斐然的廉官良吏，将他们自身为官的体会和经验付之梨枣。"为官者，不读四书五经遭人耻笑而已，而不通《官箴》则殆之深不可言"，各级官员在正式进入仕途之前，都必须读"官箴书"，从中汲取前辈的为官从政之道，否则就像一个门外汉一样。"箴"有规劝、告诫与警示之意，中国古代历朝历代循吏辈出，与官箴智慧的熏陶有很大的关系。

官场是一个纷繁复杂的权力场域，围绕着非升即走的规则充斥着激烈的竞争，危险的党争和频繁的迎来送往考验着官员的政治定力和应变能力。新人初入官场，对官场的运行缺乏了解和认识，处理各种问题的手段显得生涩，正所谓“迨入仕途，官场事宜，尤未娴习，临民治事，茫无所措。未优而仕，不学制锦，心窃忧之”（《从政遗规·序》）。从官箴书中学习为官之道是一条有效的捷径，可以帮助他们培养官德，很快适应官场。

东汉时期的学者崔寔，开启了中国古代编撰官箴书的先河。之后宋、元、明、清历朝，为了传承为官施政的经验，官员中的饱学之士也编撰了大量的官箴书。宋代以后，大量以官员为主体，以官员为对象的官箴开始大量出现，如宋代朱熹的《朱文公政训》和吕本中的《官箴》，元代张养浩的《三事忠告》等。明代的官箴非常发达，私人官箴如汪天锡《官箴集要》、薛碹《从政录》、徐榜《宦游日记》、徐祯稷《耻言》、高攀龙《高子遗书》等。清代汪辉祖的《学治臆说》、陈宏谋的《五种遗规》和徐栋的《牧令书》等，也极具代表性，直至今天仍然可以作为官员的道德范本。

除了私人撰述的官箴书以外，执政者也会编写相应的官箴书籍。对于治国理政，官员和执政者的视角是不一样的。北宋名臣司马光说：“为政之要，莫先于用人。”对这一点，那些面南而王的皇帝是最有体会的。武则天是个非常有智慧的女皇。上元二年（675年），武则天让她的谋士集团，为即将踏入官场的贡举之士编成《臣轨》二卷，《臣轨》的编写遵循儒家传统道德观念，上卷是《同体》《至忠》《守道》《公正》《匡谏》，下卷是《诚信》《慎密》《廉洁》《良将》《利人》，从篇目名称就可以看出，《臣轨》就是要阐明忠君爱国、公忠体国的臣子之道，是当时官员的行为准则。

开元四年（716年），有大臣向唐玄宗进谏说：今年选官太滥，所任命的县令大多平庸。于是在新任命的官员入朝拜谢的时候，唐玄宗将所有县令都召到宣政殿，以如何治理民众为题，命他们当场各作文一篇。结果只有鄄城县令韦济词理最佳。除了韦济之外，唐玄宗将其他所有县令全都斥退回家读书去了。县令乃亲民之官，唐朝有一千多个县，倘若县令都是如此这般平庸之辈，那么盛唐将成为遥不可及的梦。这件事让唐玄宗深受触动，于是作《令长新诫》，以勉励天下县令。《全唐文》载《令长新诫》：

> 我求令长，保乂下人。人之所为，必有所因。秋矜浸广，赋役本均，使夫离散，莫保其身。征诸善理，寄尔良臣，与之革故，政在维新。调风变俗，背伪归真。教先为富，惠恤于贫。无大无小，以躬以亲。青旌劝农，其惟在勤。墨绶行令，孰不攸遵。曷云被之，我泽如春。

之后任命县令的官员都将《令长新诫》刻于碑石。

官德是中国政治文化中的一朵奇葩，是千百年来优秀的执政者和政治家总结积累并沉淀下来，内化于官员心中的从政之德。对官员的道德培养实际上很难靠道德说教来达成。宋代官场流行诫石铭。诫石铭源自后蜀皇帝孟昶的一篇官箴书《颁令箴》。据《蜀梼杌》等记载，广政四年（941年）五月，孟昶亲书面向州县政府发布的官德训诫《颁令箴》，并要求州县府衙刻石立之座右。《颁令箴》的内容非常简短，全文不过二十四句，计九十六字，却道尽了他孜孜求治的强烈愿望：

> 朕念赤子，旰食宵衣。托之令长，抚养安绥。政在三异，道在七丝。驱鸡为理，留犊为规。宽猛得所，风俗可移。无令侵削，毋使疮痍。下民易虐，上天难欺。赋舆是切，军国是资。朕之爵赏，固不逾时。尔俸尔禄，民膏民脂。为人父母，罔不仁慈。特为尔戒，体朕深思。

后蜀国主在归降大宋之后不久，就暴毙而死，但他对官德的戒饬深深地影响了两宋的皇帝们。

北宋皇帝宋太宗赵光义也非常重视吏治，他删繁就简，从孟昶的《颁令箴》中节选了“尔俸尔禄，民膏民脂，下民易虐，上天难欺”十六字，御笔亲书后作为《外官戒谕辞》颁发，并“令天下郡县皆刻石，置公署之前，覆以小亭，众吏望则正对之”，时时戒惧。国家发给你们的俸禄，都是浸透了百姓血汗的脂膏，如果胆敢欺虐百姓，天理和国法都将不容，这十六字官箴也是对地方官员的官德要求，告诫地方官员要做清廉自守、克己奉公、仁民爱物的父母官。

两宋国运绵延三百多年，在中国古代历史上以文治著称，士大夫阶层的社会地位和待遇历代最高。然而，到南宋开国之时，已有不少郡县“其戒石多置栏槛，植以草花，为令者鲜有知戒石之所谓也”。这样的惨淡情景，是南宋开国皇帝宋高宗赵构当年“所历郡县”的时候亲眼所见的。想到赵宋以文治天下，如今却落到鲜少有人知道那是一块镌刻着圣训的道德诫石的地步。赵构是在北宋覆灭的悲惨气氛中登上皇位的，官员们为非作歹，中饱私囊，大宋亡于金人兵锋之下，可是谁又能说不是亡于人民之手呢？于是高宗时，再次将这十六字官箴颁行天下，并要求地方官府将其刻于碑石，“非惟刻之庭石，且令置之座右，为晨夕之念”。这种思想为后世所承，如南宋后期，名儒真德秀所作《湘亭谕属诗》曰：“从来官吏与斯民，本是同胞一体亲。既以脂膏供尔禄，须知痛痒切吾身。此邦自号唐朝古，我辈当如汉吏循。今日湘亭一杯酒，敢烦散作十分春。”

在南宋建立后的第六个年头，高宗诏令重新向各地颁发由著名书法家黄庭坚所书的《太宗御制戒石铭》，使郡县官长僚佐“触目警心，务求为良吏，无徒腹削兆人”，也“使民于今不厌宋德也”。宋高宗特地派遣台谏官到各路巡视。当时正知吉州（今江西吉安）的李正民，马上“率八邑之吏，其各悉乃心，共乃事，以承休德，庶使斯民舍刀剑而操耒耜，复臻太平之盛”。状元出身的王十朋，历任四府知州，每至一地，辄修戒石。在移知夔州时，发现当地的戒石既“陋且庳”，加之“笔画微茫观者疑”，于是在知夔州的第二年就重刻《戒石铭》，并作诗明志：“戒石重刊照眼明，良辰又遇腊嘉平。黄堂坐处天威近，一点欺心事莫萌。”两年后，他改知泉州，发现那里的戒石同样“庳陋”，于是“葺新戒石”，并赋诗《修戒石》共勉并自警道：“一念苟或违，方寸宁不愧？清源庭中石，整顿自今始。何敢警同僚，兢兢惟敕己。”

这种戒石铭对于劝勉官德的的确确能够起到一定的作用，但恐怕也是“防君子不防小人”。在宋高宗下诏表态要各地重立诫石铭之后，大臣们纷纷跟风响应，盛赞这是“盛德大业之本也”。然而令人侧目的是，这些跟风响应的大臣里就有大奸臣秦桧，看起来字字泣血的诫石铭未能对他形成心理威慑。

戒石铭虽然字字泣血，但是，它只是执政者对官员的一种政治愿望，一种道德约束，本身并不具有法律效力。如果官员欺上瞒下，不会有人把圣训当回事，照样表面上道德仁义，背地里干着渎职枉法、暴虐百姓的行径。生活在南宋孝宗乾道、淳熙时期的袁质甫，在他的学术笔记《瓮牖闲评》中，就记载了北宋末年的一则黑色幽默，有州县的百姓将《戒石铭》的四句话后面各加上一句，用来形容那些贪墨成风、欺天罔人的官员：“尔俸尔禄，只是不足。民膏民脂，转吃转肥。下民易虐，来的便捉。上天难欺，他又怎知？”皇帝的圣训不是唐僧的紧箍咒，约束不了官员们欺善为恶的心。州县府衙前立的戒石铭碑刻，不过成了欺上瞒下的把戏。生活在南宋中后期的俞文豹，在《吹剑续录》中说：“太宗御书《诫石铭》，颁行天下矣。至绍兴二年六月，复颁黄庭坚书，命州县长吏刻石坐右。然守令之贪酷者，视如不见。”官德是一种精神力量，指望执政者一人去面对天下万千官吏，培养他们的精神实在是一件难事。

不过对于有操守的士大夫官僚来说，《戒石铭》还是能够起到自警、自律、自学、自励的作用的。以诫石铭自励官德的传统，自宋以后未曾断绝，直至清末绵延九百余年。例如明朝时，山西闻喜县知县申田，为人“俭约自甘”，有人曾向他行贿，他就指着戒石铭拒绝受贿，“胥吏有进羡余者，指戒石语以矢之”。

明太祖朱元璋主持编写过《臣戒录》《精诚录》《省躬录》《志戒录》《忠义录》《为政要录》《彰善瘅恶录》《武臣鉴戒醒贪简要录》等多种官德教育读本。他的后继子孙明宣宗朱瞻基继续醒贪惩贪，激浊扬清，于宣德元年（1426年）颁布了《历代臣鉴》，宣德三年（1428年）又颁布了《御制官箴》，对各官职责提出明确的规诫。

无论是私人官箴，还是御制官箴，内容可谓包括万象，几乎涵盖了为官从政的所有问题，官员从政之前阅读官箴，对于日后如何处理政务，如何处理官民同僚关系，如何培养官德等，都具有切实的指导意义：

其一强调官员从政之德。人治是古代政治文化的一大特点，国家出台再好的法令、政策、制度，都要靠官员去执行，官员德行的良莠直接关系到国家政事的落实，历代官箴书都强调官员清廉、谨慎、勤政、忠诚、公正等从政之德。对后世官员影响深远的“公生明，廉生威”“当官之法，惟有三事：曰清、曰慎、曰勤”等，就出自官箴书。

其二强调施政要则。古代官箴要求官员始终谨记民为邦本的道理，体恤民众，“以保赤子之心爱民”，像保育婴孩那样去体贴民众，做到勤修政事，但要“惜民之力”，使民以时，不能朝令夕改，让百姓无所适从。君民舟水的道理，放在官民关系上也是适用的，官员替执政者守土治民，应该时刻谨记治国之道“必先存百姓，若存百姓以奉其身，犹割股以啖腹，腹饱而身毙”（《贞观政要·政体》）。洪武初年，湖北荆州、蕲州两地发生水灾，户部主事赵乾奉朱元璋命前往灾区赈灾。赵乾从京城出发一路逡巡怠惰，耽误了两个多月才到达灾区，到后又迟迟不放赈，拖了半年才开始放赈，致使灾民多饿死，完全忘记了为官者体恤民情，视民如子的官德箴言，“视民死而不救”。朱元璋知道后大怒，批示道：“赵乾，不念民艰，自去年十二月至今年五月之交，方施赈济，民之死者多矣！夫民饥而上不恤，其咎在上。吏受命不能宣上之意，视民死而不救，咎将谁诿？”命诛之，以为不恤民者戒。

其三强调理政艺术。遍览历代官箴书，那可真是一部部官场政治哲学，彰显了中国人特有的政治理性和处世哲学。例如如何对待上下级，如何对待家人胥吏等，官箴书中都有所警示。古代官员调动频繁，对地方官而言，要时常处理同僚之间迎来送往的人际关系，对待上司应“事上贵恭，不贵屈”，对待下僚要做到“待僚属宜宽平和易，使人相信而不疑”，切不可“作威作福欲以生人敬畏”。很多时候官员的腐败是从家人胥吏开始的。如元代名臣张养浩告诫子弟“居官所以不能清白者，率由家人喜奢好侈使然也”“公则不为私所惑”。为官之人手中握有治民的权力，更应该树立好家风，将家人的特权思想扼于未萌之际，不以手中的职权为家人利益开后门。据明耿定向记载：明朝吏部尚书王翱有一女儿，嫁给了京城附近一官员为妻。女婿通过王翱的女儿要求王翱用手中的权力将其调到京城为官，为了胁迫王翱给自己迁官，女婿故意不允许王翱的女儿归宁看望父母。并说你的父亲手握铨选官吏的职权，调我去京城就职，你就能每天见到你父母了，况且调动我就像秋风吹落叶一样容易。你的父亲故意不给我调动，是为什么呢？这话传到了王翱夫人那里，王夫人下跪请求王翱给女婿调动工作，但还是被王翱拒绝了，他的女婿最终也没有调入京城。

历朝皇帝都将“明主治吏不治民”（《韩非子·外储说右下》）奉为圭臬，深知吏治道德的好坏，直接关系到国家的兴衰存亡，因此无不重视吏治，对官吏道德的训诫一刻也不敢放松，甚至是煞费苦心。无论是私人官箴，还是御制官箴，对为人臣者从政之德进行不厌其烦的规劝和警示，但对于各级官员来说，官箴重在内省和自律，并不具有强制作用。这也是为什么古代社会虽然十分重视修撰官箴书，重视官员道德的培养，但官德还是良莠不齐。甚至有些官员吃透了官箴，学会了为官钻营圆滑之能事，晚清道光年间，有人填《一剪梅》，其词云：

仕途钻刺要精工，京信常通，炭敬常丰。莫谈时事逞英雄，一味圆融，一味谦恭。

大臣经济在从容，莫显奇功，莫说精忠。万般人事要朦胧，驳也无庸，议也无庸。

八方无事岁年丰，国运方隆，官运方通。大家襄赞要和衷，好也弥缝，歹也弥逢。

无灾无难到三公，妻受荣封，子荫郎中。流芳身后更无穷，不谥文忠，便谥文恭。

这首词对做官八面玲珑，左右逢源的圆滑形象的砭刺可谓入骨三分。他们对做官的技巧得心应手，无非求得权更大，利更厚，势更隆，哪里还有臣德，哪里还有国家与人民？

2. 对各级官员的道德要求

为了确保天下长治久安，历朝历代都非常重视对现任官员和后备官僚队伍的官德养成，同时还对不同岗位的官员提出了有针对性的官德要求。所谓“国家设官，必公忠自矢，方能裨益生民，共襄盛治”，春秋战国时期，贵族世袭政体瓦解，官僚政治体制建立，皇帝设官授职，仰赖各级官员替他守土安民，因此对官员的德行尤为看中。乾隆统治后期，纪晓岚用了十余年时间，编撰了皇皇巨著《四库全书》，其中囊括了各朝关于官德建设的官箴书。

为政者都希望各级官员具有高尚的德操。早在春秋时期，就已经对官员提出了为官从政的九德规范“宽而栗，柔而立，愿而恭，乱而散，扰而毅，直而温，简而廉，刚而塞，强而义”（《尚书·立政》）。宽大为怀而讲究原则，出事温和而有主见，讲原则而谦逊有礼，处乱不惊而能干敬业，善于变通而有毅力，正直而友善，直率而廉洁，刚强而务实，为人勇敢而合乎道义，一个官员倘若能做到九德，那他就不是一个官员，而是一个圣人了。官员职责不同，素养良莠不齐，使全体官员做到九德不切实际。官僚队伍庞大，不同职位职责不同，因此对各级官员的道德要求也不尽相同，为了更好地践行从政之德，官德不是一个大而化之的空泛概念，而是寓于具体的职责中去实现的，职责不同，官德侧重则不同。这在历朝历代官箴书中都有体现。

中央大员，应该“必毁誉而不动于中，喜怒而不形于色，拥保罗所属之襟怀，与夫统驭群僚之器重”“以诚敬格天，忠爱图治，公正率属、威惠驭下，视国事如家事，合众心为一心”（《居官镜》）。春秋时期，楚国大夫斗且在朝堂上见到令尹子常，“子常与之语，问蓄货聚马”，斗且感到意外，身为一国之相，子常与他谈论的不是国家大事，而是敛财，这样的人身居高位，楚国“四境盈垒，道馑相望。盗贼司目，民无所放”“蓄聚不厌，其速怨于民多矣。积货滋多，蓄怨滋厚。不亡何待”，果然，“期年，乃有柏举之战，子常奔郑，昭王奔随”。（《国语·楚语下》）

道府官员应该“必须中正和平，推诚布公”。而州牧、县令是地方官中与百姓最亲近的，因此国家对他们的道德要求就更具体，应当与百姓“休戚相关……以目前之赤子，犹如膝下之子孙。民之所好者，好之；民之所恶者，恶之”，在息讼、薄赋、兴教方面要恪尽职守，对待犯人要有“存恕”“哀矜”之心。（《居官镜》）

西汉的宣帝是个有远见的帝王，对于郡守一级的封疆大吏，宣帝非常重视，他在讲“吏治之道”的时候，说过这样一段话：“庶民所以安其田里，而亡叹息愁恨之心者，政平讼理也。与我共此者，其唯良二千石乎。”意思是说，国泰民安靠的不是皇帝一人，能佐助皇帝治理好天下的，是那些二千石官，也就是州郡、王国的行政长官。正如孟子所说："不仁而在高位，是播其恶于众也。"因此，在任命州刺史、郡太守、诸侯国丞相等地方大员的时候，汉宣帝都要亲自召见问询。唐太宗对郡县官吏的重要性，认识也非常深刻，他非常注重州刺史、县令的选任。他说"为朕养民者，唯在都督、刺史"，而"县令尤为亲民，不可不择"，"治人之本，莫重刺史"，还将刺史的名字写在屏风之上，得知他们的善政恶绩后，将其均注于名字之下，以备升迁黜降时参考。

县令州牧是亲民之官，为官一任最重要的当属爱民。我国历史上涌现出不少真正爱民如此的好官。

唐高宗执政时，洛阳县令杨德干为政严酷，好杖杀人，欲以严刑"立威名"。不管是百姓，还是属下官吏，稍有过失，辄加拷打，甚至是杖杀。高宗咸亨元年（670年），贾敦实转任洛州长史，洛阳是其属县，贾敦实则开导劝阻杨德干："政在养人，义须存抚，伤生过多，虽能亦不足贵也。"杨德干违背养民、爱民之道，对生命毫无哀矜之心，为政实在有失厚德。而贾敦实做官"政化清静，老幼怀之"，到了洛州仍然"甚有惠政"。在贾敦实的劝说之下，杨德干遂"为之稍减，有所收敛"。（《旧唐书·良吏传上·贾敦实》）

元丰五年（1082年），黄庭坚在太和县任上。当时国家实行食盐专卖政策，规定民众必须购买相对私盐便宜的官盐，各地官府实行计口配售，吏员按簿册逐户收钱。但这种做法给百姓造成了巨大的经济负担，对于不买官盐的百姓用刑，"掩目鞭扑之，桁杨相推振"，刑具夹颈及腿。黄庭坚不解，官盐便宜，为什么百姓还要如此抗拒利国利民的政策？官盐堆积如山，百姓又不愿意购买，黄庭坚既忧国家之急，又不忍民众受苦。是年三四月间，黄庭坚亲自下到泰和县最偏僻的大蒙笼一带去考察民情。他的诗作《上大蒙笼》就是对所见所闻有感而作：

黄雾冥冥小石门，苔衣草路无人迹。苦竹参天大石门，虎远兔蹊聊倚息。阴风搜林山鬼啸，千丈寒藤绕崩石。清风源里有人家，牛羊在山亦桑麻。向来陆梁嫚官府，试呼使前问其故。衣冠汉仪民父子，吏曹扰之至如此。穷乡有米无食盐，今日有田无米食。但愿官清不爱钱，长养儿孙听驱使。

原来官吏层层加价，致使官盐价格腾贵，百姓买不起官盐，又不能购买私盐，以前是有米无盐，现在是米、盐都吃不上了。考察过后，黄庭坚急速上呈减免盐税，据《宋史·黄庭坚传》记载，“时课颁盐策，诸县争占多数，太和独否，吏不悦，而民安之”。黄庭坚为民着想，为百姓切切实实办了实事。

清代，纪晓岚在《书吴观察家传后》中写道，他在乌鲁木齐时结识了一个爱民如此的好官吴公，这是他心目中的理想官员。纪晓岚先后收到吴公寄过来的两件文书，一件是说，一位老父亲儿子出游塞外，他自己病中无人供养。另一件是说，一个妇女丈夫游塞外，自己没有依靠。文中都想让家人回来。纪晓岚让吏员处理文件，文吏揶揄吴公连如此琐碎的事都要办理。纪晓岚严肃地说：吴公兼管关内外，职位尊贵。如今一个病翁和一贫妇生无所依的小事，都能传达到吴公那里，那么辖境内大事小情就没有不达于官的。而且，以病翁和一贫妇无依无靠，官员都肯为他们传书四千里，那么目之所及，耳之所闻，必不会荒废政事。吴公爱民如子，急民之所急，凡是人民所关切之事，都要亲力亲为，做到了“驭民以诚不以术”的原则。

将帅应该“良由爱兵如己子，保民若婴儿，受命之日不问家，交战之时不顾身”（《居官镜》）。

对州县胥吏也提出了具体的要求。吏员素质的优劣直接决定了一地的治乱。乾隆时期的封疆大吏陈宏谋编成四卷本的《在官法戒录》，主要劝诫的对象就是胥吏，旨在提高在职官员的道德素质。清朝官员的调动非常频繁，反而胥吏是一个比较稳定的群体。中央的政令要靠州县长官去落实，而州县长官的行政命令则要经过胥吏们的手来执行。乾隆八年（1743年），陈宏谋在江西巡抚任上时，就将此书分发给各房吏员，“仰司官吏，即便移行遵照，将单开各衙门应领《在官法戒录》，遇有便差，至省领回分发，官存一本，余各散之各房书吏，并及于役”。

官德是一个闭环，从中央到地方，从中央要员到地方小吏，任何一环不守官德，吏治清平就不易达成，尤其是那些不入流的胥吏们，无品无位，毫不起眼，但却充斥着政府衙门的各个角落，但往往左右着行政的好坏。我们不妨从《红楼梦》中贾政外放江西粮道的遭遇，看看地方胥吏官德的重要性。贾政为官还算清廉，他做过工部员外郎、郎中、学差，后外放江西粮道，为官一任都表示不做贪官。在江西任上，他对“外省州县招收粮米，勒索乡愚这些弊端，虽也听见别人讲究，却未尝身亲其事。只有一心做好官，便与幕宾商议出示严禁，并谕以一经查出，必定详参揭报”。那些跟随贾政的胥吏，原本巴望着主子外放做官能够捞上一笔，没想到贾政“呆性发作，认真要查办起来，州县馈送一概不受”，直接断了僚属、衙役们的财路，于是众人纷纷告假罢工。贾政任上办公不力，最后落了个“古朴忠厚”的名声，被参奏罢职。区区一个胥吏，不配合政令的实施，那么一地官长就是光杆司令，再好的政令也只是一纸空文，可见对各级官吏提出针对性官德要求是多么必要。

保持官德是一个官吏终身的信仰，官德不是与生俱来亘古长存的，贵在常修。中国古代士大夫的最高理想就是修身、齐家、治国、平天下，在治国理政之前，先从修身做起，甚至可以说，修身是持续一生的事业。“知易行难”，倘若有的人特别是官员，不甘“守”，不愿“止”。

官员是一个充满诱惑的岗位，即便不主动谋私，也会面临各种诱惑。从官员的选拔到考核，再到监督，国家对官德的培养和建设尤为重视，然而仍有失德官员前仆后继地走上行刑台。何也？一大原因即官员立德却不能守德，一失足成千古恨。

《左传·昭公七年》中记载了正考父持之以恒的品质：

春秋时期，孔子的先祖正考父辅佐了宋国的戴公、武公、宣公三位君主，三次受命，一次比一次诚惶诚恐，愈发谦恭，“一命而偻，再命而伛，三命而俯”，第一次是弯腰受命，第二次是鞠躬受命，第三次是俯身受命。他在鼎上铸刻下铭文：平时走路都要靠着墙根走，这样做就没有人侮辱我。只要有这口鼎煮粥，不管是稠粥还是稀粥，只要能糊口就行了。正考父身上有一条经验值得官员们学习，那就是始终如一地坚持本心，守德不逾，不因权势和地位的改变而改变。自古以来，有多少官员是读着圣贤书走进官场，带着刑具走上断头台的，这中间的过程看上去起落无常，浮沉难料，无非就是因为没有守住官德。

清朝咸丰时期，发生了一起科场舞弊案。1858年举行乡试，文渊阁大学士柏葰任主考官。柏葰为官清廉，却没能守住官德，在这次科举考试上翻了船。广东肇庆人罗鸿绎委托同乡兵部官员李鹤龄帮忙，李鹤龄先交代罗鸿绎在试卷中做了记号，约定头篇文末用“也夫”，二篇文末用“而已矣”，三篇文末用“岂不惜哉”，诗末用“帝泽”。然后李鹤龄串通另一个考官浦安根据记号找到了罗鸿绎的试卷。浦安又通过柏葰的家丁靳祥说情，柏葰最终没有经得住人情关的考验，录罗鸿绎为举人。事后，柏葰仅得到了16两银子的酬谢。或许柏葰帮浦安的忙，本来就没想要在经济上得到好处，而是碍于官场人情，给同事面子。按照潜规则，或远或近的将来，同事也定会以适当的方式还他人情。当然，这些人情，都是拿平民老百姓的利益做交易。

咸丰皇帝非常恼怒，将柏葰、浦安、李鹤龄、罗鸿绎等判处死刑，立即执行。清朝的惯例，一品大臣，一般不会被处死，而是在人犯到刑场之后，由皇帝下旨特赦，改死刑为流放。但此次咸丰皇帝没有开恩，在这个谕旨当中，写下了这样的几句话：情虽可原，法难宽宥，言念及此，不禁垂泣。

“出入、往来、辞受、取与之间，皆有耻之事。”顾炎武一生行己有耻，在出入往来之间明辨荣辱，什么该做，什么不该做。明亡以后，他遵从嗣母“无仕异代”的遗训，坚决拒绝了清廷屡次征召。他游历北方时，有当地县官想给他送礼祝寿，被他辞谢。“炫世俗之目，岂不于我心有戚戚乎”，乌纱帽上有戒尺，如果不能守住自身，何以持身立世?

明代李绍文在《皇明世说新语》卷一中记载了“曹鼐不可”的典故：曹鼐为泰和典史，在缉捕盗贼的过程中捕获一女子。常言道，爱美之心人皆有之，面对美色往往心猿意马，曹鼐也不例外，那名女子容貌秀丽，曹鼐目之心动。但他守住了官德操守，连写几十次“曹鼐不可”的纸片反复地告诫自己守住德操。后来考中进士，官至吏部左侍郎，史书上评价他为官有作为，守德操。守住官德说来容易，实践起来却并不容易。这个过程甚至伴随着痛苦的自律。“曹鼐不可”，实际就是一种严格的自律，是自我监督，自我约束，自我审判。

贪官不是生来就贪，很多贪官在做官之初，“见墨吏所为，辄切齿恨之，高谈击节，似可翱翔古人，而犬豕若辈也”（《居官必览》），对贪墨之徒怒目切齿，将其视为猪狗。然而当自己面对金钱、美色、权力的诱惑时，不禁私欲萌动，进而膨胀，欲求超出自己权责范围的不正当利益，曾经的清正之官也一步步堕落，走向贪墨的深渊。明人颜茂猷《居官日省录》曾经分析过贪官的心理：

> 居官之人，业自诗书礼乐中来，岂不知廉洁足尚？习见夫营官还债，馈遗荐拔，非此不行，初犹染指，而积久日滋，性情已为芬膻所中矣。且人心何厌，至百金则思千

金，至千金必思万金。又甚则权势熏赫，财帛充栋，已积为陈朽而犹未足也。旁观莫不笑之，而当身者不知，盖实有钱癖焉。大都为子孙计久远，不知福禄有数，多得不义之财，留冤债与子孙偿，非所云福也。

这段话生动地描述了贪官步步堕落的过程。很多贪官就是从一钱开始堕落的，人的欲望就像一个无底洞，贪了一钱，就希望贪一百钱，满足了一百钱，又希望贪一百金，层层加码，欲无止境，还有千金、万金、不可计数的金钱想要满足。无论什么级别的官员，一旦迈出堕落的第一步，等待自己的将是囹圄枷锁。官员的仕途，一端清廉，流芳千古，另一端是贪婪，身败名裂。从一端滑向另一端轻而易举，其间只有守住官员的从业道德，才能保持住自己的清誉。

三、古代官德的制约

治官之难，在于治德。官德可以说是一种精神操守，但其本质是权力的道德，是用道德约束权力，所以官德必须接受制度性的考核和监督，对失德官员给予处罚，否则必然滋生腐败。这是历史的无数事实得出来的一条铁律。历代执政者无不对官员耳提面命，谆谆教诲，但是很多官员很快就迷失在权力的幻境中，种种官场丑闻屡见不鲜，层出不穷，更可见官员接受考核和监督的必要性。

1. 官德之考核

历朝历代都制定了对官员从政之德的考核制度。如春秋战国时期，楚国就有巡行巡县制和上计制，巡行巡县制是自上而下的考核，国君巡行地方，或者郡守巡行辖区；而上计制是上计制度到战国中后期已经逐渐发展完善，成为魏晋南北朝之前考核地方官员的主要办法。

两汉四百年间，特别重视上计制度。地方行政长官向上级进行述职报告，将每年自己辖区内的户口、田数、赋税、治安、下属表现等情况汇编成册，向上级汇报。中央能够通过上计制度知晓地方官员的勤勉之德。据《汉书》记载，黄霸任相后，郡国长吏守丞进京述职的时候，要逐条汇报政绩，包括兴利除弊、推行教化的情况，有报告治下民众谦让、男女分道、道不拾遗，并能列举孝子、悌弟、贞妇人数及姓名的，政绩列为天下第一等，先上殿。能举出这些人的事迹而说不出人数、姓名的，列为第二等。说不出这方面政绩的，则列为末等，排在最后叩头谢罪。只有在任勤勉才能对治下的情况了如指掌，以此来判断地方官员的官德。

秦朝建立后以郡县制取代了分封制，聘用制取代了世卿世禄制，建立起严密的行政管理制度。秦文化给我们的一个直观感受就是其实用性、功利性、秩序性和进取性，从秦孝公用商鞅变法开始，到秦王嬴政时李斯相秦，秦人追求的无不都是事功和法律，但秦人治理天下靠的并不完全是法律，而是对各级官员提出了明确的官德要求，因为国家用俸禄聘用官员理政，只有选拔有才能、有德行的人为官才能处理好政事。从湖北省云梦县睡虎地秦墓中出土的秦简《为吏之道》，就记载了秦代为官从政必须遵守的道德箴规。可以看出，秦统一前已经对官德提出了明确的要求。其中罗列了官吏应该具备的五种善行，即“吏有五善，一曰忠信敬上，二曰清廉勿谤，三曰举事审当，四曰喜为善行，五曰恭敬多让”，分别是说要对皇帝尽忠，要廉洁奉公，要做事谨慎，要多做好事，要恭敬谦让，道德和才能并重基本奠定了后世官德的基本框架。这“五善”是对良吏的基本要求。同时还规定了五恶，即恶吏的五种过失，要求官员们坚决杜绝“一曰夸以绔，二曰贵以大，三曰擅制割，四曰犯上而弗知害，五曰贱士而贵货贝”，分别是自以为是不务实际，自视甚高盛气凌人，独断专行越权行使，目无国法逆尊抗上，轻视人才贪财婪货。五善五失有相应的奖惩措施，五善“五者毕至，必有大赏”，倘若五失其一则必重罚，而“五失”中占一条，官员就要身及于死。这对于规范官员德行，促进官员廉洁有重要的作用。刘邦的丞相萧何，在秦时曾在泗水郡监御史手下供职，任满考核结果“课最”（政绩第一）。凭借这个考核结果，他被任命为沛县主吏掾。可惜的是，秦朝短祚，还未来得及充分发扬官德，就走向二世而亡的厄运。但他的官员考核标准和制度，可谓为后世范型。

汉朝对官员从政之德的考核从选官之初就已经开始了。汉代对官员的选拔重视德行与能力，体现了春秋战国时代选贤与能的任官精神。汉代选拔官员的标准是四科取士和光禄四行，四科取士的第一科就是“德行高妙，志节清白”，而光禄四行为“质朴、敦厚、逊让、节俭”，全部都是对德行的要求。这样的铨选标准激励着汉代士人磨砺自己的德操，汉朝的官场也因此而选拔了一大批德行高洁的官员。入职之后，对官员德行的考核，关系到官职的升迁和降黜。若忠于朝廷，勤于职守，在年终考核中被评为“最”，既可以获得褒奖和升迁，反之则被评为“殿”。每年年终进行考核，地方行政长官考核属下掾吏，考核内容包括教化、农事、治安、税赋等，形成“计簿”。郡国对属吏考核结束后，还要“遣吏上计”，由中央进行考核。考核的等次分为九等，“以一为最，五为中，九为殿”。汉成帝时期，茂陵县令萧育考核等次是第六，属于中下。而漆县令郭舜考核结果为“殿”，末等。茂陵和漆县同属右扶风（相等于郡级行政区划），长官斥责郭舜，萧育替郭舜求情，长官说：“君课第六，裁自脱，何暇欲为左右言？”自己才考了个第六，成绩勉勉强强，有什么脸面替别人求情？

魏晋南北朝重新进入大分裂与大动荡时期，政权的更迭成为皇帝们挥之不去的忧患。晋武帝泰始元年（265年），下诏“令诸郡中正以六条举淹滞”为中正官察选民间人才提供了一个标准。但是中正官据此标准考察的还是在职官员，因此“中正六条”也就成了察吏标准。所谓中正六条：一曰忠恪匪躬，二曰孝敬尽礼，三曰友于兄弟，四曰洁身劳谦，五曰信义可复，六曰学以为己。可以看出，前五条标准均倾向于个人的德行。泰始四年（268年），晋武帝动情地说道："古虽设象刑而众不犯，今虽参夷而奸不绝，何德刑相去之远哉！……思与万国以无为为政。"就是说要以德治天下。他所说的德治就包括整肃吏治，不定期地考察郡国属县官吏。晋武帝同汉宣帝一样，都把治理国家的夙愿寄托在二千石大员身上，当年杜预就奉命制作了考课法并颁行，其中包括考察政绩的《能否十条》以及考察官德的《察长吏八条》，可以看出，《察长吏八条》考察的就是郡国属县官吏的廉政贪腐问题，考察的落脚点还是在于德行。前四条"在官公廉，虑不及私，正色直节，不饰名誉"是说为官清正廉明，正直有操行，不沽名钓誉，做到这四条的就是"廉察"。后四条"身行贪秽，谄黩求容，公节不立，而私门日富"，道德败坏，贪污腐败，巴结上司，损公肥私，这样劣迹斑斑的官员就被归为"劣察"。对《察长吏八条》晋武帝非常重视也很严肃，力求达到"扬清激浊，举善弹违"。

《能否十条》：

郡国守相，三载一巡行属县，必以春，此古者所以述职、宣风、展义也。见长吏，观风俗，协礼律，考度量，存问耆老，亲见百年；录囚徒，理冤枉，详察政刑得失，知百姓所患苦。无有远近，便若朕亲临之。敦喻五教，劝务农功；勉励学者，思勤正典，无为百家庸末，致远必泥。士庶有好学笃道，孝弟忠信，清白异行者，举而进之。有不孝敬于父母，不长悌于族党，悖礼弃常，不率法令者，纠而罪之。田畴辟，生业修，礼教设，禁令行，则长吏之能也。人穷匮，农事荒，奸盗起，刑狱烦，下陵上替，礼义不兴，斯长吏之否也。

《察长吏八条》：

若长吏在官公廉，虑不及私，正色直节，不饰名誉者，及身行贪秽，谄黩求容，公节不立，而私门日富者，并谨察之。扬清激浊，举善弹违，此朕所以垂拱总纲，责成于良二千石也。于戏戒哉。

《察长吏八条》是郡国守相用以考察地方长吏的，同年十二月，晋武帝又颁布了专门考察郡国守相的“五条诏书”，以申斥地方吏治：“一曰正身，二曰勤百姓，三曰抚孤寡，四曰敦本息末，五曰去人事。”其中第一、二条提出的“正”“勤”就是关于官吏德行的考核标准。

北魏孝文帝是个很有作为的改革家，吏治到了他那里仍然是让执政者头疼不已的问题。当时的吏治出现了很大的问题：“顷者已来，官以劳升，未久而代，牧守无恤民之心，意为聚敛，送故迎新，相属于路，非所以固民志，隆治道也。”官员依据功劳晋升，刚任命不久就被新人取代，以至于地方牧守大员根本无心理政安民，甚至搜刮民脂。这样下去国家迟早崩坏。延兴二年（472年），即孝文帝登基的第二年，即下诏决心刷新吏治，整肃官德：“自今牧守温仁清俭，克己奉公者，可久于其任。岁积有成，迁位一级。其有贪残非道、侵削黎庶者，虽在官甫尔，必加黜罚。著之于令，永为彝准。”根据牧守的德行和政绩确定升迁黜陟，其中德行主要是指温厚、仁慈、清廉、节俭、克己奉公，这基本包括了后代王朝对官德的基本要求。

唐朝遵循“德礼为政教之本”，也非常注重德礼在治国中的作用，其对官吏的考察标准分流内官和流外官。针对一品至九品的流内官，实行“四善二十七最六察法”。“四善”专指官德，包括德义有闻、清慎明著，公平可称、恪勤匪懈。“二十七最”是针对不同官署提出不同的考核标准。唐玄宗开元年间，颁布了《六察法》。无论是流内官还是流外官的考核，都鲜明地体现出首重德行，才能居其次的原则。

唐太宗贞观之治历来被视为德治的典范，在其治下出现了“商旅野次，无复盗贼；囹圄常空，马牛布野，外户不必，又频致丰稔”的太平景象，太宗朝能够取得天下大治的成就，与重视官德有很大的关系。邓州刺史陈君宾，上任伊始，面临的情况极不乐观，当时州邑凋敝，百业不兴，更重要的是，百姓流离。陈君宾经过一个多月的治理，逃亡在外的百姓纷纷返乡。贞观二年，许多州县遭遇大面积霜冻和水涝灾害，只有邓州丰收，府库充盈，更难能可贵的是，蒲、虞州灾民多携老挚幼入邓州乞食，陈君宾积极安排来邓州逃难的灾民。继霜冻和水涝灾害之后，蒲、虞州又遇旱灾，庄家几乎绝收。灾民蜂拥进入邓州，陈君宾将灾民分散安排到农户家里就食，并晓谕百姓“四海士庶，皆为兄弟”。灾民走时还给他们带上粮食和布帛，灾民得以活命。陈君宾知道水旱无情，只有递相拯赡，才能度过荒年，可谓深明大义，真正做到了“恪勤匪懈”“德义有闻”，所以唐太宗知道他的情况后，要求将陈君宾录为“课最”。

官员因失德、缺德而遭案举的事时有发生，即便是高级官员，也难免遭到纠劾。例如《新唐书》中记载，唐玄宗时，监察御史颜真卿“劾奉朔方令郑延祚母死不葬三十年”，诏令终身不得录用公职，“闻者耸然”。古代社会将个人的忠孝视为一事，执政者也认为只有孝子才能做国家的忠臣，因此为父母丁忧就不是简单的丧仪，而是事关官场道德评判。郑延祚因母死不葬三十年而被罢官，丧失为人子、为人臣最基本的道德，因此被处以永不录用的惩戒。

到了明清两朝，对官员的考核依然以德行为准，朱元璋在洪武六年（1373年）“令有司察举贤才，以德行为本，而文艺次之”，就能看出重视官德的精神。朱元璋治理天下，对吏治下功夫极深。明代对官员治行政绩的考核主要有考满和考察两大系统。考满是对守职正常的官员进行考核，具体操作是“满三年为一考，六年再考，九年通考黜陟”。考满的结果最重要的就是评语，中央要求考核部门“要从公填写贤否的实考语”，这个评语就决定着升降、留用和罢免。每一次考满都分为称职、平常和不称职三种，三次考满中，两次考满称职，一次考满平常，三次考满结果就应定为称职，两次平常，一次不称职则定为不称职，其余情况则为平常。而考察则不论官员任职时间长短，都进行考核，侧重于惩处和淘汰，考察就是要发现官员中贪、酷、浮躁、不及、老、病、罢、不谨等行，对老、病、能力不及等情况免去官职，其余情况视情况削职为民或依法严惩。据《明太祖实录》记载，洪武十八年（1385年），全国布政司及地方各级官员四千一百一十七人来京“朝觐考核”，其中称职的只有四百三十五人，不称职的有四百七十一人，贪污的多达一百七十一人。朱元璋一生都在跟贪官作斗争，这一年他将全国各地贪官全部逮捕让他们做苦役。明朝前期，考核制度执行起来比较严格，因此清官较多。

一般来说，品级高的地方官员和京官，考核由皇帝本人主持。比如北魏孝文帝时，对五品以上官员的考核亲自主持把关。唐朝，三品以上官员以及地方都督、节度使的考核，也有皇帝把关。四品及以下官员有本部门长官考核。

考课的过程具有很大的主观性。一方面，下级向上级，地方向中央述职，难免出现弄虚作假，谎报政绩的情况。另一方面，上级对下级，中央对地方，出于利益等因素，也会出现篡改考核结果的现象。所以上计簿到底有多少可信的成分呢？西汉的宣帝就对此很苦恼，说“上计簿，具文而已，务为欺谩，以避其课”。有地方官员为了欺骗上级，专门找那些擅长弄虚作假的官吏编造上计簿。为了确保考核的公平公正，唐朝时设置了考核监校四员，由六部尚、侍和御史大夫等高级官员兼任，其中两人负责对在京官员的考核，另外两人负责地方官员的考核。

考核成绩差劣的官员，如何处理？各朝态度不尽相同。汉朝，对那些因过失而被免官的，可以再次启用。对那些软弱不能称职的，终身不用。唐朝，考核结果优异者加禄、晋升，差劣者夺禄、降职，或者免官。严重者才追究刑事责任。例如贞观三年（629年）大考之后，濮州刺史庞相寿因贪污百万被处以免职处分，并追回赃款。庞相寿自恃原为秦王府幕僚，遂自请免罪。太宗顾念旧情，不但“欲听还旧任”准其复职，还赏赐绢帛百匹，告诫他“更莫作罪过”。魏徵反对，谏曰：“秦府左右，中外甚多，恐人人皆恃恩私，是使为善者惧。”上欣然纳之，谓相寿曰：“我昔为秦王，乃一府之主；今居大位，乃四海之主，不得独私故人。大臣所执如是，朕何敢违！”赐帛遣之。相寿流涕而去。并没有追究刑事责任，只是免除官职。宋代有考课之法，但却考而不刻，当时政风苟且，主管部门考课不力，玩忽职守，使考课法形同虚设。两宋三百余年，宋仁宗是宋代比较敬业的皇帝，但他统治期间考课依然不振。如李应儿官至工部侍郎，被人揭发前做兖州知州的时候贪暴不法，被撤职查办。仁宗不解，因问群臣，李应儿贪墨，为什么还能升到工部侍郎这个位子上？宰臣答：“应儿素无廉节，然监司未尝按举，故累资至此。”让这样无德之辈混迹官场边腐边升，既有监督不力的责任，每年的考课也是徒有形式。

2. 官德之监督

首先是舆论监督。在特定的历史时期，舆论监督往往比制度监督更有威慑力。例如两汉社会崇尚道德，道德始终是评价士人和官员的首要标准。但是在东汉末年，天子羸弱，外戚和宦官两大势力专政，致使正常的选官考核制度根本无法进行，朝野上下乌烟瘴气。王符就在《潜夫论》指出了东汉末年官员素质整体性下沉的情况：县令、郡守、诸侯国相等不思建功，为官贪婪残暴，知法犯法侵扰百姓。州司不管，让百姓远到京城上诉。但是，官官相护，层层掩过，尚书不责三公，三公不责州郡长官，州郡长官不责县邑令长。至于谏议之官，在位数年，竟没有进贤人、退小人、拾遗补阙之语，所以没有被贬之虞。群臣举荐使人，以顽劣之徒冒充茂才，以凶暴忤逆之人冒充至孝，以贪墨之人充当廉吏，以狡猾之人充当方正，以谄媚之徒充当敦厚，以胸无点墨充当有道，以嚣暗充当明经，以残酷充当宽博，以懦弱充当勇猛，以愚钝充当胜任，以钱多为贤，以强势为上，所荐非所求，“茂才”“至孝”“廉吏”“方正”“敦厚”“有道”“明经”等，都是国家设置的选官科目，其标准无外乎经明行修、孝顺廉洁等学识、道德等。然而，群僚推荐的士人“名实不相符”，完全不符合国家规定的选官标准。选官腐败，任人唯亲，权门请托之风蔓延，庸俗之辈充斥着整个官场，而正直之士却被阻塞了上升之道，被屏蔽于官场之外。

于是在正直的士人和官僚士大夫之间兴起了“清议”之风。他们以儒家价值观来规范自己的言行，在朝的官僚士大夫们“品核公卿，裁量执政”，在野的士人则“激扬名声，互相题拂”，以清议品评监督士人和官员的德行操守。陈寔是名士领袖，时人云“宁为刑罚所加，不为陈君所短”。汝南郡人许劭专好品评人物，识见高人一等，成为当时清议的权威人士，他每月初都要对当时人物进行一次品评，有褒有贬，有誉有毁。外戚、宦官以及碌碌无为的官僚都是“清议”批判的对象，名士和正直的官僚则成为“清议”褒扬的对象。许劭后来担任汝南郡功曹，府中吏官“莫不改操饰行”。同郡人袁绍从濮阳令离任时，“车徒甚盛，将入郡界，乃谢遣宾客，曰：‘吾舆服岂可使许子将见。’”自己轻车简从归家。由于清议是以道德为标准的，因此清议结果可以左右中央和地方的选官，“所称如龙之升，所贬如坠于渊”，那些有德行之人进入官场为官，官德自然是能够保证的。

清议之风流入西晋。西晋安汉人阎缵，父亲去世后，继母不慈爱，不管阎缵如何孝顺侍奉，仍然对他横加指责，甚至诬告阎缵偷盗了父亲留下的黄金宝货，告到官府。尽管最后事实查清楚，但阎缵仍然以不孝之名被清议贬斥，结果十几年不得入仕。

明太祖朱元璋赋予百姓监督官员的权利，这在整个古代社会都是罕见的创举。朱元璋颁布的《大诰》规定，凡各级官吏违背官员道德，如果不是朝廷的统治政令而巧立名目，榨取民膏，害民图财的，当地耆老、宿儒等有名望的人士以及老百姓，可以联名进京状奏，“备陈有司不才，明指实迹”，指出相关官员和部门的劣迹，只要拿出切实无误的证据，就可以定罪。而且各地政府不得阻挠，阻挠者处以族诛的重罚。自古就有官告民，而民不能告官，到了朱元璋这里，这样的做法行不通了，对于那些害民无德之官，百姓不仅可以进京状告，还可以将害民之官绑缚赴京问罪。明太祖朱元璋的这个创新不是具文，而是落实到实践中了。常熟县民陈寿六等人，把害民的官吏顾英绑缚进京，朱元璋当即赏赐了陈寿六等人，并免除他们三年的差役。并警告地方官，不得对陈寿六等人进行报复，否则就是自揽族诛之祸。发动百姓监督官员，使官员时刻砥砺官德，有所顾忌，这在古代历史上是一个创举，对今天仍有借鉴意义。

其次是制度监督。历朝历代有设置了台谏制度，以纠察百官的言行违失和政治得失。自先秦时期，中国就开始酝酿并形成了对官员进行风宪纠弹的台谏制度。在不同的历史时期，台谏机构的名称有所不同。在春秋战国时期，还没有专门的监察机构，御史兼有检举、纠察官吏违法乱纪、贪污腐败的职责。

如战国时期韩国国相申不害，便向韩昭侯建议，要经常考核臣子，纠察和惩罚那些违法乱纪、贪污腐化的官吏，才能巩固统治地位。当时监察方式主要有两种，一是公开派御史去检查监督各级官吏，不许他们越职办事，二是暗地里派员去私察官吏，以调查所反映的事件是否属实。韩昭侯听说都城南门外的庄稼地被牛马践踏了，便派监察人员私自进行察访，结果发现情况属实，原因是某个官员玩忽职守，造成官马损坏了不少禾苗。于是，韩昭侯依法处罚了那个官吏，并通报各地官吏，要以此作为警戒。春秋战国时期监察制度的初建，是我国监察史上的大事，对于反腐倡廉整饬吏治起了积极作用。

秦始皇在中央设立御史府，行政长官是御史大夫，作为中央监察机关，御史府负责对全国各项工作进行监察。同时派御史监常驻地方，对地方实行监察。逐步形成了以御史制度为基础的监察制度。

汉朝因循秦制，形成了中央与地方的监察体系，中央最高监察机关是御史台，地方上，汉武帝把全国除京畿七郡之外的郡国划分为十三个监察区，称为“十三州部”，以加强对地方二千石郡国守相的监察与管控。每一州部设刺史一人，刺史没有固定的办公场所，也不处理行政事务，他们的职责就是监察监督各地豪强的违法乱纪行为，以及郡国守相的营私舞弊行为，用六百石级别的刺史来督察二千石级别的郡国守相，刺史直接向皇帝奏事，也就是只对皇帝一人负责。刺史每年的八月份巡视所部的郡国，考察吏治，奖惩官员，断治冤狱。

征和四年（前89年），汉武帝又在首都长安设置司隶校尉，职责和州部刺史一样，不过司隶校尉专门负责纠察京师百官和三辅（京兆、冯翊、扶风）、三河（河东、河南、河内）、弘农七郡。地方吏治由州部刺史负责，按六条问事，除了第一条是针对地方豪强大姓的，其余五条都是针对二千石郡国守相的。可见吏治的庸怠已经到了不可不治的地步，这与史籍中所说汉武帝时“天下郡太守多为奸利”的情况相符，可谓因事制宜，而京畿吏治则由司隶校尉负责，一外一内，共同加强了对官吏失德行为的跟踪与监察。

刺史资浅秩卑，但皇帝却赋予了刺史遇事先斩后奏的大权、重权，一旦被刺史弹劾，轻者立即遭到贬职免官，重者被投狱处死。东汉时，李固与光禄勋刘宣上言，“所选郡守刺史，多不称职，以至有人胡作非为，侵害百姓”，皇帝采纳其言，“诏诸州刺史弹劾郡守县令以下，政治有失误，于民无恩惠者，罢免所居官；恶政重罪者，逮捕送朝廷所设监狱下”。

谢夷吾为官刚正不阿，又体恤民情，历任会稽郡功曹史、督邮、寿张县令，迁荆州刺史，又迁钜鹿（今河北巨鹿）太守，“所在爰育人物”，以德化人，是一个恪尽职守的好官。他在任荆州刺史掌管地方吏治的时候，汉章帝还称赞他说：“诸州刺史尽如此者，朕不忧天下。”但在钜鹿太守任上，谢夷吾却翻车了。钜鹿郡是当时的大郡，治理难度比较大。赴任之前，汉章帝亲自接见谢夷吾，并谆谆告诫：“钜鹿剧郡，旧为难治。以君有拨烦之才，故特授任，无毁前功！”颇有些“奉命于危难之间”的意思。谢夷吾在钜鹿郡守任上，依然“省奢从约，事从清俭”，但就是他这种俭约之风出事了。原来汉代有行春的传统，地方官员要行春，以向地方吏民展现帝国威仪和风容风貌。既然是展现帝国威仪，那就要讲必要的排场。按照《后汉书·舆服志》的记载，行春排场二千石“乘安车，朱班轮，皂盖，朱两幡”，前后有导从之车，功曹、贼曹、主簿等人前呼后拥。如果郡守不按照规定行春，会遭到弹劾。谢夷吾“行春乘柴车，从两吏”，二千石大员是代表皇帝治理地方的，如今乘坐贱车，身边只有两个吏员跟随，轻车简从怎么能够体现出大汉的帝国气象呢？于是冀州刺史“上其仪序失中，有损国典”，谢夷吾就因此被贬为下邳令。相反，蜀郡太守文翁“每出行县，益从学官诸生明经饬行者与俱，使传教令，出入闺阁。县邑吏民见而荣之，数年，争欲为学官弟子，富人至出钱以求之。繇（由）是大化，蜀地学于京师者比齐鲁焉”，行县时让百姓感受到了国家的威仪，可见行县时讲点排场，能够提升吏民对国家的认同感。这样也就能够理解谢夷吾何以被弹劾贬官了。

经过魏晋南北朝三百多年的动荡局面之后，很多人玩世不恭，纵情声色犬马，连官员也未能幸免。隋朝立国之后，隋文帝任李谔为侍御史，职掌宫殿区内百官失德违仪的监察纠举。《隋书》记载，开皇十六年（596年），李谔向隋炀帝上书，说明当时礼教凋敝、官员失德的乱象：

如闻朝臣之内，有父祖亡没，日月未久，子孙无赖，

> 便分其妓妾，嫁卖取财。有一于兹，实损风化。妾虽微贱，亲承衣履，服斩三年，古今通式。岂容遽褫缞绖，强傅铅华，泣辞灵几之前，送付他人之室。凡在见者，犹致伤心，况乎人子，能堪斯忍？复有朝内重臣，位望通贵，平生交旧，情若弟兄。及其亡没，杳同行路，朝闻其死，夕规其妾，方便求娉，以得为限，无廉耻之心，弃友朋之义。

甚至连当朝重臣也毫无廉耻之心，公卿贵族薨逝，其爱妾就被子孙私分，嫁卖他人之家以求去钱财，公卿之家丝毫不顾及对父祖的孝顺之情。更有甚者，有些朝廷重臣声望显隆，平素以好友兄弟相交，如今早上听说朋友死了，晚上就图谋朋友之妾，丝毫不修朋友之义，把士大夫的斯文体面撕得粉碎。李谔由此推及国家的官德建设，认为“居家理治，可移于官，既不正私，何能赞务”，居家和理政有相通之处，如果不能处理好家庭私事，又怎么能够处理好国事呢？隋文帝看了他的奏疏深有感触，于是下令纠察官员德行，对于为官不仁、欺男霸女的家伙，一律严加惩处，同时令“五品以上妻妾不得改醮”。

北宋仁宗时期，包拯担任御史，弹劾过三司使张方平、张贵妃伯父张尧佐。另一位御史赵抃，更加刚正廉直，弹劾从来不避权幸，只要违规违纪失德失察，不管官职多高，都在弹劾之列。他前后弹劾十余人，如弹劾宣徽使王拱辰出使期间有不法行为，枢密使王德用不称职等，相继被罢黜朝廷，人称“铁面御史”，至和元年（1054年），宰相陈执中的爱妾将一个侍女捶挞至死（还有一说是陈执中打死的，无论实情如何，陈执中作为宰相都难逃罪责），一时之间舆论哗然。陈执中依仗仁宗对自己的宠信，拒绝与开封府合作调查此事，妄图逍遥法外。赵抃立即以“违朝廷知法，立私门之威”的罪名弹劾陈执中，要求仁宗法办。但是宋仁宗有意偏袒陈执中，听信近臣替陈执中开脱罪责之词，甚至下诏罢狱。至和二年

（1055年），赵抃继续弹劾陈执中，半年之间上书二十余次，最终以“不学无术，错置颠倒，引用邪佞、招延卜祝、私仇嫌隙，排斥善良、狠愎任情，家声狼藉”等八大罪状，将陈执中拉下马。

清朝乾隆时期的钱沣也是“铁面御史”，秩衔只有六品，却敢于弹劾权倾一时的皇亲国戚、山东巡抚国泰。国泰是镶白旗出身，满洲贵族，为官骄纵，任职山东巡抚期间，其下属跟他汇报工作都是要下跪的。钱沣担任监察御史不久，就得知国泰大肆贪腐，索贿受贿，下面州县的官员为了迎合这个贪得无厌的上司，不惜挪用公款，敲诈百姓，以至于山东有多地出现库银亏空。钱沣揭发此案，并受命调查，他置权臣和珅对国泰的包庇于不顾，将国泰撤职查办，最终贪腐和库银亏空证据确凿，乾隆判处国泰斩监候。

监察官是负责监察官员的，可谓治官之官，因此对监察官员的选任尤为严格。监察官的秩级往往不高，如唐朝监察御史秩级在八品以下，品级虽卑但权力极大，往往能够抗衡朝廷达官贵人。因此只有那些刚正之人才能充任御史。宋代就有规定，曾受过处分的官员，尤其是被免职在家的官员，不得充任御史。官员只要有失察失德之行，无论品级高低，都难逃御史的弹劾。中国古代官场有以和为贵的潜规则，但御史的存在就像“清道夫”，能够及时发现清除官僚系统中的无德之人，督促官员勤勉为政。从中央到地方，无所不纠，所有官员都在御史的监督之下。御史经常因为不愿意同流合污，而遭到浊流之官的嫉恨。

国家设置御史的目的就是“伺察奸宄，纠弹不法”，使百官“人人知惧，纲纪可守”，这对于整肃吏治，敦促官员德行修为起到很大的作用。御史是治官之官，位卑但大权在握，经常出现御史“朝辞禁门，形态即议；暮宿村县，威福便行”（《南齐书·竟陵王子良传》）。如何约束限制御史的治绩和官德呢？例如明代双管齐下，一是制定了十几种专门规范检察官员的规章制度，如《风宪总例》《监纪九法》等，二是重视问责。“若知善不举，见恶不拿，杖一百，发烟瘴地面安置，有赃从重论。”监察官员就是要纠察百官，若不作为，甚至自己在执行公务期间违法乱纪，则要严惩。清朝御史有“风闻言事”的职权，但在风闻言事之后，朝廷会立即展开调查，若查无实据，证明御史轻率弹劾，那么举报者就可能被处以降级、革职甚至发配边疆的处分。

3. 失德之惩戒

国家靠官员来治理，大大小小的官员吏卒恪尽职守，上下一心，国家才能得到有效的治理。“大臣法，小臣廉，官职相序，君臣相正，国之肥也”（《礼记·礼运》），大臣守法，小臣廉洁，百官配合有序，君臣相互匡正，这是一个健康的国家应当有的政治面貌。然而，官员偏离做官准则，违背法律法规和主流价值观等失德现象在中国古代历史上时有发生。就像清朝学者唐甄在他的《潜书》中谈到吏治时所说的那样：“天下难治。人皆以为民难治也，不知难治者，非民也，官也。”治理天下的困难在于对官员的治理。历朝历代都在考核和监督官员从政之德方面投入了大量的精力，正常情况下，官员应该能够守住道德，但事实上，有些官员阳奉阴违，在官德修为方面只做表面文章，官员若突破了从政之德的防线，就要接受法律的制裁。

汉代的选官制度带有极大的道德色彩，民间那些廉洁、忠孝之士，成为中央重点选拔的对象，仅“孝廉”一科，每年就有200多人获举孝廉。以至于整个汉代社会，士人无不以清廉的节操自我勉励。当然，也会有一些利欲熏心之徒，为了获得进入官场的入场券，无所不用其极。比如东汉时期，乐安郡有一个道德完人赵宣，他的母亲去世后他不闭墓道，住在墓道中为母守丧长达二十多年，乡里无不为其孝行感动。不出意外的话，他一定能获得孝廉的身份，然而就在利禄唾手可得的时候，乐安太守陈蕃察知他在为母守丧期间，与妻子在墓道中生下了5个孩子。最后赵宣被以“诳时惑众，污诬鬼神”的罪名治罪。倘若这样以伪道德拾青摘紫之徒当了

"父母官"，可想而知他会怎样愚弄一方百姓了。

跟这个沽名钓誉的赵宣形成鲜明对比的是，东汉初年的刘昆。刘昆在江陵令任上，遇到火灾，刘昆就向火叩头，祈求降雨止风灭火。后来在弘农太守任上，那里虎多成灾，百姓的生活深受其害，这个刘昆竟然能够让虎自行渡河离去。他"反风灭风""虎北渡河"的德政事迹传到了光武帝刘秀的耳中，刘秀问他是做了什么善政，才能为民解忧的？刘昆回答说"偶然尔"。光武帝非常欣赏他这种诚实淳朴、不矜功自夸的长者之风。这也是范晔在《后汉书·儒林列传》中将他奉为榜首的原因。

《新唐书·韩愈传》中记载了一个大奸似忠、大贪似廉的恶官华阴县令柳涧。古代官场历来重视道德，国家选拔官员确实是根据德才兼备这一个标准来选的，但官员队伍规模庞大，其中难免会泥沙俱下，鱼龙混杂。韩愈在任职员外郎时，一次因公外出路过陕西华阴县，得知前华阴县令柳涧被贬冤情，为他上疏辩解。唐德宗派人下来调查，最终查出柳涧确实有贪赃枉法的罪行。韩愈就因妄论妄言惨遭朝廷斥责并被贬官。当然，韩愈的此次遭贬谪，在中国古代政治史上是一件无足轻重的小事，但柳涧一类贪官恶吏的精致包装和隐藏，真是不可不严防，不可不慎察。管仲《管子·立政》中说："德义未明于朝者，则不可加于尊位。"不修官德或丧失官德的人，不可委以重任，加以尊位。只有重用有才能、有德行的人，才能形成良好的政风，才能把国家的事情办好。

所谓"官吏失德，烈于猛火"，官员因官德缺失而引发的贪腐行为败坏了国家声誉，蛀蚀着政权根基。官德，既是一种自我约束、自我激励的精神力量，同时也是国家的行政规范和制度。为了更好地管理官吏队伍，对各级官吏实行专门立法，即以律治吏。

"三年清知府，十万雪花银"，千里做官只为利，于是贪赃受贿也就成了古代官场的痼疾。从商周以来，历代对官员贪污受贿的处罚都是非常严厉的，区别在于量刑轻重有所不同，最严重者判处死刑。比如战国时期，魏国的《法经》中有“金禁”，即官员贪污受贿入刑：“丞相受金，左右伏诛，犀首以下受金，则诛；金自镒以下，则罚不诛也。”相国贪污，处死左右。犀首（魏国官职名称，相当于将军）以下贪污，处以死刑。贪污黄金一镒（二十四两）以下的，只处罚不处死。根据官职的高地和贿额的多少量刑也有所不同，这样的法律规定尽管有保护特权者的弊端，但是基本精神是相当明确的，即官员贪污不仅仅是道德问题，更是严重的犯罪。贪污和腐化往往结伴而行，所以魏国还有“淫侈逾制”的法律规定，就是对生活腐化犯罪行为的制裁。

秦朝重刑严刑，《秦律》规定凡有奢侈过度、骄傲自大、专擅越权、犯上作乱、贪污腐败等五失，就要“身及于死”。设有“通钱”罪，即在脸上刺墨，判以无期徒刑。汉代对官员贪腐受贿的打击也非常严厉，“主守盗直十金，弃市”。

唐代关于官员受贿贪腐的法律条文非常严密，分为受贿罪、行贿罪，还有斡旋贿赂罪，把托人走后门的可能性完全堵死。在相同情况下，官和民犯同样罪，官所受惩处比民严厉。

宋初，“凡罪罚悉从轻减，独于赃吏最严”。《宋刑统》就把惩治官员贪腐列为重点，对官员贪赃、行贿、受贿、索贿等失德行为有法律规定，相关条例非常严厉。对行贿根据造成的后果轻重，明确法律责任，对于防止官员丧失官德有积极预防意义。

明太祖朱元璋以“严典”治吏，对贪官污吏进行无情打击。所谓治民先治官，朱元璋颁布的《大诰》（即《大明律诰》），其中百分之七十多的内容，都是针对官员贪赃枉法、暴酷虐民的罪行的。对待官员的失德行为，朱元璋的做法简单又狠厉。洪武十五年（1392年），他编写了《醒贪简要录》，官员贪赃银六十两以上者，枭首，剥其皮，填塞以稻草和石灰，悬于官府案桌旁。以此来警示继任官员要引以为戒，克勤克俭，奉公职守。在严酷的刑罚之下，在任官员少有违法乱纪的。这种高压式的治吏方式带有简单粗暴的色彩，但是对官员失德行为的约束和监督，起到了震慑作用。

明朝前期治官，以铁腕著称。这也与明朝初年社会萧条有关系。经历了元末的战乱之后，到了明初，千里萧条，经济衰败，民生凋敝，再加上他亲身经历过明末吏治腐败的情况，因此设置严典整治官吏，确保政治环境清平稳定，给国家和社会营造休养生息的时间。这一点从他对地方官员官德的劝勉中就可以看出。一般地方府县官员来朝述职，他都会告诫官员要勤勉廉洁，告诉官员对待百姓要像对待“鸟初飞，木初植，勿拔其羽，勿撼其根”，鼓励官员“惟廉者能约己而爱人”，同时警示官员“贪者必朘人以肥己，尔等戒之”。而且告诫官员要做好农桑、教育等事关民生的事。当时的日照知县马亮长于督运，在农桑教育上无尺寸之功，朱元璋毫不客气，立即罢免。当时形成的效果也是立竿见影，“一时守令畏法，洁己爱民，以当上指，吏治焕然丕变矣”。到仁、宣二帝时期，继续太祖廉政建设，形成了“吏治澄清者百余年”的大好局面。

唐太宗曾告诫群臣：“为官贪，必丧其身。”让官员时刻感到有一把宝剑悬于头顶，不敢铤而走险，以身试法。官员对法律制度应该有所敬畏，不可将法度抛在脑后。以律治吏是制约官吏官德的最后一道防线，严厉的处罚是给各级官员设置了一道红线，在红线以内，尚可继续为官、受禄、加爵，越过这道红线，则名裂、身败、族耻。

据《明史》记载，朱元璋有一次召集大臣，问何种人最快活，有说富甲一方者，有说大学问家。大臣王纲说畏法度者最快活，朱元璋很是赞赏。明人方孝孺说，“凡善怕者，必身有所正，言有所规，行有所止，偶有逾矩，亦不出大格”。古人云：“畏则不敢肆而德以成，无畏则从其所欲而及于祸。”对官员道德的法律监督，意义即在于此。

四、古代官德的缺陷

官员立身养德绝非易事，这不是说官德的养成非一日之功，而是说在帝制社会里官德修养本身是有缺陷的，它必然面临着诸多方面的冲突，比如整个官场的污浊风气会冲击着一个官员内心的纯洁，皇帝的威权会影响着官员的立场等。那样一来，原本就需要常修常炼的官德，可能就会一触即溃。

1. 官德公义与私家天下的矛盾

中国古代官场流行着两句名言，道尽了官员从政的权力观，其中一句是“千里做官，为的吃穿”，另一句是“人不为己，天诛地灭”。清末李伯元的《官场现形记》，是一部官员的丑史，从典史到军机大臣，无论大官还是小吏，无论文臣还是武将，全都拼命捞钱，有钱可以做官，做官就会更有钱。两千年古代官场，涌现出一大批清官、贤官、好官，有鞠躬尽瘁的诸葛亮，铁面无私的包拯，精忠报国的岳飞，但庸官、恶官、贪官也层出不穷。古代官德与家天下捆绑在一起，在家天下的体制之下，官僚士大夫都成了皇帝的打工仔，怎么会心甘情愿地践行官德呢?

刘向在《说苑·至公》中说道：“为禄仕者不能为政。”如果一个人仅仅是为了功名利禄而做官，那他就不是一个合格的官员。但自官僚制度确立以来，中国就形成了以官为尊，以官为荣的政治传统，多少人出仕做官就是为了利、禄二字，而不是为了“德”。战国时期，苏秦“出游数岁，大困而归”，“负书担橐，形容枯槁，面目黧黑，状有愧色。归至家，妻不下嫂不为炊，父母不与言”，因未得志铩羽而归，回到家受到家人的冷遇，嫂子不给他烧火做饭，妻子不从织机上下来接待他，就连亲生父母也很势利，不和他说话。后来，他头悬梁、锥刺股，苦学提升思辨水平后，说服了赵王，要去游说楚王时“路过洛阳，父母闻之，清宫除道，张乐设饮，郊迎三十里。妻侧目而视，侧耳而听。嫂蛇行匍匐，四拜自跪而谢”。苏秦感叹道：“贫穷则父母不子，富贵则亲戚畏惧。人生世上，势位富厚，盖可忽乎哉？”做官的巨大好处给了苏秦极大的刺激。后世多少文人士子，就是从苏秦的境遇中得到了鼓励！

北宋欧阳修曾感叹科举做官前后的境遇，科举之前，蜗居乡里，生活潦倒，任谁都可以欺负他。一旦中举就算熬出了头，任谁都要来巴结他，以前欺负过他的人，现在甘愿匍匐在他的车驾扬起的尘烟之中。士人的境界，从先秦时期修身、齐家、治国、平天下的崇高理想，被矮化成了读书、做官、敛财、交权幸的庸俗理想，孔孟之道早就抛之脑后。唐代时，淮南节度使陈少游，他做官就为了六个字，“敛财，行贿，迁官”。每到一地做官，就横征暴敛，然后再用搜刮来的财货行贿权贵，为自己跑官升迁，如此循环，他敛的财富越来越多，做的官也越来越大，“三总大藩，皆天下殷厚处”。这样一个毫无官德可言的卑劣之人，竟然“视文雅清流之士，蔑如也”，瞧不起清流。

中国古代社会是家天下的宗法社会，“溥天之下，莫非王土；率土之滨，莫非王臣”，天下是皇帝的私有财产，官僚士大夫都是给皇帝打工的，仅仅靠儒家济世理想来唤醒官员道德，实在很难，倒是真金白银功名利禄更加实在。明末清初思想家王夫之就非常反对“家天下”，而提倡“公天下”，反对皇帝将天下之财当作自己的私财，而应该把天下之财供天下之用，那么皇帝和官僚士大夫的关系就不是主仆关系，官员不再是给一家一姓的皇帝打工，而是给天下之民出力。王夫之的思想是超前的，尽管历代王朝都重视官员从政之德的建设和监督，官员公心与私利的矛盾，在家天下的帝制社会中始终无法得到很好的解决。《资治通鉴》中记载了唐代官员以国家之公器谋个人之私利的荒唐事。张易之、张昌宗是武则天的宠臣，而他们的弟张昌仪为洛阳令，依靠兄长的权势卖官鬻爵，号称“请属无不从”，只要肯花钱找他买官，就没有买不到的。当时有一薛姓选人用五十两黄金向其行贿，张昌仪便跟主管吏部选人的侍郎张锡打了招呼，还把那位薛姓选人的相貌特征告诉了张锡。过了几天，张锡和张昌仪都忘了薛姓选人的样貌，只好把候选人名单中六十多个姓薛的，不分良莠，全体授了官，完全把为国家选人才的吏部，当成了他们自家的铺面。

2. 官德和皇权的矛盾

有时候带头破坏官德的，不是官员本人，而是执政者自身。《左传·桓公二年》记载：前710年，宋国太宰华公督发动叛乱，杀死了国君宋殇公，而拥立宋庄公。为了求得各国的承认，宋国便向邻国行贿，鲁桓公便接受了贿器——郜国的大鼎，并把它放在太庙里。鲁国大夫臧哀伯劝阻说：作为国君，要发扬道德而阻塞邪恶，以监视百官，还怕有所遗漏，所以要发扬美德以示范子孙。“夫德，俭而有度，登降有数，文、物以纪之，声、明以发之，以临照百官，百官于是乎戒惧，而不敢易纪律。今灭德立违，而置其赂器于太庙，以明示百官，百官象之，其又何诛焉？”执政者是臣子表率，自己失德，如何领袖群臣？

官德的诸德目之中，皇帝最重视的是臣子的忠诚。臣子直言进谏也是忠诚的表现。然而当臣子直言进谏时，势必会触犯君主的权威。一般来说，在王朝初创时期，执政者受到前朝灭亡教训的震慑，都会比较开明，能够虚心接纳臣子的谏言，官员也能够尽忠职守，敢于揭露皇帝的过失，弹劾跋扈的奸臣，屡挫屡战，甚至将自己的生死置之度外。如唐太宗的诤臣魏徵，贞观年间先后向太宗面陈谏议五十次。但是到了王朝的中后期，君主昏庸无能的居多，官员的从政之德也会受到皇权的压制，为了明哲保身，大多数官员都默契地甘当皇帝的应声虫，伴驾左右诚惶诚恐，皇帝说是就是，说非就非，只有极少数骨鲠之臣还保留着为人臣子应有的德行。

伍子胥是吴王夫差的诤臣。春秋时期，吴越之战越国战败后，买通了吴国宰相伯嚭，请求吴国宽恕越国，并放越王勾践回国，伍子胥反对放虎归山，吴王不听。战胜越国后，吴王自恃国强兵壮，欲出兵攻齐，伍子胥以“越王勾践是心腹之疾，而齐是疥癣之患”为由反对攻齐，吴王不听，结果大破齐军；越王勾践被赦免回国后采取休养生息的政策，苦身励志，向吴国复仇，越国为了试探吴国对自己是否还有戒心，就向吴国借粮，伍子胥再次极力反对，吴王仍执意借粮给越国，越王勾践暗自高兴，由此得知吴国彻底放松了对自己的警惕，攻吴复仇之期指日可待。伍子胥预言：“王不听谏，后三年吴其墟乎。”越国串通伯嚭，让他在吴王面前进谗言陷害伍子胥，说他怨恨吴王，如果不早防范，他早晚会犯上作乱，诤臣伍子胥终于在吴王的逼迫之下自杀了。在吴国，诤臣没有立足之地，从此吴国溜须拍马者多，尽忠敢言者寡，朝政日败，在这之后，越王勾践终于完成了复仇大业。

帝制社会皇权的不断加强，体现为君尊臣卑之制，“若奴隶之于家主，胥役之于官长”，皇权具有神圣性和不可侵犯性。在这样的政治环境中，官僚士大夫想要做面刺人君之过的诤臣，是很不容易的。专制帝王大都没有多少容人之量，排斥逆耳的教训之言，最喜欢听的就是顺耳的奉承之辞。皇帝们对官员德行的训诫，体现出皇权对官员使命的期待。然而在帝王的专制面前，官员的官德官风就显得力不从心，皇权居高临下，常常迫使官员放弃臣子之德。

例如唐开元二十五年（737年），监察御史周子谅弹劾唐玄宗的宠臣牛仙客不是宰相之才，不堪相任。唐玄宗大为震怒，遂令左右将周子凉“擈之殿庭，朝堂决杖死之”，随后发配瀼州，途径蓝田时，杖疮迸发而死。而牛仙客后来却被封为豳国公。

又比如，明朝洪武年间，御史王朴以“性鲠直”为名，常常在朝堂之上与朱元璋“辨是非，不肯屈”，这本是御史的分内之事，然而他却因此丧命。史载，一日，王朴与朱元璋在朝堂之上争执。皇帝大怒，命人杀了王朴。到了刑场，又将王朴召回，问曰：“汝其改乎？”相让王朴服软认错。然而王朴对曰：陛下不以臣为不肖，提拔我为御史，如果臣无罪，陛下为什么要杀臣下？如果臣有罪，又何必使我活命呢？“臣今日愿速死”。朱元璋大怒，命令立即行刑。前往刑场途中经过史馆，王朴大喊：“学士刘三吾志之：某年月日，皇帝杀无罪御史朴。”王朴是直臣，忠言甚至是逆言进谏，哪怕已死也在所不惜，这是自古忠臣直臣的归宿和光荣。当然，朱元璋也不是那种昏君、暴君，但是仍然无法容忍臣下的耿直。王朴已死，皇帝修《大诰》，里面列入王朴的名字，罪名是诽谤。

成全和鼓励臣子之德的是皇权，压制和迫害臣子之德的也是皇权。

3. 官员德行与才能的矛盾

孔子对官德的最初划分是二元对立的，所谓“君子怀德，小人怀土；君子怀刑，小人怀惠”，不是君子就是小人。君子关心的是内在德行的提高，而小人关心的则是外在财富的积累；君子心怀高尚的道德标准，因而为人处世有所坚守，小人则唯利是图，眼睛只盯着蝇头小利。孔子曾总结出治理国家需要具备五项素质，即“恭、宽、信、敏、惠”，“恭”即恭敬，“恭则不侮”；“宽”即宽厚，“宽则得众”；“信”即诚信，“信则人任焉”；“敏”即勤敏，“敏则有功”；“惠”即施惠，“惠则足以使人”。前三项素质恭、宽、信都与道德修养有关，后两项“敏”和“惠”是行政才能，显然孔子将为政者素质的重心放在了道德修养上。道德在才能之上，是孔子的一贯主张，当卫灵公向他询问有关军事问题时，孔子对曰：“俎豆之事，则尝闻之矣；军旅之事，未之学也。”儒家的官德修养走上了道德绝对主义，形成了重官德而轻官才的传统。

德才的轻重定了调子以后，历代王朝对官员的选用，都很重视官德，但同时又不偏废才能。为了维持统治，国家需要的都是德才兼备的官员，但是既能够清廉洁己，又能奉公尽职的官员却很少。大部分官员要么有德无才，要么有才无德，这两种情况哪一种对国家政治危害更大?

北宋司马光认为，才能要靠德行来统帅：

> 智伯之亡也，才胜德也。夫才与德异，而世俗莫之能辨，通谓之贤，此其所以失人也。夫聪察强毅之谓才，正直中和之谓德。才者，德之资也；德者，才之帅也。……是故才德全尽谓之圣人，才德兼亡谓之愚人，德胜才谓之君子，才胜德谓之小人。凡取人之术，苟不得圣人、君子而与之，与其得小人，不若得愚人。何则？君子挟才以为善，小人挟才以为恶。挟才以为善者，善无不至矣；挟才以为恶者，恶亦无不至矣。愚者虽欲为不善，智不能周，力不能胜，譬之乳狗搏人，人得而制之。小人智足以遂其奸，勇足以决其暴，是虎而翼者也，其为害岂不多哉！德者人之所严，而才者人之所爱。爱者易亲，严者易疏，是以察者多蔽于才而遗于德。自古昔以来，国之乱臣，家之败子，才有余而德不足，以至于颠覆者多矣，岂特智伯哉！故为国为家者，苟能审于才德之分而知所先后，又何失人之足患哉！

按德才关系来分，官员可以分为四种类型：德才兼备的属于圣人，德才兼亡的属于愚人，德胜才的属于君子，才胜德的属于小人。如果没有圣人和君子，那么宁愿选用愚人，也不选用小人。因为小人无德却有才，可以用诡计行恶，这对于国家政治而言是巨大的危害。司马光的观点，几乎代表着中国古代官德的基本精神。

秦政府按军功来封爵，显然是重才轻德的。汉代以后，认为秦朝速亡是由于不施仁义，不讲道德。因此在秦代重才轻德的覆灭教训中，汉朝政治总体上是重德的。汉武帝时期的大儒董仲舒重德，他曾说过，“必仁且智”，因为“仁而不智，则爱而不别也；智而不仁，则知而不为也”（《春秋繁露·必仁且如》），只有爱心，缺乏智慧，不知道应该爱哪些人，也不知道如何去爱。有智慧却没有爱心的人，虽然知道哪些人是好人，应该爱，也知道应该如何去爱，却不肯去实行。翼奉说："治道要务，在知下之邪正。人诚乡正，虽愚为用；若乃怀邪，知益为害。"诚实正派的人，智力差一点，还可以用；心术不正的人，虽然有智力，也只能增加他的罪恶。翟方进也说，"不仁之人，亡所施用；不仁而多材，国之患也""巧伪不如拙诚"，成为当时人的普遍观念。在有德无才和有才无德之间，后者对政治的危害显然更大。

诸葛亮的《出师表》对察人用人的得失进行了总结："亲贤臣，远小人，此先汉之所以兴隆也；亲小人，远贤臣，此后汉所以倾颓也。"但在重德轻才的政治文化中，汉末枭雄曹操，对用人却形成了不同的风格和标准，那就是重才而轻德，他选拔重用的人都是对政治有实际推动作用的。他在用人上提出："今天下得无被褐怀玉而钓于渭滨者乎？又得无盗嫂受金而未遇无知者乎？"他提出过一个观点，"士有偏短，庸可废乎"，"不仁不孝而有治国用兵之术"，仍可委之以重任。曹操阵营人才云集，有恃才放旷的杨修，也有文德兼备的孔融，还有野心勃勃的司马氏。这种只问才能不问德行的用人标准，是对古代选官重德轻才的重大突破。

唐宋科举与汉代察举征辟制重视道德相比，有"重才而轻德"的倾向。柳宗元提到他年少时，也曾经非常仰慕太学的学问，本想到太学从师受业，修身立志，但是当时的人们纷纷劝阻他说，太学的学风不正，太学生们连最起码的道德都没有。他们有的有荒废学业，仅仅图一口饭吃，有的文过饰非专门生事，有的欺辱长者谩骂明达，太学本是传道授业的神圣庄严场所，柳宗元痛恨诸生们游于圣人之门，却如此蛮横无理，让太学沦落为民间口中的藏污纳垢之所，他宁愿到乡下的私塾里去求学，也不愿意到所谓的太学里受业。

太学生们道德学风沦丧至此，焉能指望他们做官后遵守从政之德。

北宋的大奸臣蔡京就是通过科举做官的。宋神宗熙宁三年（1070年）中进士，从地方官做起，历神宗、哲宗、徽宗三朝，五度为相，文章、书法在当时堪称第一，宋代蔡绦评价蔡京书法“字势豪健，痛快沉著。迨绍圣间，天下号能书，无出鲁公（蔡京）之右者”。北宋宣和年间的《宣和书谱》对蔡京的书法评价甚高：“行书土贵胄公子，意气赫奕，光彩射人”，其“断纸余墨，人争宝焉，喜写纨扇，得者不减王羲之六角葵扇也，其为世之所重如此”。但此人“挟邪坏法”，善于钻营，宦海生涯极尽投机之能事。王安石及其改革派倒台以后，以司马光为首的守旧派立马反攻倒算，欲恢复王安石变法之前的差役法，并要求五天之内完成，蔡京为了讨好司马光，日夜赶工，终于使辖区按时完成。宋哲宗亲政后，又要恢复元祐年间被废除的新法，这时候改革派复占上风，蔡京敏锐地嗅到政治气味的变化，立马又调头去支持新法。他的用心钻营终于赢得了当权者的重用。他还将自己的儿子蔡攸安插到宋徽宗身边，诱导徽宗玩物丧志。北宋末年，太学生陈东上书，将蔡京列为“六贼之首”。可以说，蔡京的确有大才，但在道德上却有致命的缺陷，他为人心藏奸巧，见风使舵，寡廉鲜耻，唯利是图，缺少为国为民的善良之心，一个朝廷、一个国家重用这样品德有缺陷的官员，国家政治是没有前途可言的。

道德固然重要，但国家所有的政策诏令，都需要各级官员去解读、去落实，因此官员理政的才干又是必不可少的，很多执政者就明确表示过，一个官员只有廉洁操守而才干不足，对国家、对人民也没有什么益处。康熙和雍正就非常重视官员的才干。康熙年间，张伯行“操守为天下清官第一”，死后被赐谥号“清恪”，意为居官清廉，恪勤职守。康熙对他的清廉勤慎多次褒奖，但是张伯行“为人糊涂，无办事之才”，行政效率低下，致使“衙门案件堆积，连年未结，以致拖累多人，经时羁候，不得归田耕种，民皆怨之。纵不爱钱，于地方何益？”“抚吴几载，风俗未见移易。近闻苏州百姓生意渐至消耗，米价初只七钱，今长至一两六七钱，民食维艰，所云家给人足者何在？巡抚乃封疆大吏，当诚心为朝廷效力，俾地方有益，不当无其实而出大言，以欺世盗名。”[①]居官虽然品行清正，但才疏平庸，这样的官员对国家有什么益处？正所谓“一心为国即好官，或操守虽清，不能办事，亦何裨于国？”国家设置官员的目的在于代君治民，为官一人，本职工作就是要治民理政，因此道德和才能犹如车之两轮，不可偏废，仅仅有道德操守是远远不够的。雍正皇帝对官员之德才有新的认识：他认为“惟才一字，不能假借”，“官德是可以通过训导教育改善的，但才能却非朝夕可得，所以，对有才之人他都有给予机会，极力保全”[②]。官员的道德可以培养，可以引导，甚至可以伪装，但唯独才干是不能培养和伪装的，一个人有没有才干，把他放在州县任上，立马就能现出真面目。一个人有才干是非常可贵的，所以“凡有才具之员当可惜之教之”，对那些“庸碌安分、洁己沽名之人驾驭虽然省力，恐误事”“贪官之弊易除，清官之弊难除，实缘贪官坏事，人皆怨恨，乐于改正；清官误事，人犹信重，碍即更张也”。（《论用人疏》）

4. 个人与官场的矛盾

自古廉吏难为。原因有二：

一是因为“廉吏常苦贫”，自己要当廉吏，家人就要跟着过清贫的生活。春秋时期，楚国优孟分析了廉吏和贪吏都是可为又不可为的原因：“贪吏不可为而可为，廉吏可为而不可为。贪吏不可为者，污且卑；而可为者，子孙乘坚而策肥。廉吏可为者，高且洁；而不可为者，子孙衣单而食缺。君不见楚之令尹孙叔敖，生前

① 徐尚定标点：《康熙起居注》第8册，“五十四年二月”，东方出版社2014年版，第172、173页。

② 刘风云：《朱批——康雍乾用人与治吏》，党建读物出版社2014年版，第73页。

私殖无分毫，一朝身没家凌替，子孙丐食栖蓬蒿。”（《东周列国志》）廉吏品行高洁，但是为了杜绝官场的请托，不治产业，不收分外之财，居陋室，食糠蔬，家人跟着受苦；贪官品行污浊，没有官德，但却以权谋私，搜刮钱财，阖家老小也跟着得势。现实的巨大反差，让很多清官渐渐走上贪腐之路。

二是自己清白做官，就意味着与官场大环境格格不入，势必遭到同僚的嫉恨、排斥和陷害，以至于有俗语说“清官不到头”。

《史记·田敬仲完世家》记载了齐威王时期的一则故事：齐威王即位以来，不治理国事，将政事委托给卿大夫们处理，九年的时间，齐国治理得并不好。于是威王召来即墨大夫，说：即墨大夫自从任职以来，每天都有诋毁你的话传到寡人的耳朵里。齐威王派人实地考察后发现那里田野都被开垦出来，百姓丰衣足食，政务也没有积压，齐国的东方因此安宁。这都是因为你为人清正耿直，没有贿赂寡人身边人，不会取悦权贵。遂封一万户食邑给即墨大夫。

相反，阿城的大夫任职以来，每天都有赞誉他的话传到齐威王那里。然而，齐威王派人实地考察后发现，阿地田地荒芜，百姓饥馑，防务松弛。从前赵国进攻鄄城，阿城大夫不能解救。卫国攻占薛陵，阿城大夫不知道。齐威王明白了，这是阿城大夫相信“政以贿成”的真经，花钱买通了自己左右之人以求誉，所以备受称赞。当天威王就把阿城大夫扔进锅里给烹杀了，那些曾经受贿称赞阿城大夫的左右近臣，也遭到同样的下场。

和阿城大夫一样下场的，还有无盐令。对无盐令的赞誉每天都不绝于耳，但是考察以后发现，那里田地荒芜，仓廪空虚，监狱倒是人满为患。齐威王一一列举了无盐令的罪状，知道无盐令是在用奸诈的手段对待国君和政事。同样的，齐威王将无盐令扔进院子里的大锅里给烹杀了。

整个齐国为之震惧，人人不给你弄虚作假，全心全意为国家尽责。远近诸侯听闻齐国的情况之后，二十多年不敢贸然攻打齐国。

地方官向君王近臣行贿，彼此勾结欺上瞒下，惑主乱政，是中国古代官场的一大积弊。战国初期的齐国官场，也存在这一痼疾，污浊不堪，沆瀣一气，倘若不是齐威王英明，考察臣下，即墨大夫恐怕就在一帮群臣的诬陷下蒙受不白之冤折戟官场了。

齐国如此，秦国的情况也相差无几，官场贪贿风气盛行。商鞅的《商君书・农战》中也说到了秦国官场的污秽之气：每一个想要升官的人，都明白这样一个道理，钱多了，就能得到高官。所以下级想要获得升迁，就要贿赂上司。不行贿就想升官，就像以猫为饵引诱老鼠一样，是没有希望的；以诚实的态度对待上司而想要升官，就像用断了的墨绳来取直弯曲的木头一样，就更不可能了。这两种情形都不可能升官，所以还是要使劲搜刮民膏以贿赂上司。

《梁书・庾黔娄传》就记载了这样的矛盾，南朝梁时，邓元起为益州刺史，上表推荐庾黔娄为长史。邓元起平定成都之后，缴获的珍宝堆积如山，邓元起为了笼络部下，便与有功的幕僚、军士瓜分了这些珍宝，唯独这位“二十四孝”之一的庾黔娄为人“甚清洁”，未取分毫。邓元起厌恶他自命清高，斥责他“何独尔为”，庾黔娄不愿违抗上命，只好取了几箱古籍以示同流合污。一个清廉的官员，一个正直的名士，被贪腐的大环境所裹挟，也不得不做出贪腐的样子，才能融入大环境中。

《南史》中记载，南朝齐时，丹徒县令沈巑之性情耿正，在县里任职的时候为官清廉，不愿意贿赂齐武帝身边的人，于是被他们所构陷，羁押在尚方等待处置。沈巑之希望能够面见皇帝，齐武帝遂召见他，问他还有什么陈词，他说：“我以清廉获罪。”皇帝不解，为官清廉怎会获罪？沈巑之答曰：因为臣下无钱供奉朝堂之上这些大人物。齐高帝问，所说的大人物都是谁？沈巑之答曰：“此赤衣诸贤皆是。”朝堂之上这些穿红衣服的达官贵人就是所说的大人物。如果自己能够复职，一定能够获得更清廉的声誉。齐武帝这才知道沈巑之无罪，仍令他为丹徒令。

这样的例子在历史上不胜枚举。《清史稿》记载，光绪年间，李用清有治世之才，“藩黔时，库储六万，年余存十六万，陕库三十万，再期六十余万矣”，在贵州、陕西任上使府库充盈。但他为官“安贫厉节”，不贪一分一毫，清廉自守到了令天下官员侧目的地步，号称“天下俭”。他的清廉遭到官场的戏谑和嘲讽。他的同僚李慈铭就曾在日记中嘲讽李用清：“文字拙陋，一无才能，惟耐苦，恶衣食，捷足善走，益生长僻县，世为农氓，本不知有人世甘美享受也。”

古代官场上贪官恶吏，他们同气相求，同声相应，将官场这个圈子弄成了上下勾结、唯钱是举的利益链。明朝的末代皇帝崇祯曾经用“文官不爱钱”之语砥砺臣子，可皇帝的训诫对臣子而言又有多少感召力呢？《明史》记载了当时户部给事中韩一良畅所欲言，对崇祯说了一番坦率之辞：

> 陛下平台召对，有“文官不爱钱”语，而今何处非用钱之地？何官非爱钱之人？向以钱进。安得不以钱偿。以官言之，则县官为行贿之首，给事为纳贿之尤。今言者俱咎守令不廉，然守令亦安得廉？俸薪几何，上司督取，过客有书仪，考满、朝觐之费，无虑数千金。此金非从天降，非从地出，而欲守令之廉，得乎？

贪墨之风无处不在，不爱钱说起来简单，做起来却难。县官是贪污的首领，给事受贿更严重的。进谏的责备县官不廉洁，但县官廉洁得起来吗？迎来送往要钱，进京面圣也要花钱，这么多钱俸禄自是不够，不贪怎么能够呢？贪官只看到混迹官场的难处，却无视古来清官的操行，官场中贪墨的官员多了，清廉自守的官员就显得格格不入，遭到官场同僚的嫉恨也就是自然的了。自古以来，百姓歌颂清官廉吏，史书也对清官廉吏大书特书，但是在官场这个大染缸中，官员想要以官德自守，却是极难的。

韩一良同时说：“臣两月来，辞却书帕五百金，臣寡交犹然，余可推矣。”自己交际少，两个月来都辞退了五百金的贿赂，可见明朝贪墨行贿之风多么炽烈，余下的可想而知。这番话标榜自己“清廉”，同时也把贪墨的同僚推到了台前，引起了同僚忌恨。崇祯皇帝以为韩一良清廉，就授予他右佥都御史。令人极其尴尬的是，就是这个貌似“清廉”的韩一良，也不敢和当时整个污染的大环境相抗。

吏部尚书王永光上奏说韩一良“必有所指”，应该让他“摘其尤者重处一二，以为贪官之戒”，崇祯皇帝这才回过味来，这五百金既不是天上掉下来的，也不是地里长出来的，遂让韩一良说出五百金的出处，限他五日之内拿出行贿的名单。韩一良怎么敢把那些贪墨行贿的同僚推出来，只好给了崇祯皇帝一份名单塞责，上面尽是已经案发被处置的官员。崇祯大怒，都御史岂是什么人都可以做的，遂将韩一良一撸到底。韩一良宁可被褫夺官职，也不敢“出卖”整个官场。

第五章 地方治理中的道德责任

地方官员在地方治理中有宣化之责。正所谓“刺史、县令，政教之首”，国家的德政思想需要地方官员传达于民，而他们的治理责任主要体现在兴教、维安、易俗、止讼等方面。在地方任职期间推行德治，办几件实实在在的好事，既是浸润儒家思想的士大夫的毕生追求和抱负，也是国家进行政绩考核的重要方面，地方官员多于此处着力。

一、德治思想在地方治理中的贯彻

古代社会，地方官员实行任期制度和籍贯回避制度，一个官员去他乡就职不会久居当地，任期满后就要流转他处，因此百姓未必记得曾经的地方官长什么样，但是百姓会记得地方官曾经给他们修筑的堤坝、兴建的学校，这些实实在在的政绩就是官员们德政的注脚。为官一任，造福一方，切切实实为百姓兴利除弊，是官员们应当履行的道德责任，也是古往今来官员们的一个追求。

1. 兴办教育，以文化人

纵观中国帝制社会，历代执政者往往在政权甫定之际，便着手兴学重教。兴办学校、推行教化是儒家的一贯主张，孟子把“上无礼，下无学”看作是导致国家灭亡的一个重要因素，只有兴办教育才是解决“上无礼，下无学，贼民兴，丧无日”的问题，所以极力倡导全民教育。从汉代实行察举征辟制开始，到隋唐以后实行科举制，儒家经典都是士子们出仕做官的首要条件。这些深受儒家思想浸润的读书人，踵继孔孟先贤遗志，“穷则独善其身，达则兼济天下”，将忧国忧民的意识深深地烙在心中，往往在治理地方的过程中，展现出深沉的使命感和责任感。在他们为官以后，就将这种责任感化为行动，重视地方治理，推行古圣先贤之道，而推行古圣贤行之道的入手处就是推行兴办教育，推行教化。

兴办教育，以文化人，首推西汉初期的循吏文翁。汉景帝末年，文翁任蜀地的太守，他为政风格是“仁爱好教化”，在西汉时期，蜀地虽然经济比较发单，但是尚属于僻陋之域，文化不昌，有蛮夷风。文翁欲改变这一落后的现状，发展教育，遂从郡县小吏中选拔了十几个聪敏有才的青年才俊，亲自劝勉他们，并且将他们送到京师长安区学习。文翁为了减少蜀地官府用度，自己买了一些蜀地刀、布等特产，让上计吏带到京城去。数年以后，蜀地学生们学成归来，文翁重用他们，将他们安排在重要的岗位上，之后加以考察，有的甚至做到了郡守或州刺史。此外，文翁还在成都修建了学宫，从所辖各县中招收子弟到学宫里学习，并为他们免除了徭役和兵役，成绩优异者可以补充郡县的吏员，成绩差些的举荐为孝悌力田。他疆场选拔学校里的才俊，让他们在官府里处理政务。每次到各县巡视，都会带着一些精通经学的儒生一起去，让他们布达政令。民众看见了都会以此为荣。时间久了，人们都争相当学生，有钱人家甚至花钱给孩子争取上学名额。这样教化就在蜀地普及开来。文翁从兴办教育培养人才入手，改变了蜀地闭塞学术不振的状况，是历代循吏的典范。文翁兴办教育，并提供财力支持，不是依靠国家的制度，而是完全出于化蜀的动机和推广儒学的热忱。

古代中国地方重视教育，成为风尚。一个地方风气的好坏，很大程度上要看该地崇儒兴教的情况。因此地方官员在治理过程中，注重身体力行，敦行教育。地方官员也以兴学为要务，这在边郡的治理中尤著。《后汉书》记载，东汉时期，交趾、九真等郡尚有野蛮蒙昧之风，史书中记载这里“人如禽兽，长幼无别”，光武帝时，锡光为交趾太守，任延为九真太守，到任后即“建立学校，导之礼义”，岭南风气为之一变，学校渐纮，华风日兴，对南疆有开化之风。栾巴任职的桂阳郡，地处南陲，那里“风俗脆薄”，人们“不识学义”“不闲典训”，栾巴到任后遂“兴立学（校）”。

自汉代兴崇儒学以来，地方官员敦行教育的传统绵延不绝。唐代时，地方官吏也普遍重视教育。例如韩愈生活在安史之乱后的唐中后期，那时佛教泛滥，道教盛行，儒家思想反倒被削弱了，地方学校转趋衰落。韩愈认为要使礼教遍及乡里，仅依靠中央的官学是远远不够的，还要依靠数量更多的地方学校。

贞元十九年（803年），韩愈因反对宦官掠夺百姓财物，请求朝廷宽免徭役，得罪了皇帝，于是遭贬阳山县令。阳山隶属广东，这里远离京师，环境恶劣，文化落后，一片荒凉，韩愈到任后直呼“阳山天下之穷处也”，“言语不通，画地为字”。韩愈在阳山任上只待了一年两个月的时间，但还是践行了他作为士大夫的道德责任，积极进行改革，秉持“民有子弟，我其教之”的思想，致使许多青年慕名至阳山游学，“今乃乘不测之舟，入无人之地，以相从间文章为事”。自古以来，很多高级官员遭贬地方后，多以闲情为趣，几乎不理地方政务。东晋的谢灵运，就是一个典型，他被贬为临川内史后，常常不理政务，只顾游玩，因此遭到其他官员的弹劾；被贬为永嘉太守，心中苦闷，到任后称疾不理政务，以至于“虚馆绝诤讼，空庭来鸟雀”。韩愈则恰恰相反，被贬到偏僻之域，仍然不忘治事化民的责任，以至于世人先知有韩愈，然后知有阳山，阳山因此也有“韩邑”之名。韩愈在阳山兴办学校，为阳山留下丰厚的精神财富。

元和十四年（819年），韩愈又因为上《论佛骨表》被贬到潮州。唐朝长安西的凤翔法门寺，有护国真身佛塔，其中藏有释迦牟尼手指骨一节。每三十年开塔一次，供世人瞻仰佛骨。元和十四年恰好是开塔之年，唐宪宗遣使臣赴凤翔法门寺迎佛骨入京师大内，供奉三日，之后流转至长安各佛寺观瞻。长安城内王公大臣，吏民百姓，皆奔走相告，社会上一片乌烟瘴气。刑部侍郎韩愈认为这是劳民伤财之举，于是给皇帝上了一封《论佛骨表》力谏反对，举出汉明帝时始有佛法，但其死后宦官外戚专权乱政，朝廷乱亡相继。梁武帝因信佛而享国短促。因此请求有关部门将佛骨投入水中，以断绝天下人的迷信。结果宪宗认为这封奏表是“大逆不道”，将韩愈处以死刑。后来经亲贵劝说，宪宗贬韩愈为潮州刺史。就是在离京赴任之时，韩愈写下了著名的诗句“一封朝奏九重天，夕贬潮阳路八千。欲为圣明除弊事，肯将衰朽惜残年”。

潮州自古以来闭塞荒蛮，至唐时，此地仍然属于荒僻之域，州学时设时停。地方学校的兴衰实际取决于地方官员的治理，地方官关注学校教育，则会采取措施给予大力支持，不关注学校教育，就会造成学校荒废。所以在韩愈之前，潮州的学校已经到了“州学废日久”，“闾里后生，无所从学”的地步，寥寥无几，刺史、县令也“不躬为之师”。韩愈在潮州任上，仅仅八个月的时间，就大力兴办教育，拿出自己的俸禄来兴办州学。韩愈认为：“不如以德礼为先，而辅之以政刑也。夫欲用德礼，未有不由学校师弟子者。”推动了潮州地区好文兴学的风尚，在韩愈来之前，“进士明经，百十年间不闻”，只培养出三位进士，而在韩愈来之后，到南宋时，从潮州走出的进士高达一百七十二位。北宋苏轼还说：“始，潮人未知学，公命进士赵德为之师，自是潮之士，笃于文行，延及齐民，至于今，号称易治。”以至于当时潮州人生子多以“韩”字之，不仅如此，潮州“一片江山尽姓韩”，渡口叫“韩渡”，鳄溪叫“韩江”，笔架山改称“韩山”，城区也被称为“昌黎旧治”。

可见兴文兴教对民心的浸润之深。

中国士大夫有一个极其优秀的政治文化传统和精神品格，即追求“内圣外王”，直白地讲，就是以道自任，期于用世，追求事功。当然，儒家所追求的事功，绝不仅仅是功名富贵等世俗之事，而是以成圣成贤为终极关怀。清代的陈宏谋，在各地任职长达三十余年，对教育尤为热衷。历史上地方官员兴办教育，创建书院，与德治的追求密切相关。

在地方兴办教育，不仅仅是地方官责任感使然，还是他们的工作职责之一。《明太祖实录》记载，明朝开国皇帝朱元璋就把发展教育作为考核地方官员政绩的重要指标，洪武五年（1372年），他在给中书省的特敕中说道：“令有司今后考核，必书农桑、学校之绩，违者降罚。”

显然，有些地方官员没有领会中央兴办教育的精神和决心。例如，洪武九年（1376年），日照知县马亮考满入觐。州官给他的考核评语中这样写道：“无课农兴学之绩，而长于督运。”督运是明朝主管全国商业的经济部门，油水厚，而县令却是个日理万机的苦差事。可想而知马亮大概花了大价钱买通了州官，才给自己下了“长于督运”的评语，观其本意，是希望朱元璋能将自己调动督运部门。但朱元璋认为，抓好农业生产，兴办教育学校，是治国安邦的两件大事，朱元璋痛恨那些既不发展农业，也不兴办教育，只知道钻营跑官升迁的地方官，见了批语后，批示道：“农桑衣食之本，学校风化之原，皆守令先务。不知务此，而曰长于督运，是弃本而务末，岂其职哉？苟任督责以为能，非岂弟之政也。为令而无岂弟之心，民受其患者多矣。宜黜降之，使有所惩。”（《明太祖宝训》）这位马亮就因犯渎职罪而被革职，永不叙用。

地方官员任职期间，兴办地方官学，往往是古代教育事业的重头戏。但是，地方教育的兴衰不可避免地受到两个因素的影响：

其一，时局更迭。唐代的官学，在唐太宗贞观盛世时臻于最盛。及至中唐以后，北方爆发了安史之乱，京师沦陷，皇帝唐玄宗仓皇逃离长安。地方官员也无心教育事业，学校几乎办不下去，时断时续，教育事业渐至颓衰。唐肃宗乾元元年，甚至下令解散州县学生，地方官学陷于停滞。

其二，官员素质。古代地方官员任期短，迁调频繁，所以地方官学往往随着地方官员的迁调而兴废。只有个别州县因地方官个人的热心努力，才得以重设庙学。

《吴郡志·县学记》谈到地方教育事业的兴衰，曰："吴郡自古为衣冠之薮。中兴以来，应举之士倍承平时。后五县皆兴学，然其盛衰则系令之贤否。"地方官员的责任心直接影响到地方教育的发展。范仲淹一生非常重视教育，甚至把兴办学校抬高到治国方略的高度上，所谓"国家之患，莫大于乏人"，"材不乏而天下治，天下治而王室安"。北宋景祐二年（1035年），范仲淹在苏州郡守任上张罗办学，始立郡学，自兹以后，宋代历届苏州郡守都会对地方教育的兴办有积极举措。当时中央宰辅退下来到地方任职之后，往往不再留心地方事务，对教育一事更是粗疏。如史料记载，寇准"虽有重名，所至之处，终日游宴"。但是范仲淹为官，始终抱着"敢不孜孜于善，战战厥心"的心态兴办教育。

王安石也很重视地方教育。庆历七年（1047年），王安石到鄞县（今浙江省宁波市鄞州区）任知县，碍于本地人才紧缺，官吏也多"不才苟简贪弊之人"，因此主张兴办学校培养人才，积极筹办县学。"天下不可一日而无政教，故学不可一日而亡于天下"，国家一天也不能没有政治、敦化，所以一天也不能没有教育。唐末五代以后，地方官学废弛，各地的官学往往被改成了孔庙，供人祭祀。当时鄞县是一个穷僻的海滨小县，王安石到鄞县的第二年，就将夫子庙改为了县学，供本县子弟读书，学子一度逾二百人。

以《喻世明言》《警世通言》《醒世恒言》而闻名中国文学史的冯梦龙，也很注意教育，培养人才。明熹宗崇祯七年（1634），冯梦龙到福建寿宁县做知县，此县贫瘠，地处偏僻，文教不兴，“学校虽设，读书者少”，“自设县至今，科第斩然。经书而外，典籍寥寥，书贾亦绝无至者”。即便有读书人，也是“父兄教子弟以成篇为能，以游泮为足，以食饩为至”。冯梦龙不满这种状况，“学宫久倾圮”，捐款修葺学宫，而且亲自当起教师爷，立月课每月到学宫讲解一次，“颁《四书指月》亲为讲解”，冯梦龙的文教拓荒工作还是取得了一定的效果，一段时间过后，“士欣欣渐有进取之志”。但是，冯梦龙担忧“人存政举，人亡政息”，他离任后学风又要面临断绝的情况，于是慨叹道“将来或未量也”。可见地方官员的兴教举措对一地文教事业的发展是多么重要。

地方长官兴教办学，说来简单，实际异常艰巨。即便到了唐宋时期，很多地方的教育仍处于原始阶段。比如《全宋文》记载，北宋庆历年间，缙云县有人口九千“多工技杂学，不根儒术，士其服者才五六人。俗犷而纵，近惑巫鬼，争为高祠广宇，张大其徒，勤勤拳拳，求福田与利益。迁染成性，虽善教者不能移”。北宋仁宗时，仙居令陈襄，每到地方任职，非常重视广布孝悌之风。庆历八年（1048年），任仙居县令。仙居地处山区，在唐以前属于“礼教不通”的“朴陋之区”，人们“不识为学”，当地“父子兄弟不相孝友，乡党邻里不相存恤，其心汲汲，惟争财竞利为事，以至身冒刑宪，鞭笞流血而不知止”，陈襄作《劝学文》，“夫人之为善，莫善于读书为学。学然后知礼义孝悌之教。故一子为学，则父母有养；一弟为学，则兄姊相爱；一家为学，则宗族和睦；一乡为学，则闾里康宁；一邑为学，则风俗美厚”，决心兴文教，办学校。在原先县东孔庙的基础上，又购买附近的土地创办县学，“令遣子弟入学”，并“择明师而教诲之”，但当时人未知学，告谕发出去两年，响应者寥寥无几，陈襄慨叹道“何其无人”，几乎鲜有邑民主动送子女前来求学。陈襄在仙居任职四年，离任时，“民攀车遮道，几不得出境”。一百五十七年后，台州郡守李兼读了《劝学文》后，写了一篇跋文，感叹陈襄兴学培德的效果可谓流深传远："初海邦僻左，人未知学，及是风俗翕然丕变，诗书义理之泽，迄今百余年，渐渍深矣！"

2. 纠惩非违，治恶维安

中国历史不断进步，但豪强恶霸这个社会毒瘤却不断出现。地方治安关乎百姓的切身利益，豪强恶霸是为百姓所怨恨，但又敢怒不敢言的。"土地平旷，屋舍俨然"，外户不闭，路无盗贼，内外晏然，是中国老百姓最简单最朴素的愿望。地方官员爱民护民的一个重要体现，就是铲除豪强恶霸，还百姓一个朗朗晴天。

自古以来，中国的老百姓都是很容易被感动的，他们将地方官员视为"父母"，如果"父母官"能够缉恶治顽，保证地方风清气正，百姓就会认可朝廷的统治。倘若姑息放纵奸邪，致使闾里不宁，民心骚然，那么这个地方官一定是不合格的，民怨也会积聚。

很多地方官员到任伊始，即对地方上的黑恶势力下手。豪强恶势力称霸一方，为祸百姓，有的甚至蔑视官府，目无国法，对这样的黑恶势力必须以雷霆手段摧击之，然而惩奸治恶并不单是酷吏的标配，很多循吏也通过各种方式除恶，这是他们在地方治理中必须践行的爱民责任。

战国时期，魏文侯任西门豹为邺令，豹到任后，发现闾里萧条，便召集当地父老询问百姓的疾苦，得知这一带流行"为河伯娶妇"的习俗。原来，漳河经常泛滥，河伯是黄河水神，河伯发怒会导致河水泛滥。为取悦河神以避免洪水之害，邺县的三老、县署官员廷掾等人，常年向百姓征收钱财数百万，他们仅用其中的二三十万钱给河伯娶妻，剩余的大部分钱财则和巫祝们瓜分。这些巫祝和县署吏员俨然成了为祸地方的恶势力。

《史记·滑稽列传》记载，巫祝不仅搜刮百姓钱财，"巫行视小家女好者，云是当为河伯妇，即娉取。洗沐之，为治新缯绮縠衣，闲居斋戒；为治斋宫河上，张缇绛帷，女居其中。为具牛酒饭食，

（行）十余日。共粉饰之，如嫁女床席，令女居其上，浮之河中。始浮，行数十里乃没。其人家有好女者，恐大巫祝为河伯取之，以故多持女远逃亡。以故城中益空无人”。谁家有好看的女儿，被巫妪相中，则下聘求娶，沐浴净身，一番装扮之后让女子漂浮于河中，直至沉没。凡是有好看女儿的人家，多数带着女儿逃遁远处，正因此，县城里空寂无人，愈加萧索。这样的场景正是西门豹到邺后所见到的那一幕。

邺县人民内心非常苦楚，如若不给河伯娶妻，则“水来漂没，溺其人民”，人民将为漳河水患所扰。但若给河伯娶妻，则自己就要破家败财。可见河伯之害，尤甚于水患！

可以说，西门豹面临的形势是非常严峻的。三老是当地德高望重、协助官府教化民众的乡官，而廷掾是县里署官，代表的是国家，而巫祝是民间精神信仰的领导者，他们三方无论从哪个角度来讲，对百姓都有巨大的话语权，可如今他们结为一体，扰祸地方，蒙蔽百姓，以为河伯娶妻为由，搜刮百姓钱财，祸害良家女子，成了“十足的恶霸”，横行乡里，为害一方。

西门豹决心铲除邺县的恶势力。他说：“替河伯娶妻的时候，你们让三老和巫祝们都去河边送新娘，我也前往。”西门豹入乡随俗，亲自参加河伯娶妻盛典。那天，西门豹对大巫妪说：“是女子不好，烦大巫妪为入报河伯，得更求好女，后日送之。”于是吏卒将大巫妪投到河中。片刻，曰：“巫妪何久也？弟子趣之！”接着将大巫妪的一个弟子投入河中。又片刻，曰：“弟子何久也？复使一人趣之！”又将另一弟子投入河中。接连投下大巫妪的三个弟子后，西门豹又说：“巫妪弟子是女子也，不能白事，烦三老为入白之。”大巫妪的弟子都是女人，恐怕向河伯说不清楚，说着将三老投入河中。长老、署吏在一旁观看，吓得色如死灰，皆叩头求饶。西门豹以将错就错的方式惩治首恶，自此以后，邺县吏民“不敢复言为河伯娶妇”。

同时，为彻底揭穿河神迷信，禁绝恶势力的萌发，西门豹“发民凿十二渠，引河水溉民田”，通过引漳水溉邺，实现了恶田变良田，不仅实现了民安，还实现了民富。不难理解，如果放任为河伯娶妇淫风蔓延，原本就根深蒂固的恶势力，必然向更深处渗透，百姓的生命财产便会受到侵害，生产生活亦会受到严重侵扰。

千百年来，中国老百姓就是过不了迷信这一关，所以常常“授人以柄”，像邺县恶霸那样，趁机蒙蔽百姓敛财肥私的事，在后世并不少见。

《后汉书》记载，东汉时期，第五伦任前拜会稽太守，“会稽俗多淫祀，好卜筮。民常以牛祭神，百姓财产以之困匮”。会稽（今浙江绍兴）百姓用牛来祭神，牛是耕作的主要畜力，大肆杀牛祭神，农业生产当然受到影响，百姓资财也会困乏。会稽的署官也依托鬼神，愚弄百姓。更令人触目惊心的是，“前后郡将莫敢禁”，历任会稽长官竟然都不敢禁止。会稽是国家的土地，国家任命的地方长官都不敢禁止，可见当地的巫祝之淫风何等猖狂。第五伦到任之后，“移书属县，晓告百姓。其巫祝有依托鬼神诈怖愚民，皆案论之。有妄屠牛者，吏辄行罚。民初颇恐惧，或祝妄言，伦案之愈急，后遂断绝，百姓以安”。胆敢装神弄鬼恫吓百姓诈财的，依法审判，绝不姑息。黑恶势力自此敛迹，百姓的生产生活秩序也因此安定下来。

德治社会对人民的生命财产安全非常重视，因此地方官员必须缉拿治下盗贼、匪徒等，为任一方，要有敢于除恶为善的初心和决心。若治下成了盗贼匪徒麇集之域，那就是地方官失德。

3. 以德为先，移风易俗

中国古代常用风俗面貌来评价一个朝代、一个地域的治乱兴衰。从先秦以来，风俗大治就被视作国家治理的重要标志。风俗的美恶与国家的治乱密切相关，执政者通过观览地方风俗，检查施政得失。宋代知名学者楼钥曾说，“国家元气，全在风俗”，这是古代思想家、政治家们的普遍共识。执政者历来重视地方风俗之美恶，崇神淫祀之风、骄奢放逸之风、鲜廉寡耻之风、聚殴斗狠之风、负气健讼之风等，都被认为是陋俗。风俗恶，则民心不安，农事不兴，国家不稳。观览一国之风俗，就能知道一国之气象。

战国后期，荀子去了一趟秦国，对秦国气象写了这样一段评语：

> 其百姓朴，其声乐不流污，其服不挑，甚畏有司而顺，古之民也。及都邑官府，其百吏肃然莫不恭俭、敦敬、忠信而不楛，古之吏也。入其国，观其士大夫，出于其门，入于公门，出于公门，归于其家，无有私事也。不比周，不朋党，倜然莫不明通而公也，古之士大夫也。观其朝廷，其间听决百事不留，恬然如无治者，古之朝也。……治之至也，秦类之矣。

荀子看到了商鞅变法后的秦国民风淳朴，官风严整。通过秦国风俗气象，荀子看到了秦国进取的精神和图治的锐气。秦国之能统一六国，天下为一，与其严整的风俗密不可分。

与秦国勃发气象不同的是两千多年以后的晚明时期。明王朝中叶，士风萎靡，顾炎武生活的明神宗时期，南方知识分子“群居终日，言不及义”，北方的知识分子“饱食终日，无所用心”，读书人如此，普通人更是人心不古，道德交丧，至思宗朱由俭即位后，明王朝如“失舵之舟，随风颠荡”。崇祯九年（1636年），刘宗周在给皇帝上的《痛切时艰疏》中说：“官愈贪，吏愈横，赋愈逋。敲扑繁而民生瘁，严刑重敛交困，而盗贼日起。”对百姓敲骨吸髓般榨取财富，致使“小民至卖妻鬻子以应”刘宗周上疏请求崇祯皇帝为政以德，“收天下泮涣之人心”。然而，明王朝风俗败坏已成定局，亡国失天下结局已定。

由秦至明，一个风俗清正，故成一统天下之业，一个风气颓废，故有丧师亡国之败。由此可知风俗气象对一个国家的重大意义。中国疆域辽阔，风俗歧异，并不利于中央政策的下行。《睡虎地秦墓竹简》中说得极为明白："民各有乡俗，其所利及好恶不同，或不便于民，害于邦，是以圣王作为法度，以矫端民心，去其邪避（僻），除其恶俗。"古代执政者无不着力于改易风俗，试图用官方价值观引导民众思想和行为，使其向执政者引导的方向上靠拢，从而更加方便地方治理。

所以，从秦朝统一天下以来，历代执政者就追求"六合同风，九州共贯"。汉代以来，中央通过派遣风俗使，观览地方风气，但移风易俗的推行主要依靠地方官员。那些自幼浸润儒家经籍的地方官员，到任伊始，就要辨别风俗，扬美禁陋，教化民众，引导民众走向健康积极的社会生活中来。社会风俗是经过千百年的积淀形成的，它对民众生活的影响是根深蒂固的，因此移风易俗不能急于求成，只可在潜移默化中实现丕变。历史的经验表明，像秦王朝那样，以政治强力移风易俗的做法，有如茹鱼去蝇，不得其法。有效之法是用道德教化徐徐图之。

《列子·问符》中记载了这样一个故事，晋国有一个时期盗贼盛行，民风败坏，缉捕盗贼只能收一时之效，而以德化民却取得了止盗灭贼的日的。晋国有一个叫郄雍的人，能通过人的相貌和神情来辨别盗贼，能通过人的眼神知道盗窃内情。晋国国君就把郄雍召来去辨别盗贼，结果成百上千个盗贼郄雍无一遗漏。晋国国君重用郄雍，以期达到天下无贼的太平盛世。晋国国君将这一好消息告诉了赵文子，赵文子却担忧不已，预言国君只靠辨别盗贼来缉盗，盗贼是除不尽的。而且郄雍必死无疑。没过多久，一帮大盗聚在一起，商量着杀掉郄雍，否则就没有他们的活路了。这帮盗贼盗走了郄雍的钱财，并杀了他。一切果如赵文子所言。晋侯得知这一消息惊惧不已。赵文子给晋侯出主意，想要盗贼绝迹，不妨任用贤人以礼化民，使民众有羞耻之心，有了羞耻之心，人人都不愿意做坏人，潜移默化中偷盗之风自然就能刹得住了。晋国国君采纳了这一建议，果然盗贼都跑到秦国去了。

西汉时候的颍川郡号称难治之郡，国家经常选任一些强硬有力的郡守来治理颍川。赵广汉任颍川太守，发现那里多豪强大户，“俗多朋党”，他忧虑当地聚众结党的恶风，便鼓励民众相互检举告发，借此瓦解豪强大户们盘根错节的关系，以收立竿见影之效。他以为这是聪明的办法，但是，从长远来看，民众告奸成风，相互怨恨，颍川风俗从多朋党走向了多仇怨，“难治”的现状并没有发生实质性的改变。韩延寿接任颍川太守后，他以礼代讦，想用礼仪来改变当地这种风气，但是有担心当地百姓不听，遂召集郡中德高望重的长老数十人，“为陈和睦亲爱消除怨咎之路”，告诉他们相亲相爱，消除怨愤的办法。长老们都认为此法可行，遂按照古代的礼制，共同制定了婚丧嫁娶祭祀的礼仪和等级，让百姓们有礼可依。民众耳濡目染，数年之后，风气为之一变，颍川从“难治”之郡变成了“大治”之郡。

“风俗之厚，士君子有责焉”，地方官员有移风易俗的历史责任。“士子以研读儒家经籍为终身职志，终身寝馈其中，经典精神必然内化于中，成为其文化理念，所以大多有经世致用、担当一代的情怀，一旦入仕，大多能以礼乐化民成俗为己任”[①]“厚人伦”“美风俗”，既是圣明帝王的德治治国理念，也是地方官员“修齐治平”的精神追求。移风易俗是地方官员为政以德的体现。

“移风易俗，使天下回心而向道，类非俗吏之所能为也。”（《汉书·贾谊传》）以儒学为背景的地方官员，为任一方时往往能够自觉或不自觉地因革那些不符合儒家观念的风俗，其移风易俗的主要措施是教化和政权干预。地方风俗是当地政治经济文化发展水平综合作用的结果，但是风俗的移易却是官员的责任。《隋

① 彭林：《汉代民风扶正祛邪启示》，人民网·人民论坛2014年3月。

书·赵㚖传》："冀州俗薄，市井多奸诈……尝有人盗㚖田中蒿者，为吏所执。㚖曰：'此乃刺史不能宣风化，彼何罪也。'"慰谕而遣之，令人载蒿一车以赐盗者，盗者愧恧，过于重刑。其以德化民，皆此类也。上幸洛阳。㚖来朝，上劳之曰："冀州大藩，民用殷实，卿之为政，深副朕怀。"

北宋时期，蔡襄在福建任职时，发现那里"闽俗左医右巫，疾者依巫作祟，而过医之门，才十二三"，从官府医方书《太平圣惠方》中选取实用性较强的医方六千多例，刻于版上列于府衙门口两侧供百姓学习，祛除巫术，保民健康。还择民之聪慧者教以医药，使治疾病。百姓患病不屈就医，反而求助于巫觋祛除鬼祟，多为蛊毒所害。"久之，闽人大便。"蔡襄离开闽地后，百姓来到州府，"请为公立德政碑"，州府以法规为由辞绝，百姓回去以后，"以公善政私刻于石"，以示"不忘公之德"。

浙江金华贫困人家有溺杀女婴之风，从明清以来，此歪风屡禁屡起，难断其根。到了清代，阮元在浙江巡抚任上制止了溺杀女婴的恶俗。他捐出薪俸若干，要求每个新生女婴的家庭到郡学登记，就可领取白银一两，用于抚育女婴长大成人，谓之"喜银"，这对于普通家庭来说是一笔不小的财富。阮元这样的做法，是出于道德教育，而不是政府强制行为。阮元有自己的考虑，"至一月后，顾念情深，不忍杀矣"。父母对女婴有了感情，就不忍心溺杀了。这种寓德于政的做法，拯救了许多女婴。

4. 以德化民，息争止讼

中国古代的地方官员普遍有一个共同的特点，即缺乏行政和司法知识。诚然，理刑问案是地方官员的一个重要权责，然而，勤于听讼，敏于断案，却并非一个真正的循吏所追求的目标。在刑为德辅的古代社会，狱无系囚是考察官吏政绩的标准之一。在此情况下，循吏所追求的是不教而民自化，刑罚只是教化百姓的一种手段，息讼与无讼的社会才是循吏执法活动真正想要达到的最终目标。

孔子在鲁国做过一段时间的司寇，他在审理讼时留下了一句简短的话："听讼，吾犹人也，必使其无讼。"意思是说，审案我和其他人差不多，最重要的就是诉讼不至于发生。孔子为鲁司寇时，有一对父子相讼，孔子将他们拘禁起来，但是三个月都没有判决，在不断反省自己"不教"之过，同时，也让这对父子同处一室各自反省，最后父亲主动要求撤销诉讼。用无声的道德教化感化了争讼之人，为后世官员所效仿。鲁国的主政者季氏对孔子的做法颇有微词，认为孔子欺骗了他，因为孔子曾告诉他要"为国以孝"，现在有子告父，实为不孝，"杀一人以戮不孝"，孔子又不肯做。孔子答曰："上失之，下杀之，其可乎？不教其民，而听其狱，杀不辜也。三军大败，不可斩也；狱犴不治，不可刑也，罪不在民故也。嫚令谨诛，贼也。"（《荀子·宥坐》）

"必使无讼"，就是这句简短的话影响了中国地方治理中的司法追求和行政追求，是古代德治在司法领域的最高理想。儒家出身的地方官员，在地方治理中，扮演着公平解决纷争的教谕者角色，用自己的司法实践，来实现孔子所说的"必使无讼"。例如宋时，崔立知耀州时，"耀民气豪喜讼，号难治。始至，系囚满狱，公为区判善恶，劝沮明白。未几，民服公化，境内以清"。元代循吏周自强，为人"性度宽厚"，理讼"不为刻深"，"民有以争讼诉于庭者，一见即能知其曲直，然未遽加以刑责，必取经典中语，反复开譬之，令其诵读讲解。若能悔悟首实，则原其罪，若迷谬怙恶不悛，然后绳之以法不少贷"。一般诉讼，通常不动用刑责，对有错有罪者结果是"民畏且爱，狱讼顿息"。（《元史·良吏》）

中国自古就有"尚和"的文化传统。民有争讼原本是再普通不过的事，西方就有健讼的习惯，但中国古代却没有健讼的传统，反倒培养了以和为贵的民族性格和耻于争讼的情结，上至皇帝，下至庶民，都认为健讼是道德败坏、风俗浇离的体现，对簿公堂会伤害血缘亲情和邻里和睦，不利于社会秩序的稳定。

明代的清官海瑞说道：

> 词讼繁多，大抵皆因风俗日薄，人心不古，惟己是利，见利则竞。……不知讲信修睦，不能推己及人，此讼之所以日繁而莫可止也。

海瑞的话反映了在地方治理中对诉讼的厌弃态度。因此纷争诉讼也就成为所不见容于世的社会风气。无讼也就成了地方官员们政绩和名望的标榜。一旦有案件诉诸官府，地方官员就想尽办法来调解纠纷，以期减少诉讼。即使不能使民众自省，也要通过其他途径，比如宗族调解的方式，来解决纷争。特别是在家事、邻里纠纷等案件中个，尽量通过“礼之用，和为贵”的德治教化进行调解，使争讼者重人伦、厚风俗、明礼仪，以此来达到可以“罚不用而民服”的目的。一般来说，家庭内部的冲突若走司法程序寻求解决，结果往往会适得其反，给血缘情感带来难以弥补的裂痕，地方官员遂耐心地教育和感化百姓不打官司，息争止讼。很多地方官凭此成为名垂青史的循吏，古代官修正史中这样的循吏有很多。

例如明宣宗宣德五年（1430年），赵豫被任命为松江知府，《明史》记载他“居官慈惠”。松江地区“民俗多讼”，人们常常为了一时之愤就对簿公堂，风气不可谓浇薄。赵豫为政决心改变风俗，凡来告讼之人，若没有急事，他便劝其“明日来”，久而久之当地就流传着“松江太守明日来”的谚语。告状的人回去以后怒气平息了或被众人劝阻，便不再来打官司了。赵豫不是拒绝百姓诉讼，而是通过缓讼调整民风，实现无讼的境界，他“在职十五年，清静如一日。去郡，老稚攀辕，留一履以识遗爱，后配享周忱祠”。循吏理讼下，人们向往的“路不拾遗”那种“至治化境”，的确曾经一现。他们理讼常常偏重于教育、引导和感化。因为在他们看来，“听讼者，治其末，塞其流也；正其本，清其源，则无讼也”。听讼理案，不过是地方治理的末流，只有为政以德，教民以礼，才是为官的上乘境界。

中国自孔子以来就有无讼的文化传统，在受理诉讼时对民众进行道德教化，用礼仪道德来引导百姓，使百姓有羞耻之心，以后不至于犯错。但息争止讼不等于不受理诉讼，古代很多地方官员曲解了孔子所说的“无讼”思想，把无讼当成是禁讼，以至于发展到封建社会中后期，无讼的理念竟然被曲解到了禁讼的地步，地方官员以无讼为借口，拒绝受理案件，致使百姓告冤无门。

例如晋朝刘尹治郡，为平息百姓的好讼之风，竟然对百姓的诉讼“寝而不问”，这种极端的息讼方式，的确为官员博得了为政清简的美名，但却不是真正地为民谋福祉，使诉者皆含垢而去。

明朝初年，刘基在一篇读后感《书苏伯脩御史断狱记后》中，就批评了当时官府禁讼的社会乱象，刘基曾经到过那些以“简讼”而闻名的州县，“之其庭，草生于阶；视其几，尘积于牍。徐而访于其乡，察其田里之间，则强梁横行，怨声盈路”，官府案卷堆积，走访乡里，民众怨声载道，则与“简讼”的名声可谓相去甚远。而造成这种局面的原因，只有一个，即官员为了获得“简讼”的美名，故意“不受词，无所诉”。将那些不听从教化息讼、缠讼不休的百姓视之为“刁民”。无讼的目的是通过教化百姓达到理想中无刑的境界，但当时州县官府的“禁讼”却完全背离了德治的本意。诉讼本是人类社会不可避免的现象，而且国家设官的初衷就是“为民剖是非，断曲直”，如果官府一味地只求“无讼”，就会导致百姓含冤忍气，无处化解怨愤，反而会危害社会秩序的稳定。

为了标榜德治，皇帝多将息争止讼作为考核地方官员政绩的手段和标准，并常常以此来训诫百官。北宋嘉祐三年（1058年），仁宗颁布诏书：“朕常患民之好争，而风俗渐靡于薄也，思有以革正之。非吾士大夫躬率以义，而导之于善，则何以哉？”清顺治时期，特颁布《钦频州县事宜》，明确训示地方官员：“州县官为民父母，上之宣朝廷德化，以移风易俗，下之奉朝廷法令，以劝善惩恶……由听讼以驯至无讼，法令行而德化与之俱行矣。”均将移风易俗视为地方官员的职责。地方官员断狱的数量越少，也就越能说明该官员治理有方。如果治下诉讼迭起，那一定是地方官员失于教化。

明清时期官员不受理案件，都要依法受到严惩。《大明律释义》中明确规定：“朝廷设官所以治民之讼，故军民告状而军民官司不为受理，则随其所不受理之事而轻重其罪。”《大清律例》也规定，官员不受理案件，视其造成的后果轻重治罪。如果是谋反、叛逆案“告状不受理”，而导致严重后果的，官员处以死刑，后果不严重者杖一百、徒三年。关于户婚、田土等民事案件不受理，也有受处罚。

地方官员一味禁讼不受理案件有违德治，而任讼兴讼从中渔利，更不是德治所为。元人胡祗遹痛斥官员故意兴起诉讼，甚至理讼故意拖延时日，从中渔利的恶行：官吏身在其位，却不谋其政。他们不愿意承担责任，即事事拖延不决。有些讼状事由案情明明清清楚楚，却故意拖延，短的拖延几个月，更有甚者拖延一二年之久，直至本官期满离任，部分下吏换了好几茬，仍不予断决。原告和被告双双行贿，仍然不予断决。日复一日，年深日久，打官司的人被困在官司上痛苦不已，有的破家败产，地里的农事也荒废了，最后官司却走到讲和的地步。讲和是逼不得已之举，都是因为贪官奸吏故意拖沓政事所致。原告和被告，钱多的胜出，是非混淆，曲直不辨。

如今有的地方的官吏，没有讼事却平白地制造讼事，人们几句话的讼状递到官府，一句话就可以平断的，却要迁延数月半年之久，甚至几年不断。两个人打官司，却要牵连上他们的邻居、亲戚、乡老等数十家，逼得他们不得不停业掺和进讼事中来，到了该耕田的时候不得耕，该种植的时候不得种植，该除草时不得除草，该收获时不得收获，他们借钱举债，以满足奸吏的血盆大口，家业废弃，实在是令人哀痛！

明代吕坤曰：“禁讼则民有抑郁之情，任讼则民有拘系之苦。”只有躬行教化，导人向善，息争止讼，才能免除人民的“拘系之苦”，同时也能排解其“抑郁之情”，才符合德治要求。

二、地方治理中的道德引领

中国古代社会非常重视地方治理中的道德建设和引领，这是官民双方共同的心理需求。从官员一方来说，立德、立功是做人为官的最高境界，是青史留名的不二追求。从黎民一方来说，地方官就是“父母官”，对“父母”的行止自会产生一种模仿心理。儒家出身的官员，一举一动都影响着百姓道德观念的塑造。“上之所以率下，乃治乱之所由也”，说的就是这个道理。

1. 以吏为师与上行下效

中国自古就有“以吏为师”的心理期待，官德不彰，则民风难正。上行下效是一种普遍的现象，“官德如风，民德如草，风行则草偃”。风往哪边吹，草就往哪边倒。正所谓“释己而教人者逆，正己而化人者顺。逆者难从，顺者易行，难从则乱，易行则理。如此理身、理家、理国，可也！”（《素书·安礼章第六》）对于执政者而言，一面放纵自己的言行，一面又假惺惺地教导别人，这是行不通的。只有把自己的位置摆正了，端正约束自己的行为，才有资格去教化别人。

《史记·周本纪》中记载了一则以德治国的经典事例。西周自古公亶父开始就实行以德治国的政治方略。那时候殷商还没有灭亡，周文王还只是殷商的西伯，而周推行修德爱民的德治思想，周边秩序安定，所以周边诸侯国之间有什么纠纷，都跑到周境请求“决平”，即裁决争端。当时虞国（今山西平陆）和芮国（今山西芮城）都是附属殷商的小国，两国的人民发生了边界纠纷，无法决平，不去找殷商裁决，而是来到周境，请求周文王裁决。但是，进入周境后，他们发现“耕者皆让畔，民俗皆让长”，耕地的百姓都互让田界，不为田边地头而争吵，民俗都尊老爱幼。虞国人和芮国人还没有见到周文王就已经羞愧不已，自己纷争的东西正是周人所不齿的，现在为此来请求裁决，无异于自取其辱，于是自觉息争，相让而归。在虞国和芮国息讼以后，诸夏就有四十多个诸侯国归附周伯，为之后武王克殷打下了政治基础。

周因善、德而形成了“众星拱之”的政治格局，积累了推翻殷商的政治力量，与殷商后期的暴政形成了鲜明的对比，以至于当时的诸侯、方国都说周才是承天应命的君王啊。可见德治的确能够治国。自夏商周三代以降，行仁德者昌，行恶政者亡，几乎历朝历代都逃不脱这个规律。

西汉的董仲舒说：“尔好谊（义），则民向仁而俗善；尔好利，则民好邪而俗败。由是观之，天子、大夫者，下民之所视效，远方之所四面而内望也。”表不正，不可求直影，正如诸葛亮在《便宜十六策》中所说：“屋漏在下，止之在上；上漏不止，下不可居矣。”屋子漏雨，雨水漏到下面，就要上房补漏。屋顶的漏洞不修不，下面的人就无法居住。下面出了问题，根源往往在上面。比之于为政，即老百姓民风不正，往往是为政者不正，不去修正自己，折腾老百姓遵守伦理规范，是没有意义的。在上之人是人民的镜子，看到镜子就能自觉地整理仪容。

伯夷和柳下惠是三代的贤人，二人的高尚品德对百姓有着巨大的感化作用，这在史籍中是有明确记载的：“闻伯夷之风者，顽夫廉，懦夫有立志。……闻柳下惠之风者，鄙夫宽，薄夫敦。”（《孟子要略》）

伯夷是商朝时期孤竹国国君的长子，他有个弟弟叫叔齐。伯夷的父亲有意立叔齐为继承人，等到父亲去世以后，伯夷为了尊从父亲的遗愿，就离开孤竹国，好让叔齐即位，而叔齐尊重嫡长子继承制，非要让哥哥即位，于是他也要离开。孤竹国的人没有办法，只好让伯夷的另外一个兄弟即位。伯夷和叔齐兄弟俩为了躲避商纣王的暴政，隐居于北海之滨，他们听说周文王贤德，便去投奔西周。在半路上碰到周武王伐纣的大军，才知道文王已死，两人力谏武王不要伐纣，没有成功，后来周灭商，为了表明心志，兄弟俩便发誓不食周粟，于是绝食饿死于首阳山上。后人就将伯夷、叔齐当作孝悌忠义的典范。听到伯夷事迹的人，贪婪的会更思廉洁，怯懦的人会坚定志向。

柳下惠任鲁国“士师”，掌管监狱的小官，因得罪权贵三度遭到罢黜。有人劝他离开自己的国家，到其他国家去做官。柳下惠却认为，以“直道”事人，到哪里都会遭到排挤。若以枉道事人，在鲁国也能做高官，又何必离开母邦？柳下惠“三黜”而不去父母之邦，不因君主不贤而羞耻，不因官职卑微而辞官，身居高位不忘举贤，被遗忘在民间也没有怨气，贫穷困顿时不忧愁，与百姓杂处也感到快乐，与任何人相处，都能持身谨严而不受影响。听到柳下惠事迹的人，刻薄浅薄的变得厚道，气量狭窄的变得心胸宽广。

伯夷、叔齐德行高尚，正面地影响了他人。相反在上位者带头失范失德，将臣民国家引向歧路者，史不乏载。

据《墨子》记载，楚灵王“好士细腰。故灵王之臣，皆以一饭为节，胁息然后带，扶墙然后起。比期年，朝有黧黑之危”。从前，楚灵王喜欢腰细的官吏，所以他手下的大臣都纷纷节食。每天只吃一顿饭，蹲在地上屏住呼吸，然后才勒住腰带，扶着墙慢慢站起来。过了一年之后，宫中的官吏个个变得面黄肌瘦了。可见在上之人的失范有多么大的影响力。今人常说“上梁不正下梁歪，中梁不正倒下来”，即指此意。上有所好，下必效焉，为官作宰，值得警惕。

又如越王勾践，“好士之勇，教驯其臣。和合之，焚舟失火，试其士曰：‘越国之宝尽在此。’越王亲自鼓其士而进之曰。士闻鼓音，破碎乱行，蹈火而死者，左右百人有余。越王击金而退之”①。

从前越王勾践喜爱英勇无畏的官吏．教导训练朝臣们要勇往直前。他暗中派人焚烧了内宫房屋，假说是宫中失火，以此考验他手下的官吏，说：“越国的宝藏全在这里面。”勾践亲自击鼓督促官吏们赴汤蹈火救宝物。官吏们听到鼓声，争先恐后地朝火中跑去，在火海中被烧死的，仅勾践身边的大臣就有一百多人，越王这才鸣金把官吏们召唤回来。

上有所好，下必趋附的例子历史上比比皆是，西晋武帝的骄奢隐逸历史闻名。在他的带领下，西晋一朝奢豪成风。丞相何曾生活“务在华侈”，“食日万钱，犹曰无下箸处”，一日消费万钱之巨，仍然觉得无从下箸。梁武帝崇佛，自称“菩萨皇帝”，宣布佛教为国教。在下位者遂趋之若鹜，全国广建佛寺，寺庙多达两千八百四十六所，仅建康城里便有了五百余所佛寺，十万多僧尼。这样多的僧众必然成为社会的包袱。唐会昌五年（845年），唐武宗大兴灭佛运动，于是拆寺毁佛之风盛行。当初崇佛有多么炽烈，如今毁佛就有多么剧烈。兴盛和破坏都是源于在上位者的喜好和引领。

历史上的正例和反例，是从不同的角度说明官德决定民风，“未有身正而影曲，上治而下乱者”，官员的特殊身份，决定了百姓必然紧盯着官员的言行举止。

2. 立德与立功

儒家官员的共同心理，用一句话即可概括：“君子疾没世而名不称焉。”君子所忧虑的，是在死后没有留下足可称道的好名声，寂寂无闻，与草木同朽。而君子毕生所追求的事业，就是立德、立功、立言，为官一任，就要实行德治，用自己的道德感召百姓，身体力行，垂范万民。

老百姓眼中，官员基本分为四种，一种是清官，一种是贪官，

① 孙启让撰：《墨子间诂》卷四《兼爱中》，第105～106页。

一种是能官，一种是庸官。清官无私，贪官无耻，能官有为，庸官无为。历史长河大浪淘沙，大官小吏前仆后继，留下名声流芳百世谈何容易？唯有真正为民着想做实事的清官、能官，才能青史留名，他们之中，有的见利不贪，有的洁身自好，有的刚正不阿，有的克勤克俭，身上闪烁着道德的光辉，千百年来感化着百姓。

官员的政绩不仅需要朝廷官方的认定，更需要老百姓的口碑，只有得到老百姓的认可，才是真正的好官。欧阳修《新唐史·循吏传》，以三百余字的篇幅记载了一个唐代晚期小小县令何易于，连他的生平都未能搞清楚，关于他的宦绩，也仅有几件而已。而何易于之所以留名唐史，无他，因其行德政之故也。正所谓“举事为人者，众助之；举事以自为者，众去之”。

中书舍人孙樵去到益昌（今四川广元市南），遇到老百姓向他讨说法，爱民如子的县令为什么考绩只得了“中上”，而不是“上上”？老百姓能够为官长叫屈，足可见益昌县令德治之效。得知何易于的宦绩后，孙樵写下了《书何易于》一文。果如孙樵文末所言“使何易于不有得于生，必有得于死者，有史官在”，二百年后，何易于的事迹被史官欧阳修载于史册，他的德治精神永为后世所铭记。

孙樵的《书何易于》中描述何易于的事迹有五：

一者，不违农时。益昌所在的利州刺史崔朴，与宾客乘船来到益昌附近，刺史令益昌民夫拉纤。何易于也跑去拉纤，刺史问何故，何易于答曰：现在正是春天，百姓不是忙于农耕，就是忙于养蚕，不能剥夺他们的农时。不违农时不正是官员爱民的体现？

二者，为民请命。朝廷派盐铁官征收茶赋，各地不敢怠慢中央诏令。何易于却让属下官吏搁置诏令不予执行。违抗天子令是死罪，但不征茶赋益昌百姓尚且艰难度日，若征收茶赋岂不是加害于民吗？何易于不愿意为了自己的政治生命，而置百姓疾苦于不顾，便烧了皇帝的诏书。官员替皇帝管理百姓，如果只顾自己步步高升，伤了民心，那算什么好官呢?

三者，排忧解难。百姓家中遇丧事，无力下葬的，何易于会拿出自己的俸禄帮助百姓，为百姓纾解困难。

四者：教化百姓。何易于经常请老者来县衙中询问施政得失。百姓有相争者则劝导向善。

五者，急民所急。官府催缴赋税，他不忍逼迫百姓，就用自己的俸禄代缴。

他因政绩优异，从利州益昌令改迁为绵州罗江令，据目前所知的史料记载，何易于仕宦生涯中最高的官职不过是县令而已，可谓人微、官卑，但他是真正的民之父母，留名青史。

一个官员的名声，在走马上任和挂印离任时就能够看出来。为官者要想在离任时留下美名，在任职时就应勤政爱民，一言一行都要有利于民。

明宣宗时期，况钟出任苏州知府。苏州虽是江南甚至是全国经济发达的地区，但是当地豪强污吏狼狈为奸，百姓税赋沉重，况钟甫到任，就采取了一系列除弊鼎新的措施。首先惩办奸吏，刷新政治，为日后做好惠政扫清了障碍。接着兴修水利，废除苛捐，每日轮治一县事，平理冤狱。况钟不是儒学出身，而是从勤恳的“刀笔吏”做到知府的位子上，他很注重发展当地教育，开办学校，招收学生，很多贫寒子弟赖他救济，得成学业。九年考满后，况钟当迁，但当地官民联名请求况钟连任，明英宗准奏，令况钟以正三品按察使衔留任苏州四年，最终卒于苏州任上。况钟廉洁自守，仁民爱物，前后苏州长官莫能及，几乎做了德治社会里一个好官应该做的一切。正因为此，他死后，灵柩运回故乡江西，苏州“吏民聚哭，为立祠”。

3. 为民父母与官德流泽

清官往往以“民之父母”自居，认为教化百姓乃天职，“今之郡守、县令，民之师帅，所使承流而宣化也；故师帅不贤，则主德不宣，恩泽不流”（《汉书·董仲舒传》）。“为民师表”是地方官员的重要使命，儒家官员不仅仅是官，更是师，亦官亦师，官师一体。

在宗法社会中，我国自古就形成了为民父母的思想，如《诗经》中说，“恺悌君子，民之父母”。在百姓的心目中，无论是皇帝，还是宰甫三公，都不及地方官们重要。地方官们管着一方水土，责任重大，不仅要为国家建设城池、劝课农桑，还要教化百姓，纾解民难。朝代鼎革，皇位流转，中国的普通老百姓并不多么在乎由谁来当皇帝，皇帝对百姓而言只是一个权力的象征，真正事关他们切身利益的是那些掌握地方大权的州县官员。百姓将州县长官亲切地称为“父母官”。

西汉元帝时期的召信臣以政风诠释了“父母官”之“父”责。召信臣是寿春（今安徽寿县）人，据《汉书·循吏传》记载，元帝时召信臣担任南阳（今河南南阳）太守，在任期间视民如子，为政勤勉，为百姓办了很多好事实事。他在地方上修建了几十处堤堰，使辖区内增加了良田三万余顷；教化民众，净化风气，对那些游手好闲不事生产的富豪子弟和府县吏员严加约束，违者严惩；而且召信臣还经常微服出访，深入辖区内的每一个农村，亲自给农民们指导农耕知识，有的时候因天黑回不了城，便住在农家，过着百姓一般的生活。政绩十分突出，短短几年之间，南阳百姓富庶，教化大行，民风淳朴。南阳百姓都亲切地称召信臣为“召父”。

东汉光武帝时期的杜诗，也是爱民如子的好官，他的政绩诠释了“父母官”之“母”爱。据《后汉书·杜诗传》的记载，光武帝建武年间，河内汲（今河南卫辉市西南）人杜诗担任南阳太守，他和西汉“召父”一样具有仁爱精神，为百姓谋福祉。一来诛除横行乡里的豪绅匪徒，政治清明。二来发明了水力鼓风机“水排”铸造农具，“百姓便之”。三来兴修水利，开拓农田。在杜诗的治理下，南阳富足，百姓将杜诗称为“杜母”。在南阳前有“召父”，后有“杜母”，世人便将召、杜二人称为“父母”。此后“父母官”一词便在民间广为流传。

《西墅杂记》记载，明宣德时，慈溪县令某公新上任，欲行威严，遂召来里中父老，说：“汝不闻谚云：‘灭门刺史、破家县令’乎？”一人对曰：“邑士多习《诗》，吾侪小人，惟知‘岂弟君子，民之父母’，他未之前闻也。”县里的读书人都读《诗经》，我们老百姓只知道“君子，民之父母”，其他的谚语没听说过。县令听了也得闭口不言。即便是作威作福的官，听到“父母官”三个字，也得羞愧默然。

相传，冯梦龙到福建寿宁县做知县时，一群面黄肌瘦的百姓出城迎接，有的手里捧着几棵芹菜，有的手里拿着几块糍粑，还有的手里拿着一碗莲子。与百姓们交流之后冯梦龙才明白，原来芹菜寓意“勤政”，糍粑寓意“慈爱”，莲子寓意“廉洁”。[①]这些都是百姓对地方官政绩的期许，期待在他的治下人民康乐，大地回春。冯梦龙说“大事小事俱用全力……有事无事俱抱苦心”“以勤补拙，以慈辅严，以廉代匮，做一分亦是一分功业。宽一分亦是一分恩惠”，为官一任，尽心尽力为百姓办实事、办好事。

国家设官置吏，旨在治国安民。“吏者，民之师”，“为民父母”，郡守县令是国家权力的执行者，也是社会教化的主导者，他们在民众眼中就是父母一样的存在，尤其是县令，“其职最卑而与民最亲”，知县上面的官员，都是治官之官，而知县却是实实在在的治事之官，直接跟基层民众接触，与民众最为亲近。一县之内，赋税、治安、赈灾等，事无巨细，每一项都与百姓息息相关，县令

① 王家伦、高万祥主编：《苏州文脉》，东南大学出版2019年版，第187页。

都要负责，其中当然也包括教化督导之责。身为父母，爱护百姓，养民安民，就是题中应有之意。

三、胥吏与地方治理中的德治水平

在地方治理中，规模庞大的胥吏群体发挥着不可或缺的作用。他们的道德素质一定程度上决定着地方治理的德治水平。胥吏的道德素质高，地方精神风貌就好；相反的，胥吏整体道德水平低，地方社会风气就不正。这在两汉、明清时期表现为优劣两个极端。其地方治理的德治差异，进一步说地方道德建设和引领的责任，更多的是在这些不起眼的小吏身上。

1. 汉代良吏厚德之治

汉代是两千多年帝制社会里政治相对比较清明的时期，其地方治理也呈现出与后世卓然不同的精神风貌。简单来说，就是地方官员的道德水平较高。这一特征的形成，与一批又一批经学通明、德行清妙的士人大量流向地方有关。

“刺史、县令之职，实政教之首也。国之兴衰，莫不在此职也。”汉代的州郡长官、诸侯国相是由中央直接委任的，而地方长官以下的属吏，则由地方长官自行任命，地方上那些声名卓著、德厚流光之士，就有很大一部分被地方截留，聘任为属吏。汉武帝推行“独尊儒术”的治国方略，随着儒学在汉代政治生活中的日渐深入，属吏中儒生的规模也就日益增大。地方政府属吏中既有处理行政事务不可或缺的“优事理乱”的文吏，也有大量长于化育百姓的“规德立化”的儒生。

以至于有趣的是，在汉代的地方社会中，有时候一个极不起眼的小吏，都有可能是当世“通仁义之文，知古今之学”的儒士。如南阳郡孔嵩，原本为新野县阿里的一名小小街卒，但后来被中央公府直接辟除，官至南海太守。谁能想得到，一个小小的街卒竟也是“心自通明，览达古今”之士呢。有这样的名士在基层任职，地方治理怎么可能不大化呢?

地方官府中的儒生规模日益扩大，有的地方官府中儒生所占比例甚至高达百分之八九十。随着儒学的日益深化，地方官府人员结构发生质变，不仅行政长官中儒生所占比例增大，行政长官帐下属吏中儒生占比亦相当可观，其人员结构的精英化程度较高。精英化人员结构，既不同于秦代以文法吏为主导的地方行政人员构成，后世各代也难以达成。地方官府人员结构精英化的提升，是地方行政治理体系趋向优化的基础。他们为吏一方，无论秩级高低，仍然恪守长年浸润的儒家文化的训导，在处理行政事务时，并不仅仅追求督缴赋税、讨捕盗贼等理性行政目标简单机械地达成，更为重要的是，他们以自身的文化素养和道德权威化育民众，做到理性行政和道德建构双重目标齐头并进，进而使地方治理达到比较理想的状态，这极大提升了地方行政水平，使地方治理向优质化方向发展。这一点正是士人们流向地方政府以后，对地方治理体系的建设所贡献的意义。

比如东汉时期，陈留人爰延，“清苦好学，能通经教授”，县令牛述“礼请延为廷掾”，后任县令史昭又聘任他为乡啬夫。乡啬夫，是秦汉乡村社会中的乡官，其秩级不满百石。爰延为乡啬夫，使当地“仁化大行”，地方治理向优质化方向发展。爰延将儒家之仁德引入地方治理体系，这些属于教育与教化的范畴，远远超出了乡啬夫的法定职守。以至于当地民众“但闻啬夫，不知郡县”，只知道“父母官”是小小的乡啬夫，竟不知道国家委任的地方长官。如爰延类似的事例在《汉书》和《后汉书》中俯拾皆是。

汉代地方治理的这一特点，后世任何一个朝代都难于比肩。历朝历代都有各具特色的地方政治，其地方官府人员结构和地方治理体系的优劣，会影响地方政治的开展。自秦汉以来，历朝历代都非常重视地方治理体系。

2. 明清胥吏无德之害

与此相反，隋唐以后，随着官与吏的截然分途及科举制度的兴起，士人从汉代的内嵌式流动转向外向式流动，纷纷脱离本地，流向中央。士人社会流动趋向的变化对地方治理体系的重大意义在于：它改变了汉代形成的地方人员结构精英化的特征，地方属吏的素质整体滑坡，进而导致地方治理体系从汉代的理性行政与道德构建并行而形成的优质化特征，转向“无文”特质。魏晋南北朝以来，官与吏之间的鸿沟日渐拉大，至隋唐以后，官、吏截然分途。官，是指有品级的官员，由士人充任；吏，是在中央公府和各级地方官府中服役的吏员的总称，他们没有品级，一般是从老百姓当中征募而来。在地方各级府衙中供差遣、驱使的吏员被排除在官僚系统之外，属于流外之人。

后世地方官府中，胥吏人员混杂，而且缺乏文化素养，但由于他们“生长里巷，执事官衙，于民间之情伪，官司之举措，孰为相宜，孰为不宜，无不周知”，常年盘踞一地，熟知本地风土民情和基层政务，上下左右皆有耳目。而地方长官则不然，地方官实行回避制和任期制，这就造成地方官在处理政务时，一是不了解当地政务，二是因为经常迁调，根本无心恋栈。“官避本籍”，他们从外郡来到当地，“土风不谙，语言难晓”，所以很多政务不得不交给胥吏们处理，胥吏由此成为地方官府中政治、经济、法律权力的实际操控者，他们往往利用手中的权力，鱼肉乡里，久而久之，便形成了“吏强官弱”的“胥吏世界”。这是造成州郡地方政治黑暗腐败、百姓赋税负担更加沉重、阶级矛盾日益尖锐的一个重要原因。

至明代时，胥吏之害已经严重侵蚀了国家政治的清明，成为中国古代社会之最。汉代的地方属吏多以儒生充任，而儒生并不以被署为属吏为耻，虽然属吏的秩级比较低，但汉代法律并没有规定属吏的低贱地位。宋元以来，胥吏的地位不断下降，到明代，朱元璋实行贱吏政策，法律上肯定了胥吏的微贱地位，直接裁断胥吏“心术已坏”，因此“凡选举，勿录吏卒之徒”（《日知录》），不允许胥吏们参加科举考试，相当于禁绝了胥吏的政治前途，然而，微贱的胥吏却实实在在地参与地方政务的处理，地方长官对当地民风民情难以洞悉，政务浩繁，不可能事必躬亲，所以对民众的治理都是通过胥吏来完成的。他们作为地方长官的爪牙，本应对上接洽长官，对下沟通民众，结果却总是干着上假官府之威，下虐在野之民的事，为祸乡里。到了清末甚至达到了“我朝与胥吏共天下”的地步。清末名臣郭嵩焘总结历代王朝的特色时说：“西汉与宰相、外戚共天下，东汉与太监、名士共天下，唐与后妃、藩镇共天下，北宋与奸臣共天下，南宋与外国共天下，元与奸臣、番僧共天下，明与宰相、太监共天下，本朝则与胥吏共天下耳。”

明代胥吏来源主要有以下三种：佥充、罚充、求充。其中，佥充和求充主要来自平民百姓家庭的家世清白之人。但是，家世清白，道德就可靠吗？未必！而罚充则由有罪的官员和屡试不中的生员、贡生和监生充任，比如罗亨信，永乐二年进士出身，后为吏科右给事中，因受到牵连获罪，被贬到交趾为小吏。明代各官府的胥吏是有定额的，但一旦当了胥吏就有利可图，因此很多人便通过给官府缴纳一大笔“顶头银”的方式，求得胥吏职位。人们花了一大笔远超胥吏薪俸的钱，才求得胥吏一职，上位以后自然要狠狠捞上一笔，公文也好，案件也好，都成了他们谋利的工具。由此可知，明代地方的胥吏没有政治前途，并不强调对道德的追求。可以说明代的地方胥吏们，是服膺于权力，而不是服膺于道德，正所谓“官如大鱼吏小鱼，完粮之民且沮洳，官如虎，吏如猫，具体而微舐人膏”（《吏不可为·催科》）。

结构之劣质化，与汉时之“精英化”形成鲜明对比。明代的胥吏没有俸禄，只领取工食银，一般为十二两，这样的收入恐怕连基本生活都维持不了，再加上政治前途渺茫，几乎不可能从胥吏跃升至官员的序列，所以唯利是图就成了他们共同的职业追求，他们严重缺乏儒家道德精神，“每以得利为夸，惟以得利为夸”，“朝穿青衣而入，暮个持金而回”。

元末明初文学家刘基就批评了当时的胥吏：他们玩弄法律，营私舞弊，把百姓当作聋人、盲人、蠢人。他们站在府衙之上，追求的只是自己的欲望得到满足，他们忙忙碌碌只是贪图钱财。他们揣摩上级的性情，以求达到自己非分的目的。上级贪财好货，他们就送给他好处。上级喜欢名声，他们就见机阿谀奉承。上级害怕担责任，他们就怀疑哪件事会带来污点。上级为官懒惰，他们就使他淫乐。上级好猜疑，他们就用各种办法迷惑他。上级喜欢动用刑罚，他们就引导他打人。胥吏们说话和沉默都是有目的的，举手投足都有需求。他们察言观色，品察言辞，看你愤怒就让你更加愤怒，看你愉快就让你更加愉快。他们满口法律，其实满肚子奸邪。他们用像昆虫一样渺小的智慧，来迷惑人，欺骗人。他们喜欢作恶，颠倒是非。没有取得上官的欢心，就非常恭谨。已经获得上官的欢心的，就像一步登天一样。他们对百姓和读书人非常傲慢，侵凌乡里百姓。罪恶积累多了，祸也就到了，上官也要和他一同获罪。

司法、赋税、文书等，无不是胥吏贪腐之资。顾炎武说“夺百官之权，而一切归之胥吏，是所谓百官者虚名，而柄国者吏胥而已”。

靠山吃山，靠水吃水，地方上胥吏的权责范围，几乎关涉老百姓生活的方方面面。例如嘉靖晚期，归有光中进士，此时的他已过花甲之年，不能授馆职，只能外放到荒僻偏远的湖州长兴县，做了个七品知县。长兴县地处山区，非常落后，吏治混乱，在归有光来之前，长兴县长期没有知县，县里政务皆由胥吏把持，地方豪门大户和胥吏勾结，将粮役负担都转嫁到农民头上，百姓苦不堪言。归有光是科举出身，一生学圣人之道，“窃观天下之治乱，生民之利病，每有隐忧于心”，到任以后，整治吏治，“用古教化百姓。每听讼，引妇女儿童案前，刺刺作吴语，断讫遣去，不具狱。大吏令不便，辄寝阁不行。有所击断，直行己意”（《明史·归有光传》）。审理滞留未审的案件时，发现有30多人蒙受了不白之冤，就把他们都放了。

清代四川，胥吏鱼肉百姓，巧立各种名目，“其术百端”。像“贼开花”“洗贼名”等名目，老百姓一旦摊上就得脱层比皮。发生盗案时，将失主邻近之家，“殷实而无顶戴者，扳出指为窝户，拘押索钱。每报一案，牵连数家”，这叫“贼开花”。被诬陷的百姓，出钱为自己赎买清白，才能开释。这叫“洗贼钱”。时人对此深恶痛绝，却又无可奈何，只好做一对联纾解愤慨：“若要子孙能结果，除非贼案不开花。”（《竹叶亭杂记》）

中央的胥吏面对的是京里京外大大小小的官，就从他们身上捞好处。例如康熙晚年，吏部风气污浊，贪贿成风。张廷玉在他的《澄怀园语》中记载了他担任吏部左侍郎时遇一恶吏。时吏部有一张姓书吏，凭借上头有靠山，全凭个人好恶，舞文弄法，在内外官考核评语和升迁意见上从不实事求是。时人称他“张老虎”，“中外官屡受其毒”。

我们不妨通过明朝成都府下辖彭县（今四川彭州）一起胥吏勒索舞弊案，体会明朝胥吏对地方政治的危害。中央有吏部、户部、刑部、兵部、工部、礼部六部，地方衙门相应地分设吏房、户房等六房。六房各有胥吏，其中户房、吏房胥吏油水最厚，彭县胥吏勒索舞弊案就与这二房胥吏有关。户房书吏叫陶成，吏房书吏叫陈佐。一县之内佥谁当差，不佥谁当差，当什么差事，都由这两个人说了算。嘉靖二十五年（1546年），彭县佥刘选为快手，所谓快手，是明朝百姓所服徭役的一种，主要工作就是递送官府公文和持票缉盗等。看得出来，快手是个辛苦活，刘选不愿意干，而刘本敖想揽这个差事，遂威胁刘选，刘选则以每月饭米三斗、银三钱的价钱，让刘本敖顶替，这叫“买闲”。快手虽然辛苦，但是有利可图，他们可以拿着县衙签发的牌票，借下乡办差之机勒索百姓。彭县官衙还有一个皂吏，叫王廷用，此人服役一年期满后不愿离开，遂先后顶替了严思安、朱玉的名额继续当差。这一切只要吏房和户房操作即可。

案发是与嘉靖二十八年（1549年）解户运粮有关。明朝规定，百姓不仅纳粮，还要负责把粮食运送到指定的地点。地方官府人力、物力资源有限，就佥派百姓运送粮食，将其作为百姓的一种徭役。负责运粮的百姓，称为“解户”。彭县佥派了六十二个解户，解户杜山负责运送粮食二十五石，张冯刚、龚本舟、易本真、江淮四户，则运粮四百三十石六斗，其他五十七户亦各有任务。

吏房和户房胥吏陶成、陈佐无耻地向六十二个解户索要每人七成色银八钱。顾炎武说这些胥吏“皆虎狼”，解户们不敢不给，这次不给，之后胥吏们必会借征税等名目再行敲诈勒索，可谓遗患无穷。次年三月份，杜山等人未完成征收解送任务，六月份，巡按御史差胡知县到彭县盘查，陈佐在胡知县手下听差。胡知县要定杜山等人“侵欺”罪，陈佐提前告知杜山等人，说“你们欠粮数多，定有重罪，若你出得白银二两与我，替你方便”。杜山不给，杜张冯刚等四个解户，答应给陈佐二两，要求打点，陈佐便将张冯刚等四个解户并作一人，名江张本舟，与杜山各定“监守自盗仓粮”。杜山不平，告到成都府。成都府差遣刘景高前往彭县提人。快手刘本敖和皂吏王廷用用酒色拖住胡知县，刘本敖又讲此事告诉了他的亲戚、成都府司狱司侯缺吏鄢乾，并拿出七成色银三两七钱交给鄢乾上下打点。杜山见不提人，遂再次告到成都府。事发，最终吏员鄢乾、彭县胥吏陈佐和陶成、刘景高等人均获罪。

胥吏盘剥百姓也就罢了，就是连他们的顶头上司，也对他们投鼠忌器，甚至备受他们羞辱和欺凌。韩愈在他的《蓝田县丞厅壁记》一文中，描绘了胥吏对长官的欺辱：

县丞相当于一县的二把手，是县令的副手。在县丞之下，还有主簿、尉等职。一县之内大小事务，没有他不应当过问的。然后，小吏拿着公文让县丞签字，小吏左手卷起公文，右手留出需要签字的空白处，眼光斜睨县丞，说在这里签字。县丞拿起笔小心翼翼地签好名字，小吏拿着公文就退出去了。堂堂县丞，连公文的全貌就没看到，甚至根本都不知道文书上面写的什么事情。

一县之内，县丞官职虽然尊贵，但是势力反而在主簿、尉之下，甚至连小吏都敢羞辱县丞。县丞的处境如此尴尬，让韩愈感慨，国家设丞，难道本意就是如此吗？以至于博陵人崔斯立，学问广博宏深，因上疏议论得失而被贬黜两次，最后到了蓝田县这个地方做了个小小的县城。甫到任，崔斯立即感慨官职虽无大小，但恐怕自己的才能也不能胜任县丞一职。在无奈的现实面前，崔斯立也只能磨掉锐气，收敛锋芒，平庸地做着这个官。甚至有人向他问事，他也敷衍地说“余方有公事，子姑去”。

明朝崇祯年间，浙江宁波府衙发生一件丑闻：奉化县门子胡美卿，强占了平民朱邦祁之妻徐氏。朱邦祁摄于胡美卿淫威，跑到临邑鄞县告状，鄞县县令知此案 难断，上报宁波府。案件还未开始审理，奉化县令就找人向推官李清说情。李清不予理睬，裁断“朱邦祁领回”“杖胡美卿以儆”（《折狱新语》）。一个再普通不过的案子，竟让一个县令投鼠忌器，一个县令托人说情。

3. 明清王朝对无德胥吏的治理

胥吏无德对政治的危害，历朝历代的执政者心知肚明。明成祖朱棣曾直接评价胥吏群体是“说事过钱，虐害良善”“知利不知义，知刻薄不知大体，用之任风纪，使人轻视朝廷”，每一句话都直指胥吏的无德本质。

执政者对胥吏之害不是没有整治。隋文帝的时候就说过“刀笔吏类所小人，年久为奸，势使然也……于是立格，州县佐史，三年而代之”，通过设置短暂的三年任期，来预防胥吏们盘踞衙署，形成势力，以谋取私利。

明朝也不遗余力地对胥吏进行制裁。也为吏员设置了任期限制，“诸衙门吏员历俸三十月为满。”后来改为九年为满。从制度上断绝了胥吏连任的可能，但是胥吏上有政策，下有对策，他们通过更名改姓的方式，规避制度，确保世代为吏，“父以是传子，兄以是传弟”，传至子孙家人，以至于二三十年的老吏到处都是。朱元璋还赋予官员驭吏的权力，对为非作歹的胥吏进行杖毙的重罚著入法典，要求官员“动必以礼而严之以法，若吏卒背理违法，绳以死无论”，不惜以死刑制裁贪官污吏，然而，有法律而无道德，始终不能完全消弭胥吏生事为奸之害。

从中央到地方州县府衙，都充斥着大量的胥吏，明武宗正德年间，内外胥吏已经多达6万多人，明末“吏胥日以伙，每县殆不止千人矣”，他们将手伸向行政、司法、财政等方方面面。明朝以前，还敦促吏员学习儒学，并以儒学对吏员进行考核，有能者甚至可以由吏入仕。明代则不然，对吏员的使用和选拔并不注重儒学，“能书”是最重要的考察项目，胥吏只充当了各级官府的办事工具。贞观三年（629年），唐太宗对吏部尚书杜如晦强调选拔官吏的重要性：“比见吏部择人，惟取其言词刀笔，不悉其景行。数年之后，恶迹始彰，虽加刑戮，而百姓已受其弊。”批评吏部铨选官吏时只看其文采刀笔，而不重道德操守，对政治贻害无穷。道德有亏的官吏被选拔上来，等到数年之后恶迹暴露，虽斧钺加其身，也已对百姓造成了不可弥补的伤害。

中国有句古训，“郡县治，天下安”，是说地方行政的优劣关系到一个国家的长治久安，地方治理得好，百姓就对国家有信心有希望，治理不好，则伤民意。或者说，百姓对国家的信心是从对地方行政的期待开始的。自古官暂吏久，胥吏长期盘踞一地，其德否对地方治理影响巨大，直接影响百姓对国家的印象，所以对他们的教育也不可忽视。这是汉明地方治理的巨大差异所得出的结论。清代陈宏谋的《在官法戒录》，主要就是为在官府衙门任职的胥吏编写的。采辑史书中所载的良吏善行和恶吏劣迹种种，并加以评论，目的是让胥吏见善者效法，见恶者引以自戒。同时还主张教导胥吏多读书识字，粗知义理，以前人为鉴，明白利害，加强自我修养。

《清史稿》记载，康熙年间，纳兰明珠专擅朝政，滥施淫威，朝中莫不以与他结交为荣。余国柱等人趋炎附势，与明珠结党乱政，挟取货贿。康熙二十三年（1684年），汤斌出任江宁巡抚。江宁是有名的丰腴之地，因此赋税比其他地方高出许多，百姓苦不堪言。他担任江宁巡抚的前一年，淮安、扬州二府遭受水灾，时余国柱为江宁巡抚，他上疏说："水退，田可耕，明年当徵赋。"为了自己的乌纱帽，竟然主动要求朝廷继续征收属地赋税，置百姓于不顾。汤斌接任后派人重新查勘，发现水并没有退，即使有水退的地方也无法耕种，他上疏奏请废掉前任余国柱的意见，又请求免征苏州、松江等七府、州因赋税负担过重而积欠多年的钱粮。余国柱让人给他捎话：说朝廷免征江南赋税都是明珠的功劳，"江南人宜有以报之"，这是明目张胆的索贿。汤斌不予理睬，正言拒之道："民有财不以输正供，而以媚权贵乎？"而且不允许属吏行贿。到了考核官员的时候，"外吏辇金于明珠门者不绝，而斌属吏独无"，外省官员载金到明珠门前行贿的络绎不绝，唯独没有汤斌的属吏。汤斌一身正气，严格教育管束属吏，收到良好的效果。

第六章 德治传统与道德教化

自古执政者都很重视国家道德教化。《明太祖实录》记载，明太祖朱元璋和明太宗朱棣曾经说过两段话，论述道德教化的重要性。朱元璋说“治道本于教化。……苟不明教化之本，致风俗陵替，民不知趋善，流而为恶，国家欲长治久安，不可得也”，朱棣说“道德仁义，教化之源。善治天下者，以道德为郛廓，以仁义为干橹，陶民于仁义、纳民于道德，不动声色而天下化，如流水之赴壑，沛然莫之能御”。道德教化不可能成为决定国家发展的因素，但社会秩序的建立和稳定却不能失去道德的支撑。道德教化即反映了一个国家的道德要求，即国家应该由什么样的人来治理。在专制主义中央集权的社会中，更离不开儒家思想的润泽，普及教化，使天下臣民能够自觉地遵守社会秩序。

一、古代教化政策和模式的开新

德教为先是古代中国政治的传统。历朝都把加强道德教化作为治国方略之一，并采取一系列措施和政策，对民众进行道德教化。

1. 汉代儒学独尊和三老之设

中国古代成系统的教化政策，是从汉代开始形成的。由秦至汉，攻守异势，用打天下的手段去守天下，无疑是在重蹈秦的覆辙，生存的现实问题摊到汉代执政者面前，总结秦亡的教训势在必行。在承袭秦制的基础上，汉代决定采取与秦朝迥异的教化政策。

汉代大一统，教化思想也必须与大一统的形势相配，春秋战国时期那种百家争鸣，“师异道，人异论，百家殊方，指意不同”的局面，已经不能适应大一统的政治环境。汉初，社会上充斥着各种思潮，有黄老无为思想，有法家思想，也有儒家思想等。高祖、惠帝时期，采取黄老无为之术，不扰民，的确为战后政治经济的恢复提供了清静的环境。无为的另一面是放任，放任的弊端到了文、景之时就暴露出来。贾谊所说，“世以侈靡相竞，而上亡制度，弃礼仪，捐廉耻，日甚”，就是说在黄老无为思想指导下，整个社会缺少规范和引导，所以社会秩序混乱，风气奢靡。不仅如此，整个国家吏治也败坏下来，“廉吏释官而归为邑笑，居官敢行奸而富为贤吏”。国家迫切需要能够统摄万民的指导思想。到了景帝时，儒学抬头，和黄老无为之术进行了激烈的竞争。武帝即位后，果断采纳了董仲舒的建议“独尊儒术”，以儒家教化思想为国家教化的指导思想。这一举措为后世提供了范式，几乎都是在儒家思想指导下因革损益。

教化的目的在于使民众“绝恶于未萌”，“日迁善远罪而不自知”。汉代将道德教化与政治实践结合在一起，认为官员是推行教化的关键，所谓“民之治乱在于吏”，民风的醇厚与浇薄，都是官吏教化的当否使然。为了刺激官员的积极性，皇帝往往通过巡行的方式奖励。汉武帝元狩六年（前117年）派遣士大夫六人巡视天下，“三老孝弟以为民师”，汉和帝时，“分遣侍者，皆微服单行，各教至州县，观采风谣”，汉顺帝时，则有“八俊”，分行州郡，班宣风化。

为了确保执政者教化思想普及民间，建设学校教育。从中央官学，到地方官学，再到民间私学，都是推行道德教化的场所。在地方设置专门执掌教化的官员三老，三老虽无品级，但对三老的选拔却有严格的道德要求，非“有修行，能帅众为善”者不能充任。设置三老的目的是推行道德教化，倘若地方民风不纯，当地三老难辞其咎。汉代，韩延寿入守左冯翊，一次行县至辖内的高陵县时，发现有兄弟二人“相与讼田”，韩延寿认为自己为地方长官，应该“为郡表率”，如今却发生了兄弟争讼的诗，说明自己“不能宣明教化，至令民有骨肉争讼，既伤风化”，于是当天就称病闭门思过，高陵县的“令丞、啬夫、三老亦皆自系待罪”。汉代民风之醇厚，士风之高洁，在中国古代史上都是空前绝后的。三老之名，春秋战国时期就已经出现了，当时三老就是作为乡里风化的表率，经过秦汉时期的制度化，被后世沿袭下来。朱元璋重建乡里制度时，继承了三老制度，在乡村设里老，其职责是告谕乡民，尊长、爱幼、睦邻等。

2. 魏晋南北朝之家庭教育与教化

魏晋南北朝时期，家庭教育是当时进行道德教化的一个重要方式。家庭教育在我国起源甚早，在先秦典籍中，就有不少关于重视教育子弟的论述。到了魏晋南北朝时期，已经发展到蔚为大观的程度，尽管官学教育仍在断断续续地进行，但是家庭教育承担了更多道德教化的功能。

这是因为，进入魏晋南北朝，中国封建社会经历了它的第一个大动荡时期。先后经历了三国逐鹿、五胡乱华等，战争频繁，山河破碎，在汉代时“定于一尊”的儒学，被拉下神坛，多种思想潮流兴起，如玄学、佛教、道教等。人性在这一时期得到了极大的绽放，但道德的败坏也相伴而生，原有的道德受到挑战，道德教化面临着巨大的危机。

然而，伴随这一混乱情形而生的是世家大族家庭教育的蓬勃发展。魏晋时期的选官制度是九品中正制，家世、道德、学识等是选官的重要条件。在这样的离乱年代，帝王将相、世家大族的政治地位朝不保夕，他们为了维系本家族的政治文化地位，就必须保证本族代有人做官，只有道德、学识优异，才能过得了中正这一关，也才能够保住家世。

那时候的家庭教育，是很务实的，从颜之推《颜氏家训》等著作中可以看出，那时候的家庭教育内容主要包括经学知识、生存技艺、处世哲学和伦理道德。

随着世家大族日益重视家教，诞生了许多流芳后世的家训作品。这一时期诞生的《世说新语》这一笔记小说，其中的德行篇居三十六篇目之首，可见当时对德育的重视。政治的诱惑，更加激励着人们去追求道德。《北齐书》记载：羊氏家族在汉魏六朝时就是有名的士族，到了北齐羊烈这一代已经是名门望族，羊烈与毕义云竞争兖州的大中正一职，羊烈极大的优势，就在于其家族“名德学行，百代传美。且男清女贞，足以相冠”。而世为兖州刺史的东平毕氏就要相形见绌了，毕氏的家族史也很久远，能够追溯到汉末三国的毕轨，但其家族没有形成自己的家教家风，以至于在毕轨死后家世不显。史书上记载毕氏家庭“帷簿不修”“闺门秽杂”，臭名朝野皆知，这一点为羊烈所讥讽。

魏晋南北朝政权更迭频繁，执政者始终保持危机感，帝王会更重视家庭教育。家庭教育的目的是培育良好的家风，使子弟们自幼形成忠君体国、父慈子孝、兄友弟恭等伦理道德。

3. 隋唐之科举与教化

隋朝统一南北，经过魏晋南北朝对儒家道德的批判和驳斥，至隋立国后，道德教化已然不知为何物了，在李谔给隋文帝上的奏疏中，批评当时道德漫失、教化不行的混乱局面。从此，儒学开始复兴，执政者又将采取与魏晋南北朝不同的教化政策。

隋文帝虽然“专尚刑名”，但也重视道德教化，“今四海安，五戎勿用，理宜弘风训俗，导德齐礼”，在即位伊始，杨坚就在全国复兴儒学，兴办学校，当时自京城到各州县均有学校。更为重要的是，隋文帝开创了影响中国一千多年的科举制度带动了文化教育的发展，社会上读书风气大盛，“讲诵之声，道路不绝”。自隋开始，科举考试的内容随着形势的需要而有所变化，但是儒家经典如《论语》《春秋》《诗》《书》《孟子》等，始终科举考试的内容，这在一定程度上强化了儒家思想对世人的熏陶。贞观初年唐太宗看到新科士子们从端门进入，不禁感慨道：“天下英雄入吾彀中矣。”赵嘏作诗“太宗皇帝真长策，赚得英雄尽白头”，可见科举取士对世人思想的影响。用儒家经典来选拔官员，极大地推动了道德教化在全国的普及。

唐初君臣都见证了隋朝由盛而衰的全过程，亲身感受了失去民心的政治灾难，李渊父子还参与了隋末农民起义战争，隋朝速亡的教训可谓令唐初执政者记忆犹新。对于大乱之后的治国之道，唐初君臣如同汉初一样，也有过一次激烈的争论和分歧。而唐太宗“贞观之治”的达成，与他“治道”有关。在唐朝建立之初，封德彝认为，大乱之后道德教化行不通，认为“三代以后，人渐浇讹，故秦任法律，汉杂霸道，皆欲化而不能，岂能化而不欲？”大乱之后人心不古，实行道德教化恐怕是缘木求鱼，只有依靠严政厉法才能整肃社会秩序。但魏徵提出了不同的治国思路，强调在隋末大乱之后进行道德教化。认为“乱后易教，犹饥人易食”，大乱之后正是施兴教化，巩固统治的良机，如果皇帝能够施化，“上下同心，人应如响，不疾而速，期月而可，信不为难，三年成功，犹谓其晚”。唐太宗最终采纳了魏徵的建议，在即位之初，就确定了“以文治国”的政策，重兴儒学，实行德治，体恤民瘼，敦行教化。

贞观十一年（637年），侍御史马周上疏谏言，应该重视对民众的道德教化。马周考察了自夏至汉武的历朝，国祚长的朝代都是因为他们广施德化，赢得民心的结果。当然其中也有庸主，但他们能够借鉴前哲的教训和余德，而不至于灭亡。然而，从魏晋以来，直到周、隋，国祚长的不超过五六十年，短的也就二三十年就灭亡了，都是由于创业之君不兴德教，仅仅追求明哲保身，闭门自守，没有给后代留下可资借鉴的德化，后继之君政治日益衰颓，只要有一个振臂高呼，江山就会土崩瓦解。太宗皇帝虽然创建奇功，平定天下，但是对百姓的恩德还是非常少的。为政应当效仿禹、汤、文、武之道，广施德化，这样百姓爱戴君主如同仰慕日月，畏惧君主如同畏惧雷霆。这就是国家永葆安宁的原因。“华夏安宁，元戎宾服”的贞观之治即证明了实行道德教化是正确的。

唐代还十分重视礼的作用，唐以前，“礼”是贵族阶级的专属，“礼不下庶人”是社会的通识，但唐代执政者认识到礼的作用，主张无论是士大夫，还是隶属百姓，都应该识礼仪、明是非，这样才能有利于统治。唐代对礼的重视，深刻体现在科举考试之中。在科举中加强儒学和礼的内容，民间士人和官学生一样，可以参加科举考试，以这种方式加强社会的伦理道德教化，调解人与人之间的关系。唐太宗积极兴办学校，“诸馆及州县学六万三千七十人”，私学涵纳的学生不计其数。重视教化起到了显现的作用，“百姓渐知廉耻，官人奉法，盗贼日稀”。

到了五代十国时期，武夫乱政，各个政权为了保存自己的地盘纷纷诉诸武力，社会秩序混乱，道德也被束之高阁。宋太祖陈桥兵变，黄袍加身，五代十国的混乱让他触目惊心，因此宋朝立国后，太祖决定重整伦理纲常秩序。宋太祖“兴文教”，主张“文德致治”，国家聘用的人才必须通晓经义和礼仪。宋太宗即位后，效法唐太宗以文治国，提出了“王者虽以武功克定，终须用文德致治”，表现出更大的崇文热情，君臣都相信道德教化的力量。

4. 明代全民学《大诰》和注重蒙学

明清两朝，是专制主义中央集权高度集中的时期，因此执政者也采取了加强教化的政策。朱元璋和刘邦，一个是明代开国之主，一个是汉代开国之主，二人皆起于草莽微贱，都是在前朝末年农民起义的战争中黄袍加身的，但朱元璋比刘邦的政治眼光更为敏锐，早在明朝立国之前的战争时期，“所至征辟耆儒，讲论道德，修明治术，兴起教化，焕然成一代之宏规”。元末至正十五年（1355年）五月，当时还是红巾军将领的朱元璋攻取了太平（今安徽当涂），当地儒士陶安率父老出迎。陶安是当地名儒，“博涉经史，尤长于易”，向朱元璋进言“海内鼎沸，豪杰并争，然其意在子女玉帛，非有拨乱救民安天下心。明公渡江，神武不杀，人心悦服，应天顺人，以行吊伐，天下不足平也”。太祖曰善。至正十六年（1356年），攻下金陵，夏煜、杨宪等十几名儒士来投。至正二十年（1360年），刘基到南京献上时务十八策，朱元璋照章采纳。占据理学中心婺州（今浙江金华）时，礼聘当地儒士范祖干、吴沉、许元、胡翰等十三人讲经解史。征诏刘基和大儒宋濂至应天府，任宋濂为五经之师。朱元璋出身寒微，文墨粗疏，正是在戎马倥偬的岁月中向儒生咨访时，研习学问，常常“手不辍书，礼致儒臣，深思之道”，他对治国之道已经有了深沉练达的思考。

洪武十八年（1385年）至二十年（1387年），朱元璋连续颁行了制书《大诰》。从性质上说，《大诰》属于皇帝的训谕，共有236个条目，主要是通过整理重大案件，教育百姓、督导官吏，不要重蹈覆辙。

之所以颁布《大诰》，在于“俾为官者知所监戒，百姓有所持循。若能遵守，不至为非”，懂得“忠君孝亲，治人修己”的道理。古代执政者有一个共同的目标，就是行政上达到善治。如何达到善治？其逻辑就是“致治在于善俗，善俗在于教化”。这也是朱元璋不遗余力地要求全民学习《大诰》的原因，百姓只有清楚地知道什么该做，什么不该做，言行举止才能有所趋避，而不至于生事为祸。

为了推动全民学习《大诰》，朱元璋令州县“学宫以课士，里置塾师教之”，也就是将《大诰》颁发给地方学校，要求学校将学习《大诰》作为选拔人才的依据，各私塾也要配置老师讲解《大诰》。总之，不论是官学，还是私塾，都要学习中央的训诫。在朱元璋的推动之下，全民掀起了学习《大诰》的热潮，生活在洪武年间的谢应芳，在诗作中描绘了全民学习《大诰》的情形：

> 天语谆谆祸福灵，风飞雷厉鬼神听。挂书牛角田头读，且喜农夫也识丁。

百姓日出而作，在田间地头也要将《大诰》挂在耕牛角上时时诵读；日落而息，披星戴月回到家中，关起门来继续学习《大诰》。可见《大诰》已经从中央普及到乡野中。在洪武三十年（1397年），在这一年，竟然有将近二十万讲习《大诰》的师生，来到京师南京城朝见太祖，接受褒奖。

孔子说："少成若天性，习贯如自然。"朱元璋就非常重视在蒙学阶段对儿童进行道德教育，意为"养蒙端始，观化善俗"，从小培养德性。正所谓"熟观为戒"，日月浸淫，自然熟稔于心。蒙学阶段除了教儿童识字以外，还配有专门进行道德教化的教材，如《孝经》。当时朱元璋要求在京师和郡县的官学之外，在民间普立社学，聘请儒师教导民间子弟，以弥补"乡社之民未睹教化"的短板。而社学的首选教材就是《大诰》。洪武三十一年（1398年），朱元璋特颁布《教民榜文》，就是教化百姓的榜文。其中第二十六条有这样的规定：

> 民间子弟十八岁者，或十三岁者，此时欲心未动，良心未丧，早令讲读三编、三诰，诚以先入之言为定，使知避凶趋吉，日后皆称贤人君子，为良善之民，免贻父母忧虑，亦且不犯刑宪，永保身家。

学习三年以后，由老师率各自的学生到京城礼部背诵《大诰》，根据背诵的多少给予奖赏。永乐初，福建有一军人子弟，名丁江阴，年六岁，能背诵《大诰》全文，被推到皇帝面前背诵，作为奖赏，“赐衣及钞，驿送建宁府儒学读书”。朱元璋在大诰中提出，统治天下靠的是五教五刑，而五教指的就是父子有亲、君臣有义、夫妇有别、长幼有序、朋友有信的五种伦理道德，对拒绝教化者，才施加五刑。可见，全民学习《大诰》，就是朱元璋“明刑弼教”思想的一个体现。

明朝基业维持二百七十六年，朱元璋的治国之道对后代意义深远。明成祖即位后，尤其重视进行道德教化。他认为下令祭孔，同时召集大儒编纂了几部大部头的理学著作，如《性理大全》等，颁行天下，确立了程朱理学的地位，“正人心”“兴教化”。明朝对道德教化的重视，为清朝所继承。清朝作为少数民族入主中原而建立的王朝，和元朝的立国有相似之处，鉴于元朝速亡的教训，如何建立一个稳定的新秩序，难题又摆在了清执政者面前。路无非两条，一是固守清人政治文化传统，二是接受汉族政治文化传统。清人铁骑横扫大半个中国，易代鼎革的阵痛，给文人汉民的心灵上投下了悲凉的阴影，各地抗清斗争仍在继续，明末清初三大儒顾炎武、黄宗羲、王夫之也参加了抗清斗争。明智的清人选择了“兴文教，崇经术”作为施政方针，尊孔，推重儒家经典，标榜儒家德治，试图消弭明清易代带来的历史创伤。

朱元璋开创了全面学习《大诰》，进行覆盖全国的道德教化和政治教育，对后世是有借鉴意义的。我们看《大诰》中所列举的那些案件，并不都是值得称道的，有很多也是捕风捉影，并没有起到警示世人的作用。我们可以拿《大诰》中出现的空印案来说：明朝有制度，地方府衙会派人到京师户部上缴钱粮账目，数字有出入需要重新审核，哪怕只是相差一个数字，账目也要重新做，更重要的是，重新做的账目必须回到原地盖上原衙门的签章才能生效。各地离京师远的有数千公里，为了一个签章来回奔波。所以当时有一个不言自明的潜规则，地方上会带盖有衙门签章的空白文册，到京师汇报，这样就省去了出现差错往返之苦，即便是户部，对这个潜规则也是默许的。但是洪武十五年（1382年）这个潜规则见光了。朱元璋发现了官员们竟然在他眼皮子底下舞弊欺诈，下令将在空白文册上留名的一应官员全体处死。方孝孺的父亲方克勤，本来是个勤政爱民的好官，但却因为自己是主印官，惨遭杀害。很多清廉之官也在被杀之列。空印案写进了《大诰》中，除了向百姓、百官传递了血腥味以外，并没有起到督导臣民、移风易俗的实效。基于这样的因素，在朱元璋死后，《大诰》就逐渐被束之高阁了。

明代道德教化的实践给后世留下的启示就是，全民学习和注重蒙学的形式可以参考，但是内容需要慎重选择。否则就会陷入“后人哀之而不鉴之”中了。

二、德治思想指导下的教化体系

古代中国重视道德教化，而教化的对象是全社会，每个人都要接受训诫和规范；而教化的主体则是多层次的，官学教化和民间私学自是题中应有之义，同时，在“修身齐家治国平天下”“己欲立而立人，己欲达而达人”等儒家思想的指导下，在基层社会享有崇高威望和话语权的乡贤、宗族等社会力量，也自觉地担负起了道德教化的社会责任和历史使命。教化的内容主要是以道德和人伦规范为主，通过多层次的教化形成一个辐射全体成员的教化体系。

1. 官方教化

政教合一是中国古代政治的基本特点，行政权与教化权均掌握在执政者的手中。我们的先民很早就从治水的教训中领悟到了堵不如疏的道理，从先秦时期开始，中国就开始进行官方教化，统一思想。先秦时期，学在官府，官方学校对各级贵族进行道德教化，学校教育强调宗法和王权，以“明人伦”为核心内容，贵族子弟在这里学习“知仁圣义忠和”的德育内容。《尚书》中还记载了周公的不少文诰，所谓“诰”，就是对庶民进行教化的文件，如果百姓也能够按照规范行事，那么天下也就太平了。

此后历朝历代执政者都继承了西周官方教化。自秦始皇建立大一统的中央集权后，四海归一，思想的统一和民风的整齐被认为是影响政权问题的重要因素，历朝历代的执政者更加重视国家教化对政权稳固的作用。国家教化鲜明地体现了当权者的意志，其目的是以教化政策和价值理念来支配百姓的生活，形成稳健的社会秩序。秦朝立国伊始，百家争鸣的思想繁荣，威胁到了秦始皇对六国故地民众思想的统一，为了确保国家的统一，秦始皇下令焚书坑儒，独尊法治，使他统治下的中国“无书简之文，以法为教；无先王之语，以吏为师”，使全国只有一种思想。但百姓有时候对国家教化并不完全认同，秦始皇实行的这种与德化完全背道而驰的教化政策，激起了全国百姓的愤慨，秦帝国的大厦也就在民众的怒火中坍塌了。到了汉代，情况发生了变化，自汉武帝开始，古代中国才开始将德治定为治国路径，并在德治指导下进行教化。

措施之一，即在全国，上至中央，下至地方，普遍建立官学。封建官学格局初立时董仲舒就明确指出：“太学者”，“教化之本源也”。建立官学的一个重要目的，就是进行教化。古代中国官学体系非常发达，在中央有太学、国子监，在地方有州学、府学、县学等各级官学。仅就中央国子监来说，明代初年就已经达到九千九百人的规模。自汉代确立了“独尊儒术”的文教方针，儒家思想就成为官方意识形态，几乎历朝历代都将重学兴教、倡导礼仪奉为国策。无论官学，还是私学，都将儒家经典作为教材，学生通读诗书，学习礼义，培养出符合国家政治要求的治术之才。

从历史上看，经历大乱之后的朝代，都不可避免地面临着官学教育废弛未化的危机，因此在社会秩序初定之时，执政者往往会采取措施重振官学，正所谓“夫为国家者，罔不崇儒尊道，学校为先”。官学是国家进行教化的源头。秦末乱世之后汉朝如此，魏晋南北朝乱世之后隋唐亦如此。

例如，隋文帝虽然出身于行伍，但也意识到全国兴教敦化对于治国的重要性。他将儒学作为教化民众的基础，曾经多次下达劝学诏书。例如，开皇三年（583年）诏曰：“建国重道，莫先于学，尊主庇民，莫先于礼……今者民丁非役之日，农亩时候之余，若敦以学业，劝以经礼，自可家慕大道，人希至德。岂止知礼节，识廉耻，父慈子孝，兄恭弟顺者乎？始自京师，爰及州郡，宜祗朕意，劝学行礼。”

开皇九年（589年），隋文帝平陈以后，又下诏敦学，要求“内外职位，遐迩黎人，家家自修，人人克念”，上自京邑，下到州县，大办学校，以儒学育人，这样才能达到“不轨不法，荡然俱尽”。

仁寿元年（601年）六月，他还下诏强调，以“儒学之道，训教生人，识父子君臣之义，知尊卑长幼之序”，以实现自己“抚临天下”以“弘德教”的兴教目的，使德化行于天下。

文帝的兴教，对后世影响很大。他以后的明君，无不以弘德教为己任。特别是他普德于民的思想，显然是受到孔子的“有教无类”思想的影响。

就整个隋唐学校教育体系而言，上至中央太学，下至地方官学，从书院到私塾，无论是教育内容还是教育方式、方法，皆以道德教化为要旨。唐太宗曾经令国子祭酒孔颖达等撰成《五经正义》一百七十卷。唐高宗时诏令《五经正义》“颁于天下，每年明经，依此考试”，成为官定教材和考试参考书。唐代宗大历七年（772年），李椅出任福建观察使，到任后兴府学，“以五经训民，考教必精，弦诵必时。于是一年人知敬学，二年学者功倍，三年而生徒祈祈，贤不肖竞劝，家有洙泗，户有邹鲁”。由此可见官学的道德教化功能。

措施之二，即举行乡饮酒礼。乡饮酒礼是周代乡学中举行酒会的礼节，因其体现了尊老敬贤的人伦道德，逐渐演化为社会教化仪式，而为历代所沿用，直至清代道光时期废止，前后存续了三千多年之久。乡饮酒礼之所以在古代中国有如此活泼的生命力，就在于它具有“宾贤”“尊老”“尚齿”的功能，对于基层社会的伦理秩序稳定起到积极的作用。

《礼仪·乡饮酒义》中记载了乡饮酒礼的基本仪式和程序，可知乡饮酒礼的仪式比较烦琐，按照礼仪规定，不同年龄、不同身份的人，进出次序、座位、膳食种类等都有不同的规定，以彰显尊卑长幼等级，如“六十者坐，五十者立侍，以听政役，所以明尊长也。六十者三豆，七十者四豆，八十者五豆，九十者六豆，所以明养老也。民知尊长养老，而后乃能入孝弟，出尊长养老，而后成教，成教而后国可安也。君子之所谓孝者，非家至而日见之也。合诸乡射，教之乡饮酒之礼，而孝弟之行立矣。孔子曰：‘吾观于乡，而知王道之易易也。’”[①]。其中每一道仪式都体现着尊让敬贤、长幼有序的人伦之道，这正是执政者进行德治所要看到的结果。

古代地方官员每年都要宴请一次本地有声望的人，以匡正陋习鄙俗，宣示教化。东汉时，地方官学于每年的十月举行乡饮酒礼，以明尊老尚齿、长幼之序。唐太宗执政年间，因粮食连年丰收，致使一些游手好闲之人不顾家产纵饮无度，社会上形成了朋游无度，以滥饮为事的不良习俗，“比年丰稔，闾里无事。乃有惰业之人，不顾家产，朋游无度，酣宴是耽，危身败德”。故在贞观六年（632年），唐太宗给州县牧宰下发了一道诏文：“先录《乡饮酒礼》一卷，颁行天下。每年，令州县长官，亲率长幼，齿别有序，递相劝勉，依礼行之。庶乎时识廉耻，人知敬让。”唐太宗想了这个办法，通过乡饮酒礼的施行，使州县教化达于乡党，实现敦厚民风，改易民俗的目的。

上文所说的福州观察使李椅，在任期间每年举行乡饮酒礼，《鹿

① 王文锦译解：《礼记译解》，中华书局，2016，第923～924页。

鸣》《南陔》《由庚》《嘉鱼》《南山》《有台》都是宴会上奏唱的宴饮诗，通过举行乡饮酒礼，使伦理规范从州县达于乡党，复从乡党达于万民，教化的目的就在乡饮酒礼的仪式中实现了。

明清两朝已经走向封建社会末期，但仍然重视乡饮酒礼对教化的意义。如明太祖朱元璋时，下诏每岁的正月十五日、十月初一日，于儒学行乡饮酒礼。发展到清朝，乡饮酒礼已经渐趋衰微，地方上举行乡饮酒礼徒具形式，甚至草率应付，但是雍正皇帝作为执政者，还是非常认可乡饮酒礼的教化，因此在雍正元年（1723年），雍正帝特谕顺天府尹："乡饮酒礼，敬老尊贤之古制。近闻年久视为具文，所备筵宴亦多草率，尔衙门应加谨举行。"敦促乡饮酒礼的进行。

2. 民间私学

不管是官学还是私学，都承担着人伦教化的责任和功能。《礼记·学记》中说："建国君民，教学为先；化民成俗，其必由学。"儒家伦理道德观念才能无远弗届。在孔子以前，中国的教育是学在官府，教化也主要是官方的责任。但是，到了孔子生活的春秋中晚期，礼崩乐坏，士阶层崛起，学术下移，在官学之外出现了私学。孔子开民间私学之先河，正是从孔子开始，民间私学才如雨后春笋般蓬勃开展起来。孔子本人非常重视对民众进行普遍的道德教育，《论语》一书中就记载了很多孔子因人而教的故事。"子适卫，冉有仆。子曰：'庶矣哉！'冉有曰：'既庶矣，又何加焉？'曰：'富之。'曰：'既富矣，又何加焉？'曰：'教之。'"在这里，孔子强调，首先要使经济繁荣和人民生活富裕起来，在此基础上进行道德教育。富而后教，有教无类，就是孔子德政思想的一个重要内容。

但秦朝建立后，用郡县制取代了分封制，国家之内每一寸土地都是直属中央的，但六国故地之上，民众的思想并没有伴随着国土的统一而统一。出于加强中央集权的君主专制政治的需要，秦朝以法家思想为指导思想，实施“以法为教，以吏为师”的文教政策主张，实施“废先王之教，禁止私学”，对民间私学严厉禁止，可以说这种极端的做法意味着主动放弃了私学的道德教化功能对稳定社会秩序的意义。但是汉代立国以后，采取了与秦朝完全不同的文化教育政策，允许并鼓励民间私学的发展。

古代中国的私学极其发达，在朝代更迭战乱频繁时期，官学损毁严重，私学就发挥着传道的作用。甚至在一些历史时期，私学比官学更全面、更发达。私学的教师，有的是隐居教授的专职教师，而有些则是政府官员，他们为官一处，一面居官理事，一面开馆教授，如汉代的董仲舒、唐代的韩愈等人，就是居官教授的私学代表，他们的学生动辄成百上千，甚至能达到万人以上的规模。私学教师都是浸淫儒学多年，能够更好传布忠孝仁义等儒家伦理。一般来说，国家也鼓励名士大儒开馆教授。

家塾、精舍、经馆、义学、私塾、村塾、书院等，都是私学的组成部分，其中，书院是中国私学体系中的最高教育机构，出现于唐，而兴盛于宋。最初书院只是官方编校藏书之所，还不具备学校的性质。然而到了唐末五代时期，情况发生了变化，彼时的中国进入了政治最黑暗动荡的时期，割据政权林立，干戈遍地，国家根本无力振兴官学，正是在这种时代背景之下，一些名儒学士选择避居名山创办书院，于是私人藏书读书的书院，演变成了授徒讲经的学校。

到了宋朝，宋代的书院规模可以用蔚为大观来形容。据统计，两宋时期，书院多达500余所，如湖南衡阳的石鼓书院、湖南长沙的岳麓书院、江西庐山的白鹿洞书院、河南商丘的应天书院等，都是当时著名的书院。“道林三百众，书院一千徒”，书院的普及极大地拓展了道德教化和风俗训导的范围。当时朝廷对书院的发展是大力提倡的，往往通过赐田、赐书、封官等方式，扶植私人书院的发展。

与官学不同的是，书院的一个显著特点就是不以科举为业，而是以求取学问，学为圣贤为鹄的。儒家经典是书院的教材，其中所宣扬的仁孝忠义、经明行修等，正是执政者所需要的。

书院的办学章程是很正规的，会进行考课，其中具有德行考核，通过设立德行簿、劝善规过簿等，对学生的道德品行进行检查引导，并制定条例进行考课，忤逆父母者将被“驱出”，不敬师长者将遭“除名”。

南宋末年，姚勉讲学于西涧书院，他在订立的院规中强调“知、仁、圣、义、中、和”等“六德”的重要性，认为一个人具备了“六德”，则“孝于父母，友于兄弟，睦于宗族，姻于亲戚，任而信于朋友，恤而感于乡闾”（《雪坡舍人集》）。

书院一般都有学规。淳熙六年（1179年），大儒朱熹在主持白鹿洞书院时，就制定了著名的《白鹿洞书院教条》，其文曰：

> 父子有亲，君臣有义，夫妇有别，长幼有序，朋友有信。
>
> 右五教之目。尧舜使契为司徒，敬敷五教，即此是也。学者学此而已，而其所以学之之序，亦有五焉，其别如左：博学之，审问之，慎思之，明辨之，笃行之。
>
> 右为学之序，学问思辨四者，所以穷理。若夫笃行之事，则自修身以至处事接物，亦各有要，其别如左。
>
> 言忠信，行笃敬。惩忿窒欲，迁善改过。
>
> 右修身之要。
>
> 正其谊，不谋其利，明其道，不计其功。
>
> 右处事之要。
>
> 己所不欲，勿施于人，行有不得，反求诸己。
>
> 右接物之要。

朱熹制定的《白鹿洞书院教条》几乎就是由儒家语录缀集而

成，所谓的“父子有亲，君臣有义，夫妇有别，长幼有序，朋友有信”，是人与人相互交往中都应该遵守的伦理准则。显而易见的是，朱熹意在将白鹿洞书院打造成民间教化的场所，来弥补官学社会教化功能的缺失。正如朱熹所说的那样：“盖闻古之学者为己，今之学者为人。故圣贤教人为学，非是使人缀缉言语、造作文辞，但为科名爵禄之计。须是格物、致知、诚意、正心、修身而推之于齐家、治国、可以平治天下，左是正当学问。”在南宋之后的七百年封建社会中，朱熹的《教条》成为书院共同遵守的教育纲领。

应该说，朱熹对书院教化功能的定位，是非常成功的。南宋末年，元兵南下，围困长沙。岳麓书院的师生毅然放下书本，拿起武器参加到抗元战斗之中。当年“长沙之陷，岳麓诸生，荷戈登陴，死者十九，惜死者姓名多不可考”，在抗元斗争中，岳麓书院几百人几乎全部战死。其忠诚爱国情怀，不得不说是教化培养浸润的结果。

3. 乡贤引导

在漫长的历史进程中，乡贤这个群体在乡村社会扮演着极其重要的角色，很大程度上来说，他们掌握着乡村社会的部分权力，其中就包括教化权力。这种格局的形成源自中国地方治理的一个显著特色，即“皇权不下县”。所谓“皇权不下县”，是说国家正式的行政管理机构只到县这一级，未能深入地延伸到广阔的乡村，县以下乡村社会就处于一种管理缺位的状态。这就为乡村社会的自我管理留下了很大的空间，于是有地位、有声望、有财富的乡贤群体，就自觉地担当起了化民育人的责任。

什么样的人才能称之为乡贤呢？汪循曰：“古之生于斯之有功德于民者也，是之谓乡贤。”也就是说，乡贤是指那些生于乡里，长于乡里，与百姓杂处，有声望、有道德的一个群体。他们可能是当地官员，也可能是外出为官致仕归乡的退休官员，也可能是没有功名的名士大儒。中国乡土社会在很长的时期内，保持着稳定和谐的状态，宗族之内，邻里之间，“德业相劝，过失相规，礼俗相交，患难相恤”，在很大程度上不得不说是教化的功用，人们的社会生活无时无刻不受着教化的规约。乡贤熟读儒家经典，为人正直，急公好义，他们是乡土社会的道德领袖和文化精英，特别是在宋代以后，乡贤以自己的淑行德邵来感化乡里，在地方社会推行以儒家思想为主的价值理念，引导民众，在乡土社会形成了见贤思齐的氛围。

乡贤发挥作用，具有政府机构也没有的优势。在基层社会，存在这几大权威，一是官方地缘组织，二是宗族血缘势力，三则是乡贤这一群体。可以说，作为乡村社会的精英分子，乡贤具有州县牧宰所没有的优势，他们“非吏而得与吏比”，在协调稳定地方秩序、激励社会风俗等方面发挥着不可替代的作用。正如汪辉祖所说的那般：“官有更替，不如绅之居处常亲。官有隔阂，不如绅士之见闻近切。”“官与民疏，士与民近；民之信官，不若信士……境有良士，所以辅官宣化也。”在位之官代表政府权威，高高在上，而且迁调频繁，对一地民情并不熟悉，因此往往并不为百姓所信赖。而乡贤则不同，他们在乡间社会就与普通民众比邻而居，彼此相知相熟，他们既不以政府权力来迫使百姓就范，也不会以宗族规约来使百姓服从，而是以知识、道德、声望参与地方治理，感化百姓，所以更容易获得百姓的信任。

作为地方社会的一个群体，乡贤在地方社会事务上始终发挥着不可替代的作用，特别是在道德引领方面。乡贤对民众言行的引导，主要体现在具体行动中。比如：

一是普及教育，教化里人。中国士大夫们自古追求“立德、立言、立功”三不朽的理想境界。立德要树立高尚的德行，常人难以企及；立言则要提出真知灼见的思想，并著书立传传诸后世；立功则要建立功业，做出实绩。三者之中，“立德”排在首位，比立功和立言更加令人心向往之，当然也更加难以做到。兴办学校教化里人，可以视为立德。

古代官员往往以读书通经入仕为官，他们深受修齐治平之道的影响，在致使归乡后，主动发挥余热，创办书院、私塾，为家乡养贤育才。南宋的大儒吕祖谦是婺州（今浙江金华）人，孝宗乾道二年（1166年），吕祖谦居丧期间，在家乡金华创办了丽泽书院，并拟《丽泽书院学规》，对学生的道德操守和处世规范做出了具体的规定，以“孝悌、忠信、明理、躬行”为基本准则，学生中如果有“亲在别居，亲没不葬，因婚丧聚，宗族讼财，侵犯公财，喧躁场屋，游荡不检”等行为者，勒令退学。“丽泽”一名，取自《周易》：“丽泽，兑，君子以朋友讲习。”君子交流学识，就像两条水流交汇一样。也就是说，吕祖谦创办丽泽书院，为学、进德是并驾齐驱的。

乡贤在地方开办书院进行道德教化，可谓中国文化传统。明成化四年（1468年），在朝中为官的李敏因母丧回到家乡襄城守制，因爱紫云山清幽秀丽，便在山上建屋三楹，开院讲学，并慷慨捐赠家产，充作书院经费。他时常请学者名流前来讲习，“嘉惠后学”，“以教乡人”，一时之间，“襄许之间彬彬有理学之风”。到了嘉靖年间，刑部尚书喻茂坚辞官归乡后，欲创办书院发展乡邦教育，但他一生清廉，没有积蓄，后来终于在他辞官后的第十一个年头，才在当地乡绅相邻的资助下，创办了尔雅书院，他对书院学子的殷切期望，都包含在书院之名“尔雅”中，这是其家乡荣昌县（今重庆市荣昌区）的第一所书院。清乾隆时期，著名的史学大家钱大昕，官至少詹事、提督广东学政，壮年归田，三十年间，历主钟山、娄东、紫阳三书院讲席，出其门下之士二千余人，晚年自称潜研老人。”。

二是和解息讼，稳定伦理秩序。中国古代社会讲究中庸之道和以和为贵，而乡村社会又是一个熟人社会，家庭、邻里、社会关系错综复杂，故而在乡村熟人社会中的道德教化就显得尤为重要。乡贤就在其间发挥着显要的作用。

古代社会乡贤多受儒家思想熏染颇深，以“以天下为己任”自勉，具有矢志乡邦的情怀，即便绝意仕途，也希望能为乡邦贡献知识和精神力量。所以乡贤往往参与到民众争讼纠纷的处理调停中，他们利用自己的声望和道德减少争端，化解民怨。

与地方政府靠政治权力“齐之以刑”相比，沉淀于乡间的乡贤其道德修养更为民众所信服，他们能在调解民间矛盾时遵循“导之以礼”的原则，以不伤民众和气的和缓方式解决问题，这样的处理方式更加贴合乡间社会应有的秩序和民众对秩序的心理期待，比对簿公堂要“接地气”。

比如《后汉书·逸民·高凤传》记载，高士高凤的邻居因为争财而发生争讼，矛盾甚至激化到械斗的程度，高凤立刻前往调解“劝诱德业”，然而邻居们不听劝告，高凤遂脱下头巾，仁义逊让是高尚的德行，你们为什么弃之不理呢？争讼之人见此情景，深受触动，纷纷放下械具谢罪。

调解民间争讼，敦睦邻里关系，当属县长（令）的职能。《后汉书·百官志》清楚地记载了县长（令）的职责范畴：“皆掌治民，显善劝义，禁奸罚恶，理讼平贼，恤民时务，秋冬集课，上计于所属郡国。”而乡贤成为民间教化的重要实施者，不仅仅改善了地方风俗，有助于地方社会形成和谐的社会风尚，同时也节省了行政成本。

三是排忧解难，周济赈贫。乡贤为地方百姓排忧解难、赈济穷急的慈善之举常为乡里所称道，他们常常将自己的积蓄拿出来做慈善，惠及乡人。如汉代的贾淑，“乡里有忧患者，淑辄倾身营救，为州闾所称”。明初官员刘崧致仕后，常常接济因歉收而难以生存的族人。成化年间，都察院右副都御使孙日良致仕归乡后，慷慨奉献出多年积攒的俸禄，“恒以散宗戚之贫者”。康熙年间的兵部尚书王宏祚致仕后，回到云南故土，“归滇之日，修学宫，立义塾，赡宗族，周贫乏，为善日不暇给”。

事实上，社会救济本应该是国家职能，但是，由国家所进行的社会救济多与自然灾害或异象相伴而行，其目的是安抚民心，稳定秩序，维护统治，具有强烈的目的性色彩，此外还具有整体性，一般不会单独针对个人或个别家庭进行救助。然而，对普通民众来说，日常生产生活遭遇紧急状况而难以为继之时，等待政府的救助是不现实的。而乡贤久处乡里，“布之于邦域”，与广大民众比肩为邻，与当地社会融为一体，更了解民生艰难，因此对民间的救助更具有及时性和针对性，填补了政府救济职能的局限性。①

四是兴修水利，架桥铺路。在寻常百姓心目中，乡贤最大的善行有二，发展教育是其一，兴修水利是其二。在“学而优则仕”的农业社会中，没有比办教育和兴水利更实在的事务了。乡贤扎根于乡村社会土壤，深知水利对当地百姓的意义，因此竭其所能兴修水利。

例如明代吏部尚书魏骥，告老还乡布衣粝食，自身身为退休高官，又是耄耋老人，见到当地教谕，仍然谦恭有礼，带头尊师重教，给乡里做表率，“与里人稠处，教子孙孝悌力田”，同时对家乡萧山的水利建设做出了巨大的贡献。萧山常有水灾，而水利是萧山百姓的命脉，魏骥便倡议修筑石岩、毕公等塘堰十二处拦截江潮，兴修水利，“增堤浚湖，捍御灾患”，百姓多赖其利而受益。魏骥居乡二十一年间，治理路桥水利，不仅是改善当地民生的措施，其中蕴含着惠及后人的愿景。

乡贤在地方所从事的社会活动，从本质上来说，都属于国家职能，是政府应尽的担当，不过乡贤深受儒家思想的浸淫，以治国、平天下为己任，即便致仕还乡，闲居在野，也不忘教化乡里，正所谓“进亦忧，退亦忧”，无论是投身教育，还是处理争讼，抑或是社会救济，兴修水利等，传递的都是儒家“仁者爱人”的道德精

① 马德青：《汉代士人社会流动研究》，山东大学历史文化学院中国史博士学位论文，2018年。

神，能对民众起到表率作用，对王朝治理及地方教化有很大的辅助作用。

很多时候，乡贤即便不主动做什么，他们本身上的言行，都能够对当地社会民间道德和秩序建构产生积极的影响。所以官府很重视乡贤“移风易俗，使天下回心而向道”的道德示范作用，并通过建立乡贤祠等奖掖方式，有意识地强化乡贤的道德垂范作用。

《后汉书·江革传》记载：临淄县令杨音推崇江革的孝行，特地在稠人广众中设宴招待他，并赏钱赏物以助供养，就是为了扩大其孝行在民众中间的影响，强化其化民的标杆作用，在潜移默化中使民德归厚。

又如，曹操之尊崇卢植。卢植是东汉末年大儒，文武兼备，家涿郡。建安十二年（207年），曹操率军北征途中路过涿郡，特地告诫当地守令除扫卢植墓，诚心致祭，并且慰问卢植子孙，以彰显卢植功德，发挥乡贤“伏风草偃”的作用。

乡贤的道德示范会随其去世而终止，但其道德精神却可以永久传承下去，成为一地的精神遗产，溶于当地民众的文化血脉之中。宋理宗时期大臣真德秀在为宜兴县先贤祠作的记中说了这样一段话：

> 古者，乡先生没而祭于社。……而乡先生之重于乡，亦以其蹈道秉德，而牖民于善也。育之以保正命，牖之以全正性，其功一尔……后世先贤有祠，亦古之遗意，盖不独躬受教如师弟子，然后可祠其人远矣。而言行风迹凛凛且存，乡人子弟犹有所观法则，虽历千百祀不可忘也。

正如明人李东阳对祭祀乡贤的意义所说：

> 彼生于斯，学于斯，闻其姓名，睹其庙貌，知其非苟祀者，仰慕效法之心其能已于俎簋尸祝之间哉？

乡贤报效乡梓的行动，是对儒家伦理道德的完美复现，孕育了一方地域宝贵的道德资源。乡贤的事迹，就发生在自己身边，发生在自己所处的时代，身为普通人，与崇德向善的乡贤处于同样的环境中，闻其贤名，知其德行，耳濡目染先贤的道德精神，所谓见贤思齐，踵武前贤，于潜移默化之中学仁、体仁，乡贤的文化道德力量足以震撼后学，这对于一地的教化能够起到积极的作用。

4. 家训族约

古代中国是农业社会，人们聚族而居，有着浓厚的安土重迁、安居乐业的情结，在地方社会的经济生产和家庭生活几乎就是人们生命的全部内容。为了宗族的繁衍与发展，许多家族制订了家训、族规，而几乎所有的宗族规约，都是推崇和宣扬忠孝节义的儒家思想，其中蕴藏着极为丰富的和睦相处、安宁与共思想。宗规规约对人们婚姻持家、生产经营、立身处世、仕宦等方面均发挥作用，孝父母、敦手足、睦宗族、劝耕作、劝勤读、戒争讼、崇俭约等，几乎是历代宗族规约的主要条目。

家训族规有着悠久的历史，早在先秦时期，就已经出现了家训，只不过那时的家训是以口头训诫、遗训等形式出现。如周公的《诫伯禽书》。三国时期诸葛亮有《诫子书》，告诫他的儿子诸葛瞻“静以修身，俭以养德。非淡泊无以明志，非宁静无以致远。夫学须静也，才须学也，非学无以广才，非志无以成学”。南北朝时期，颜之推在乱世颠沛之中，结合自己的人生经历和处世哲学，作《颜氏家训》，成为我国第一部对子孙进行立身、处世、为学、修养、礼仪等方面进行全方位训导的家训。唐宋以后，大家族的家训、族规相继出现，如宋代袁采的《袁氏世范》、朱熹的《朱子家训》，明代方孝孺的《家人箴》等，都是著名的家训族规典范。家训的内容或有差异，但基本精神是一致的，即规劝族人勤俭迁善。

官府重视家训族规的作用，因为家训族规是以教化为先，其功能在于理顺个人与家庭、家族、国家的关系。

首先是协调个人与家庭、家族的关系。一般来说，家训族规是将孝悌等道德规范写进家庭、家族秩序之中。其中长篇累牍，不厌其烦地教训家族成员立身处世的原则，培养子孙儒家理想中的君子人格，要有仁爱之心；要有济世情怀；要有大丈夫之操守。唯其如此，才有立身存世的资本。家训族规的一个目的，就是在家庭成员走进社会之前，培养其君子人格。

明朝有规定，官员致仕或辞官后一律给驿还乡，吕坤于万历二十五年（1597年）致仕归乡，在此后的二十多年间，吕坤很关注民间的风俗教化，故将很多精力投入民间教化中，《宗约歌》就是这一时期完成的，宣扬做人之道，倡导和睦宗族、团结相邻，致力于乡村伦理道德观念的塑造。吕坤感叹“一宗一族之人，多是名分尚存，而人情不相洽，撰写此《约歌》，旨在和亲睦族”，其中写了劝、诫歌八十五首。劝，则有劝孝亲、劝友爱、劝敬长、劝和邻等；戒，则有戒不孝、戒争斗、戒欺邻、戒忤逆等，阐述了治家、做人、教子等应当遵循的规范。

相比于儒家经典，家训是父辈对后生的训诫，是父辈直面人生的感悟，更直接、更真实、更真切，是爱与严的教化。历史上几乎长盛不衰的大家族几乎都有自己的家训，而其家族长盛不衰的密码，就在于家训族规对子孙修身、婚姻、择业、仕宦等方面的训导中，这种寻到已经熔铸于一代又一代宗族成员的血脉之中绵延不绝。

范仲淹治家严谨，曾亲定《六十一字族规》：“家族之中，不论亲疏，当念同宗共祖，一脉相传，务要和睦相处，不许相残、相妒、相争、相夺，凡遇吉凶诸事，皆当相助、相扶。庶几和气致祥，永远吾族家人炽昌般。”他对他的儿子们说：“吾吴中宗族甚众，于吾固有亲疏，然吾祖宗视之，则均是子孙，固无亲疏也。苟祖宗之意无亲疏，则饥寒者吾安得不恤也？自祖宗来积德百余年，而始发于吾，得至大官。若独享富贵，而不恤宗族，异日何以见祖宗于地下，今何颜入家庙乎？”家族之内，定然有远见亲疏，但是拥有共同的祖先，倘若不能相助相扶，家族的昌盛必然不能长久。

北宋皇祐元年（1049年），六十岁的范仲淹出任杭州知府。次年即在老家苏州吴县购置了千余亩良田，设置范氏义田、义庄、义学等。义田租给外人耕种，所得收入用于“济养群族”，救助范围几乎涵盖了范氏族人生老病死、衣食婚嫁、科举做官等方方面面。设置义学“以教其人”，教育子孙后代积德行善。务必使族人幼有所养，学有所成，老有所终。为了更好地管理义庄的运行，范仲淹拟定了《义庄规矩》，范氏族人皆需要遵守。他的家人曾劝其“治第洛阳，树园圃，以为逸老之地”，但范仲淹想的不仅仅是自己，认识族人的和睦相扶。范仲淹是北宋著名的政治家，官至参知政事（副宰相），但他认为自己“得至大官”是祖宗“积德百余年”庇荫所致，如今政名煊赫，更应该回报族人。

对于诸弟、子孙入仕做官，范仲淹亦提出了自己的要求：“汝守官处小心，不得欺事。与同官和睦多礼，有事即与官议，莫与公人商量。莫纵乡亲来部下兴贩，自家且一向清心做官，莫营私利。汝看老叔自来如何，还曾营私否？自家好家门，各为好事，以光祖宗。”要求族人做官要清廉自守，尽职尽责，清正为官，要与同僚和睦相处，不可仗势欺人。不可纵容家里人到任职的地方做买房，以防仗势营私。这正是在家族之内培养官德。

古代中国家国一体，家是国的基础，血缘关系是人们生活中一个重要的纽带，家庭、家族的稳定和谐，就是国家的和谐。尽管如此，自古以来宗族之内真正能够做到相恤相扶的并不多。在宗族之内教化族人，既能维持一个家族的繁荣昌盛，也有利于国家和社会的稳定。范仲淹幼时丧父，随母亲改嫁到山东东平朱氏，范仲淹取名朱说。待他为官以后，回到吴中认祖归宗复姓，但是族人反对他的归宗请求，一个很重要的原因即族人担心他分割族产。范仲淹表明心意，强调自己“欲归本姓，他无所觊”。范氏族人这才同意他归宗。但是范仲淹并没有仇视范氏宗族，而是以德报怨，拿出毕生的积蓄在宗族之内设置义田、义学、义庄，教导族人相爱相恤，凝聚宗族血缘，引得吴中大加效仿，“吴中士大夫多仿而为之”。

中国人自古重视血缘亲情，重视家族的繁衍传承，有多少煊赫一时的家族因祸因罪而被灭族，或凌替衰落，可见无论是权势，还是财富，都不能永葆家族的昌盛，唯有正直的家风，才是家族鼎立存世之道。就像范氏家族在范仲淹之后绵延八百余年之久，得益于范氏族规和范仲淹道德魅力对范氏族人的熏陶。

其次是协调个人与社会的关系。

家训族规是一个家庭、一个家族内部成员的日用之仪，贯穿于一个人生命的整个过程，但其影响并不囿于家庭和家族成员内部，而是广泛地波及整个社会，对社会价值观的形成发挥着积极的塑造作用。家训族规中规定的内容，包括修身、仕宦、婚姻等规定，是放之四海而皆准的规范，都可以“推己及人”，适用于所有家庭和家族的发展。例如，北宋司马光的家训《温公家范》中强调家庭伦理关系和治家处事的道德标准。北宋时，施辨之女“晚传司马温公《家范》，乃并以授其子孙，或不如训者，引《家范》切责之，故子孙皆有前辈风”。南宋时，宰相赵鼎就要求其子孙把司马光的《温公家范》每个家庭抄录一本，作为家族的指导规范，永世遵照执行。朱熹的《家礼》成为平民之家的家训范蓝本。

北宋时期，江州（今江西九江）长史陈崇“为家法戒子孙”。其家法激发了乡民行教为善，“乡里率化，争讼稀少”。明万历时期，徽州祁门县沙堤叶氏宗族岩松公定下家训，规定族人什么可以做，什么不可以做，清清楚楚：“凡我子姓，果能洗心涤虑，饰躬励行，敦诗书，明礼义，士农工商，各执一艺；忠孝节义，惟务自尽。毋游惰，毋健讼，毋荡业，毋作淫巧，毋恣奢靡，毋以众暴寡，毋以强凌弱，毋慢上暴下，毋瘠人肥己。善者奖之，恶者戒之，不悛者黜之，世守勿替，斯天下之令族矣，是为训。”除了对宗族成员的规定以外，就是调整社会秩序的内容。

再者是协调个人与国家的关系。

一般来说，家训族规中都有关于仕宦的科举投资，鼓励后代达到仕宦上的成功。家族往往专设经费，资助和鼓励族中子参加科举考试。比如山阴州山叶氏，有敢于“生齿虽繁”，但“文风未能丕振”“志气颓靡，堕先声而陨厥志，习流俗以甘自卑”的状况，在族规中明确规定，资助家贫而有志气的子弟科考。

在各式家训族规中无不具载奉公守法、勤勉为官的条文，注重培养子孙族人的官德。北宋以优柔士大夫闻名于世，但对贪墨官员的惩罚相当严厉。因此包拯在临终时，定下了一条规训，使子孙不敢有贪墨之念：“后世子孙仕宦，有犯赃滥者，不得放归本家；死不得葬大茔中。不从吾志，非吾子孙。”并将这条规训刊石记录，竖于堂屋东壁，给后世做个警示。包拯以为官清廉，执法如山闻名。他铡了侵吞救灾粮款的亲侄儿包勉，应该让子孙后代引以为戒。包拯之子包珙严守家训，一生为官清廉。包珙年老之时，又将这一家训刻石立于堂屋东壁处，世代相袭。

明时，浦江孝义门郑氏被朱元璋赐以“江南第一家”的美誉，历经宋、元、明三代十五世，绵延三十五十年。郑氏义门之所有葆有如此强大的生命力和凝聚力，其家族制定的《郑氏规范》与有力焉。“子孙出仕，有以赃墨闻者，生则于《谱图》上削去其名，死则不许入祠堂。”郑氏族人出仕者，达一百七十三人，大至尚书，小至税官，皆能勤政廉洁，竟无一人辱没家训族规。明永乐年间，郑氏第九世祖郑机，任广东仁化知县，勤政爱民，廉洁自守。在他五十岁生日那天，典吏章玉出钱买了几道佳肴，郑机知道后照价退还了章玉钱两。这与国家提倡的廉洁、勤勉等官德相一致。

与家训的循循善诱谆谆教导相比，族规多了一份强制性。其中还有惩罚性。如山阴州山吴氏：“置《彰善簿》《附过簿》各两扇，一付宗长，一存宗祠。凡有德行可称，议定入《彰善簿》，详注其实，示可法也；凡有罪过可指，议定入《附过簿》，但书其略，存忠厚容悔改也。所谓德行者，孝子、顺孙、义夫、节妇，或安贫乐道，行谊可师，或富而好礼，赈济贫乏，凡志趣向上，而有一善可录者是也。所谓罪过者，干犯礼义、乱伦伤化，或奸盗诈伪，或酗酒赌博，凡行检不饬，有违法禁者是也。善之最者，有奖赏以示劝；过之大者，有责罚以示惩。劝惩之不足，而呈官府以赏罚之，决不隐纵。”

唐时，江州长史陈崇订立的江州陈氏《义门家法》中，还制定了严厉的惩罚性措施。比如，“恃酒干人及无礼妄触犯人者，各决杖五十”，“不遵家法，不从家长令，妄作是非，逐诸赌博、斗争伤损者，各决杖十五下，剥落衣装，归役一年。改则复之”，“妄使庄司钱谷，入于市廛，淫于酒色，行止耽滥，勾当败缺者，各决杖二十，剥落衣装，归役一年。改则复之”。

我国自古以来就有重视名誉的传统，“当一个人被族人开除出籍，不得认祖归宗，是其终身的耻辱，也会为世人所鄙视。因此，告庙出族是家法族规中最为严厉的处罚措施，也是对少数‘虽教无益’或‘教亦不善’之人的无奈之举。当然，作为一种家庭制度，其主要目的只是预先设防，重在警示，除怙恶不悛者必须采取此种处置外，对于绝大多数人来说，只是一道不准逾越的道德底线”[①]。

三、道德教化的社会价值

在古代中国这个“人”治社会里，大多数王朝普遍热衷于进行道德教化。“人文化成”就是古代中国进行道德教化的基本精神，通过锲而不舍地向百姓宣扬忠诚、孝亲、悌道等伦理道德，使百姓在无形之中形成道德自觉，安守本分，避免不当做之事。久而久之，王道大行，百姓归心。相对于律令规章等强制性规范来说，伦

① 何桂美：《古代家庭道德教育》，中国地质大学出版社，2010，4第181页。

理道德教化所带来的社会价值，更具有持久的影响力。

1. 道德教化与社会秩序的稳定

自古以来，广大基层社会的秩序稳定，对王朝的兴衰存亡至关重要，特别是对秦朝以来大一统的中央王朝来说，更是如此。但事实上，从秦朝开始，国家在基层投入的行政资源就不是非常多，自古皇权不下县，行政机构只到县一级，国家放任基层不管，基层会出乱子，古代中国是一个幅员广阔的国家，各地政治经济发展高下有别，文化水平参差不齐，自然条件差别也很大，交通和通信条件很不发达，中央的一纸命令要传达到基层要花费数日甚至数月的时间，这期间，必然就要投入昂贵的行政成本。但是，国家却能够在皇权不下县的体制之下，将广大基层社会掌握于股掌之中，其中一个很大的原因就在于，国家对整个社会进行道德教化，确保了社会治安和稳定，大大节省了国家的行政成本。

古代中国极其重视人的秩序化，对民众进行普遍的仁义道德教化，能够有效地规范社会秩序。战国时期，有一个小国叫滕国，国君滕文公听说孟子是位贤人，便与他搭上了线。滕文公向孟子请教治国的道理，孟子从历史谈起，借鉴的是夏代以来的经验。在孟子看来，夏、商、周的治国经验可以概括为两条：一条是经济上实行十分之一税率，促进了生产；另一条就是抓道德建设，改造了民风。夏朝设立了专门机构来教育民众。这些机构分别叫作庠、序、校。庠是教养的意思，序是陈列的意思，校是教导的意思。这三种机构就是教人们人伦道理，民众明白了人伦道理，自然会爱戴执政者。

“贵贱有等，长幼有差，贫富轻重皆有称者。”这种秩序就是儒家理想的社会秩序。每一个王朝初建，最紧要之事就是如何避免自己的江山败落。执政者都明白，国家治理的关键在地方，只有地方上安然无事，统治才能安稳。传统社会中，执政者希望通过润物无声的道德教化，使孝、悌、忠、信等价值观念渗透到社会生活的方方面面，从钟鸣鼎食之家到引车卖浆之流，在民众的心理上沉淀为一定的价值取向，进而有利于社会秩序的稳定。地方官员在任职地方时，就主动推行礼教，向百姓宣明教化。

这一方面，南宋的士大夫们可谓政绩灿然，他们任职地方，往往会颁布劝谕文，以敦行教化。比如南宋时期，著名的学者真德秀即崇尚教化，他每到一地任职，必以儒家的道德观教化当地官吏、民众，通过劝学、劝孝、劝俗等，稳定封建统治。他在潭州（今长沙及湖北南部地区）做官时，发布了《潭州谕俗文》《潭州劝学文》等，守泉州时发布有《再守泉州劝谕文》《泉州劝孝文》等。

宋宁宗嘉定十五年（1222年），真德秀任潭州知府，治潭期间，颇多惠政，其中即包括颁布《潭州谕俗文》以劝导风俗：

在这篇谕俗文中，真德秀的道德教化是“由近及远”的，首先是家庭伦理，要“以孝悌为本”，懂得“父子之恩、长幼之义”，则家庭和睦；进而扩充到乡党之谊，要“有无相资，缓急相依，患难相救，疾病相扶”，则“宗族之恩，百世不绝”；最后扩充到家国大义，要“休戚利害，合相体恤”，则“官之与民，谊同一家”。对于那些不识文义之人，两宋之际，像潭州的大部分地区，都是民风鄙陋彪悍之域。通过劝谕文推行道德教化，能够在潜移默化中实现“自今以往，家家礼义，人人忠孝，变七闽之俗，为邹鲁之乡”的文质彬彬的局面。地方官员的宣教活动不是流于口头教育的形式主义，而是有具体的措施，使有德者光荣，无德者可耻，最终目的是使人心向善、向孝、向美，实现社会秩序的稳定。对那些上违官员宣教之言，下拒父老忠告的“败常乱俗之民”，则王法加之。

一个国家不能缺少精神力量的支撑，而道德教化能够直接养成人们的道德自决和精神信仰。王阳明在平定广西、贵州民风未化的少数民族地区时就意识到“凡乱之起，由学不明”，用武力破贼平叛并不是长治久安之计，只有以文德攻心，才能使人心悦诚服地归服中央。他在思恩、田州、南宁等偏远之地兴办学校书院，进行教化，使民俗“反朴还淳”。他给皇帝上了一道《处置平复地方以图久安疏》，其中既有道德教化的用意，更是出于社会治理的考虑。他的文德教化确实取得了积极的效果，人们为王阳明的政策所感化而纷纷悔过，“诸夷感慕，如草斯偃。我早自减，帝不我释干自缚，泣诉有泫。旬日来归，七万一千。濈濈道路，踊跃权闻，放之还农，两省以安”。以力取胜只是手段，以文化人则是目的。经过一番教化，短短半年时间，广西文风大盛，秩序稳定。

2. 道德教化与官民对立的纾解

亚圣孟子的一句话“劳心者治人，劳力者治于人”，对中国古代社会官民对立的政治格局说得即为透彻。劳心者是统治阶级，他们代表国家权力，而劳力者是被统治阶级，他们承担着沉重的赋税和封建徭役，即便如此，百姓很多时候还要面临着“耕也，馁在其中”的饥饿威胁，以及大官小吏的层层盘剥，因此内心往往压抑着畏官、仇官的心理。

官民关系，本应该是相辅相成的依存关系，民众依靠官员治理国家维持社会秩序，提供社会福利，官员依靠民众从事农业生产，养活天下，然而，翻开中国两千多年的帝制社会史就会发现，官贵民贱的二元对立却成为常态。每当有官员出行时，仪仗队总要在前面敲锣开道，闲杂人等要及时避让。盛大的威仪加深了官民独立的心理。几乎每一个王朝的末年，官民对立情绪都会发展到极致，尖锐的社会矛盾把民众逼到了死角，民众不得不以激烈的手段进行抗争，进而引发此起彼伏的农民大起义，社会陷入长久的动荡不安之中。除了北宋外，几乎每一个封建王朝都是在农民起义的推波助澜之下覆灭的。秦民农民大起义，隋末农民大起义，元末农民大起义等，莫不是如此。

中国古代社会强调君权至高无上，虽然人治并不排斥法律的制定、执行和遵守，但始终强调“人”高于“法”。政治的清明和国家的兴盛不是寄托于法律、法规的完善和实施，而是寄托于明君和贤臣身上。但明君、贤臣和清官毕竟是千呼万唤难出世的，其惠政也不可能辐射到每一寸土地上，百姓目之所及，更多的是“悍吏之来吾乡，叫嚣乎东西，隳突乎南北，哗然而骇者，虽鸡狗不得宁焉”（《捕蛇者说》），官为刀俎，民为鱼肉，所以中国古代政治往往跳脱不出“人存政举、人亡政息”的历史规律。封建制度不改变，彻底解决官民对立几乎就是不可能实现的，但是，通过道德教化，引导人们向善向好，安分守己，一定程度上可以降低行政治理成本，纾解官民之间的对立情绪。

官民对立的冲突矛盾，在封建社会其实是无解的。但执政者却想尽一切办法来缓解官民对立的紧张情绪，有一些措施也是有效的。两千多年的帝制社会史上，出现了众多昏君暴君，东汉的桓、灵二帝，隋朝的炀帝，还有北齐的五位皇帝，更是一个比一个荒淫无道，明武宗也是一个荒嬉无度的皇帝。当然，也涌现出一些头脑清醒的明君贤君，像汉文帝、汉宣帝、唐太宗等人，功业卓著，他们懂得宽民利民的好处，懂得道德教化对王朝统治的深意，汉文帝“专务以德化民，是以海内殷富，兴于礼义”（《汉书・文帝纪》）。

再英明的皇帝也做不到独治天下，所以设官以治民。官与民是两个相互对立又相互依存的阶层，处理好两者之间的关系，是一个政权运行稳健的关键。而处理官民关系的主动权往往在官员手中。地方官员领会皇帝惠民宽民的意志，在地方政务中推行道德教化，则官民关系就比较顺畅。汉代的地方官员在处理吏民关系上往往能够做到以仁爱化民，所以汉代官民相爱的事例比比皆是。例如汉武帝时期，倪宽，“既治民，劝农桑，缓刑罚，理狱讼，卑体下士，务在于得人心，择用仁厚士，不术名声，吏民大信爱之。宽表奏闻六辅渠，定水令以广溉田。收租税时裁阔狭，与民相假贷，以故租多不入。后有军发，左内史以负租课殿，当免。民闻当免，皆恐失之，大家牛车，小家担负，输租襁属不绝。课吏以最。”自古至今，多少官员“以惨刻向尚”，而倪宽治民务在宽仁，劝励农桑，促进生产，放宽刑罚，平理冤狱，选任仁德之士做下级官吏，征收租税的时候不是催之迫之，而是考虑百姓的实际情况，很多地租因此未能征收上来，之后正好遇到军队出征，左内史倪宽因亏欠地租，政绩考核为下下，按制当免职。百姓都怕失去这样的好官，因此未交地租的纷纷争送地租，大户人家用牛车推送，小户人家肩挑背扛。倪宽的政绩考核复又为上上。在处理吏民关系上，倪宽能够以仁爱化民，因此形成了“爱人者人恒爱之，敬人者人恒敬之”的官民互爱关系。

汉宣帝即位后，渤海左右的州郡发生饥荒，盗贼群起，社会秩序混乱到连郡守大员都不能制止的地步。汉宣帝欲选拔能干之吏前往治理，丞相和御史举荐了龚遂，宣帝就任命遂为渤海太守。当时龚遂已经七十多岁高龄，“形貌短小”，汉宣帝见到他时觉得龚遂实在不似传闻中所说的那样威武，内心不免轻视。但龚遂却指出海滨之域之所以会在饥馑过后盗贼并起，只有一个原因，那就是“海濒遐远，不沾圣化”，“天高皇帝远”的地方，教化自然就弱，再加上当地吏员不行德治，毫无同情心，不能体恤饥民之苦，也没能赈济灾民，逼迫百姓揭竿蜂起，聚众反叛。再一次验证了孟子所说的“君之视民如草芥，则民视君如寇”，执政者都不关心民瘼，那么百姓起来反抗也是合理的了。要治理好渤海，他只向宣帝提出一个要求，那就是放手让他去治理，“丞相御史且无拘臣以文法，得一切便宜从事”。皇帝同意了他的请求。

若不能体恤民生疾苦，只以暴力手段去对抗民众，那么就是逼迫百姓由开始的暴乱，发展到对抗当地官府，继而反叛朝廷。龚遂做的一个特别有价值的地方还在于化贼为民，大事化小，下令属县撤销缉拿盗贼的官吏，那些手执锄头、镰刀等农具的，都是农民，不得查问捉拿，只有手擎兵器的才是盗贼。听到官府的命令后，“盗贼”纷纷放弃兵器，拿起了农具。渤海郡由此由乱而治。对于百姓来讲，地方大员代君治民，掌握生杀予夺的大权，倘若将逼上梁山的百姓当成职业盗贼，必欲除之而后快，那除了立下狠辣的威名以外，对于官民关系的舒缓有何意义？

进行道德教化也是一个政权维持其王朝形象的举措，但是官民冲突的症结在官而不在民。官民冲突几乎贯穿每一个王朝始终。如明洪武《大诰》中官民冲突事件有很多，如《大诰三编》中，滦州乐亭县农民冲进县府捉拿了巧立名目，摊派徭役，敲剥农民的主簿汪铎，将其押送进京面见皇帝。这就更能看出道德教化对官民关系的重要性。明朝刚从战火中建立起来，人民还没有从新政权那里体会到好处，因此在洪武初期，各地都有动乱发生。比如山东沂州、青州等地就发生过多起反抗新政权的暴乱，广大民众对新政权没有信心。朱元璋就告诫地方官员："元之所以致乱者，虽上失其操柄，亦州县官吏不得其人"，"今山东郡县新附之民，望治犹负疾者之望良医"。明洪武二年（1369年），方克勤授济宁知府，在任期间全民垦荒，罢不时之役，到任三年，"一郡饶足"，当地人民编歌谣称赞他的恩德："孰罢我役？使君之力；孰活我黍，使君之雨；使君勿去，我民父母。"这些措施极大地促进了经济恢复、民力修养和政治稳定，官民矛盾也得到缓解。无论是在王朝初创时期，还是中后期，道德教化的力量都是不可估量的。

3. 道德教化与社会风气的端正

社会风气是一个王朝社会价值观的集中体现，它如同空气一样无孔不入，渗透在人们生活的方方面面，同时也无时无刻不在影响着人们的生活。对历代执政者来说，用什么来引导、整治社会风气，是一个十分严肃的问题。历代王朝用成功的实践证明，社会风气的移化是一个潜移默化的过程，其中道德教化起了重要作用。

首先我们得承认一个问题，由于各种复杂的原因，历朝历代都会存在风气败坏的现象。

春秋战国时期是一段辉煌灿烂的时期，文化繁荣，思想井喷，政治家们的言论思想直到今天仍在滋养国人，然而不可否认的是，那一段历史也是道德沦丧的时期，人心不古之事不绝于史册。例如《商君书·徕民》中有载，齐人东郭敞一味贪图遥远的利益，希望拥有万镒黄金，门徒家中有难，向他请求救济都不肯同意。老师不爱护学生，学生也不爱戴老师，师徒之间缺乏人情味，道德淡漠，最终反目成仇，东郭敞众叛亲离。

《吕氏春秋·恃君览》中也有相似的记载：春旗时期，齐国的名士戎夷和一个弟子前往鲁国，到达时城门已经关闭了，他们师生二人不得不在寒夜之中露宿城外。夜色渐深，寒气愈重。戎夷对弟子说："你把衣服给我，我活；我把衣服给你，你活。我是国士，为了天下不能死；而你是无德无才的不肖之人，死不足惜，所以你应该把自己的衣服脱了给我!"弟子憎恶老师对自己生命价值的轻视，遂反驳道："我既然是不肖之人，又怎么会舍弃自己的生命，把衣服脱给国土呢？"弟子以子之矛攻子之盾，老师也只能无奈地感慨"道其不济"，道德沦丧，最后将自己的衣服脱下来给弟子穿。老师半夜里冻死了，而学生因此活了下来。老师是用自己的生命表达了自己的道义。

然而，老师自诩为"国士"，为了天下人的长远利益而"惜死"，珍视生命，这是正确的太缺，但是为了自己活命，就要求弟子为自己去死，还讥讽弟子是不肖之人，国士的风范、老师的仁爱荡然无存。弟子无视老师的生命，自己穿上老师的衣服苟全了性命，也坐实了"不肖人"的标签。师徒之间全无师生之谊，自私自利倒是一目了然。

西汉的丞相陈平，在发迹之前也有过一段落魄的岁月，"少时家贫，好读书，有田三十亩，独与兄伯居。伯常耕田，纵平使游学"，他的嫂嫂对他不事生产不劳而食的做派心生憎嫌，直接毫不客气地说："亦食糠核耳。有叔如此，不如无有。"有这样的不劳动吃白食的小叔子不如没有。亲人之间有着割舍不断的血缘亲情，关系尚且冷冰冰，其他人际关系更是不遑多论。

更有甚者，儿子射杀其母，这样不论不孝的逆子恶行，天理难容，执政者竟能够赦免，并予以重用。

唐末五代混乱无章，兵祸饥荒不断，道德滑坡，做父亲的不能保育自己的儿子，做儿子的不能赡养自己的父母，血脉骨肉之间不能相保相持，久而久之，这种鄙薄的风气竟然发展到父子血亲之间相互残害。李彦珣名声在外，“流传千古”，不是因为政绩卓著，人品贵重，相反其恶行史所罕见，天理难容。李彦珣“素不孝于父母，在乡绝其供馈，同列恶其鄙恶”。他不供养自己的父母已经有悖人伦，还射杀母亲。石敬瑭称帝建立后晋，多次遇到叛乱，李彦珣两度参加叛乱，反叛朝廷。先是随张从宾作乱，此为一叛。张从宾失败后，李彦珣又到节度使范延光处，随兵反叛朝廷，此为二叛。时李彦珣驻守障城，后晋派大将前往镇压，朝廷欲招降李彦珣，遂将其母招来送至城下，劝其反正。李彦珣见母亲在城下喊话，竟张弓搭箭，一箭射死了自己的母亲。他的恶行世所罕见，不消说不符合儒家倡导的孝道伦理，即使从最基本的人情来讲，生而为人没有不爱自己的亲人的，更何况是孕育自己生命，抚育自己长大的母亲。后晋皇帝石敬瑭为了收服叛将，许诺叛将只要归顺朝廷，朝廷既往不咎，授予官职。范延光投降，李彦珣亦随之而降。《旧五代史》给李彦珣的评价是“忍射其亲，殆非人类”，就是这样的恶行，石敬瑭都能赦免，还派他到地方上做了刺史。可见五代之时，社会风气到了多么浑浊严峻的地步。

五代是乱世，虽然道德滑坡已经司空见惯，但是世人也决容不下射杀母亲这样的恶行，后晋官员有许多反对李彦珣出任刺史。但是令人意外的是，后晋皇帝石敬瑭竟然纵容赦免了这样的恶行，令本就不堪的社会风气更加败坏。那么，是什么使李彦珣做出了这样天理难容的恶事？执政者石敬瑭为何会为了当初的承诺而置人伦孝道于不顾呢？说到底，是道德教化缺席所致。古人进行道德教化，保持着“勤而不怠，缓而不迫”的节奏，所以民众潜移默化地接受了伦理道德规范，久而久之向善向美变成了风俗。然而，人的本性往往是见善向善，见恶则仿效恶，久而久之也就成了风俗。唐末五代之时，正是礼义日废，恩爱日薄的特殊时期，五代十国忙于战事，缺失了道德教化。正如《孟子·离娄上》中所云："上无礼，下无学，贼民兴，丧无日矣。"欧阳修修《新五代史》时点评这一事件："宜其举世不知为非也"，像李彦殉这样射杀母亲的罪恶，朝廷都不以为恶，引导人们不以为意，那么以后若再有类似的恶行，人们也不知道不对了。以至于欧阳修在编修《新五代史》时，果断撤掉了李彦殉的传记，将其生平附于范延光传记之后，表明了欧阳修对五代社会风气的批判。

日月推迁，到了封建社会末期，商品经济发展到一定程度，社会上逐利之风日炽，相反对道德的尊崇日渐淡化，社会风气败坏，连那些读着四书五经的读书人，都变得市侩，甚至到了礼义廉耻全然不顾，连祖宗家谱都可以变卖的地步了。

明代成化年间，太仓人陆容在他的记事书《菽园杂记》中记载了一则事：江苏太仓人孔士学，家境虽然贫困，但"血统"却贵重，是孔子的五十五世孙，其祖父曾任太仓学官。而常州有一孔姓富户，虽有万贯家财但门第不显。孔姓富户便给孔士学银两，希望能在孔世家谱上加上他这一支，这样他就可以以孔家嫡传子孙自居立世了。但孔士学不为铜臭而折腰，拒绝了这种荒诞无耻的行径。然而孔学士死后，暴发户又拿着银两找到孔士学后人，结果后人为利禄低头，仅仅为了"米一船"，就把自家的族谱给卖了。中国自古就有祖先崇拜的传统，如今为了利禄虚名乱认祖宗，装点门面，寡廉鲜耻。此时距离朱元璋立国尚不足百年，社会风气就已经堕落如斯了。

像这样道德麻木，数典忘祖的事迹在历史上不是孤例。那些钟鸣鼎食、财大气粗的暴发户，想让儿孙后代走科举的路子入仕为官，奈何他们没有显赫的家世傍身，于是就想到了买家谱这种歪门邪道，但是真的家谱不容易买到，于是又想到了买假家谱的捷径。李诩《戒庵老人漫笔》中，苏州落魄寒士袁铉，就是买卖赝谱的“斯文败类”。袁铉其人号称“绩学多藏书”，然而家贫不能自养，于是游历吴中一带，替当地富家编撰族谱，粉饰家族，张大阀阅。当地士绅联名控告袁铉，知府也只能将其驱逐了事。但是，驱逐袁铉一人，对于改善浮夸虚伪的社会风气无益，明末，赝谱专卖店甚至出现在了苏州的市场上，店家专门招募了读书人编撰姓氏谱系，并将赝谱做旧，“以旧绢为之，成粉墨剥落”，一份赝谱价值高达几十两银子。

明代吕坤在其《呻吟语》中有一段话，强调了读书人无耻对社会的危害：“一切人为恶，犹可言也，惟读书人不可为恶。读书人为恶，更无教化之人矣。”天人普通人有恶行，尚且说得过去，唯有读书人不应该为恶。为何？因为读书人有教化之责，倘若读书人为恶，那么天下就没有教化之人了。很多时候，国家的道德教化不是直接从中央普及到民众的，在中央与民众之间，有一个庞大的知识分子阶层，他们的道德示范作用对民风民俗的引导和匡正极其重要。顾炎武曰：“朝廷有教化，则士人有廉耻；士人有廉耻，则天下有风俗”，结果明末出现了大量的假家谱，那些幼读经书、标榜仁义的儒家弟子们，为了眼前的利益将礼义廉耻抛诸脑后，充当了败坏风纪的“急先锋”。

可见从先秦至于明清，社会向前发展了两千多年，但是风气败坏始终是困扰历代王朝的一大问题，只不过风气败坏的具体表现形式有所不同而已。当一个王朝上上下下都不讲道德，连士子都只顾利益，不顾廉耻的时候，这个王朝离没落，甚至灭亡也就不远了。

社会风气的浇漓，要归咎于道德教化的缺席。明末的思想家顾炎武说过这样一段话：“方知治乱之关必在人心风俗，而所以转移人心，整顿风俗，则教化纪纲为不可缺矣。”一语道尽道德教化与社会风气的关系。教化兴，则风气正；教化失，则风气衰。中国是一个极其重视道德的国度，与养民、富民相比，历代王朝都以道德教化为要务，将其视为王道的更高境界。追求道德教化，就成了历代王朝政治文化中一抹鲜明的亮色。道德教化的目的，是使忠孝、仁义、廉耻等道德伦理深入人心，规约人们的言谈举止，使之合乎道德要求，从而形成良好的社会风气。

只要找到好的教化方法，就能过促进风气的净化。

方法之一，如汉代实行的一些教化措施，如由国家表彰善行，树立道德标杆，的确对净化社会风气起到积极的作用。汉以后，官府通过对孝子顺孙、贞女义妇进行表彰等方式，来敦行教化，提升人心，贬恶扬善，端正风气，巩固统治。树立具体：可视的道德榜样进行号召，遐迩向慕，往往比生硬空洞的文字说教更有说服力。汉代以孝治天下，崇尚道德，官府表彰民间孝行的事迹非常多，官方有明文规定，“凡有孝子顺孙，贞女义妇，让财救患，及学士为民法式者，皆扁表其门，以兴善行”。孝子顺孙、贞女义妇是社会的道德典型，官府会在其家或家乡悬挂匾额，使社会形成“近朱者赤”的氛围，这样的做法的确起到了“移风易俗，黎民醇厚”的社会效果，涌现出众多孝子贤孙。古代宣扬的“二十四孝”人物中，汉代就占了九例。汉代的社会风貌在历朝历代都算得上是“谨厚”谦让的。如东汉的陈纪，“遭父忧，每哀至，辄欧血绝气，虽衰服已除，而积毁消瘠，殆将灭性。豫州刺史嘉其至行，表上尚书，图象百城，以厉风俗”。旌表的方式很多，有匾表其墓、匾表其门、树碑立传、建立石坊、建立祠庙，等等。被旌表的人家可以免除徭役、税赋等优待。

历代王朝对义夫、节妇、孝子、贤人以及累世同居的行为等大加推崇。一般来说，先有地方上报给县官，县官落实后再上报给上级，之后依次上报给朝廷，核实无误后批准，交由地方官府对受旌表者实施奖励和旌表。

不过，值得注意的是，所树立的道德标杆，不应该过高，否则人们只能敬仰，而无法效仿，那对于净化社会风气没有什么益处。

众所周知，明朝的海瑞，事君以忠，事亲以孝，居官以廉，律己以严，与他同时期的文坛巨匠王世贞评价他“不怕死，不爱钱，不立党”，海瑞是史上少有的道德完人。明万历十三年（1585年），万历皇帝启用海瑞，目的就是让他“镇雅俗，励颓风”，给社会树立一个风纪标杆，以其清风对抗污浊。

但是，海瑞是一个道德上毫无瑕疵的人，绝对化的道德标杆，往往并不能起到正面的垂范作用。他对自己以及家人的要求非常严苛，动静必须完全符合儒家教条，甚至严苛到了宁愿牺牲自己的女儿，也要符合儒家教条。如明姚叔祥《见只编》，一日，海瑞见五岁的女儿吃着饼，便问饼从何来，女儿答曰：一个男子给的。海瑞大怒，道：女子怎么能随便要男子的东西？你不是我的女儿，除非饿死，才是我的女儿。其女儿哭着不再进食，家人想尽各种办法让她进食，五岁的女儿拒绝进食最终绝食而死。

父母之爱子乃人至常情，为了程朱理学所倡导的男女之大防，为了所谓的名节，致使女儿绝绝食而死，这种做法不近人情。而国人自古以来就重视血缘亲情，以这样的道德标杆去要求世人，试问有几个人能够做到？树立道德标杆，进行全民教化的目的，不是为了使人人成为圣人，而是使人守住道德的底线。一个道德标杆立在那里，必须起到感召作用，倘若这个标杆立在那里，高高在上，人人瞻望弗及，就是去了示范引导的作用了。

方法之二，即官方发布谕俗文等。官方层面的道德劝谕对于整治社会风气也有积极的意义。朱元璋时颁布了二十四字圣谕，包括“孝顺父母，尊敬长上，和睦乡里”等。地方州县衙门前还建有“圣谕亭”，将圣谕镌刻在申明亭上，时时世世供百姓学习。清朝代明，统一了全国。而清朝的执政者们在掌权以后，仍然重拾明太祖朱元璋颁布教化的谕文，向全社会宣示应遵守的社会道德规范。

例如康熙皇帝认为“法令禁于一时，而教化维于可久”，因此他治理国家“不以法令为亟，而以教化为先”，在继承前朝教化措施的基础上，颁布了著名的《圣谕十六条》，以化民成俗。具体内容包括十七条，其中九条涉及道德教化的内容。

康熙皇帝颁布的《圣谕十六条》，不是流于形式的空文，而是要求每月的朔望之日，地方官员都要组织宣讲，务使圣谕的教化深入人心。为了挽救封建道德的危机，清朝执政者不断发出“励道德、正人心、兴教化”的呼吁。

地方官员在领会了中央的劝谕精神后，任职地方的过程中，往往也会发布一些谕俗文之类，对广大百姓进行道德劝导。如北宋时期，蔡襄在闽地戒除多种民间陋俗，改善了社会风气，取得了极大的成功，赢得了百姓的赞誉。宋仁宗嘉祐元年（1056年），蔡襄再度出任福建知州，到任以后发现当地百姓举办红白喜事，极其讲究排场，以至于铺张浪费现象十分严重，甚至到了败家破产的地步。极尽铺排，追求体面，就是为了赢得孝顺的名声，而不被乡里所羞。当地的浮浪子弟、无赖游民去丧主家中饮食，往往动辄上百上千人。有穷寒人家无力承担这样的铺排，遇有丧事只好秘不发丧，直等到倾囊置办好丧事所用器具才敢发丧，家中稍有资财的尚能贱卖土地房产，筹款办丧，而那些氢醌人家，只能大肆举债，终身无力偿还，为巨额债务所困。这种封建陋习根深蒂固，老百姓生活在当地，谁也不敢率先破俗，可谓深受其害。如遇喜事，则极尽排场，索要高额彩礼。

针对这种奢靡浮夸的风气，蔡襄撰写了《福州五戒文》：一戒，父母对子女不应有厚薄之分；二戒子女对父母生须尽养，死不妄费；三戒，兄弟之间要顾念同胞之恩，莫因贪财利或娶妻而绝同胞之情；四戒，男婚女嫁不为索取钱财；五戒，农民商贾不应刻薄求利。教谕百姓改良风俗，破旧立新。任职期间，其次子蔡旬娶妻，蔡襄垂范百姓，婚事从简，不索嫁妆，百姓纷纷效仿。“为政之要，辩风正俗，最其上也。”

方法之三，如汉朝曾设对基层社会进行道德教育的专员，即“三老”。担任三老者，必须是乡里德高望重之人，据《后汉书·百官志》记载，“三老掌教化。凡有孝子顺孙，贞女义妇，让财救患，及学士为民法式者，皆扁表其门，以兴善行”。设教化官员深入地方，对于涤清社会戾气，普及社会公德具有重要意义。至唐、宋、明朝，仍然设置三老，就是倚重三老对地方教化和风气的作用。明朝设置的里老和三老性质一样，也是由为人公正，德高望重的人充任，他们的职责就是教导民众孝悌、友顺、和睦等伦理，劝导民众守礼仪，懂廉耻，明善恶等。他们还负责把乡里的好人好事能遵奉教化者，上报给朝廷。三老作为地方的教化专员，对社会风尚起到了潜移默化的影响。

方法之四，即唐朝卢奂的记恶碑。唐开元年间，宰相卢怀慎的长子卢奂“累任大郡，皆显治声，所至之处，畏如神明”，他在地方上有威名，得益于他的发明——记恶碑。为了治理那些怙恶不良之人，除了严判惩处之外，还将其所犯的罪行刻在碑上，是为“记恶”，立于本人门首，并申明，如果执迷不悟再次犯法，罪加一等，如能改过，则听其自行销毁记恶碑，自此“绝无犯法者”。记恶碑本质上属于道德碑，孟子说人皆有羞耻之心，记恶碑正是利用人们的羞耻之心，提醒犯错之人改过从善，追求上进，同时也能使他人引以为戒。

这样的做法，北魏就有。《北史·魏诸宗室传》，北魏孝文时，以元赞为刺史，孝文帝告诉元赞，在地方宣化孝道，有不孝不弟者，孝文帝要求地方官员宣行孝风，对那些不孝不悌之人，将其恶行刻写在门柱上，既能让不良之人改过自新，又能使邻里乡党，过往行人引以为戒。

无论是官方的劝谕励俗，还是表彰道德模范，都是从正面整治风气的，但是进行道德教化不能只有好，没有弹。记恶碑就是从反面记录恶行，以昭示后人。

4. 道德教化与政权向心力的凝聚

统治的安定和国运的长久，需要官僚和民众的认可。而想要使民众、百官对一个政权产生认可感和归属感，首先就要运用忠孝仁义的价值。考察一政权的凝聚力，主要通过以下三个方面：

一是民心的得失。

纵观中国历史，从秦始皇建立大一统国家以来，将政权传至二世、三世以至万万世，就成为历代执政者的追求。然而，历朝历代所建立的大一统政权，并不都能维持其政权的凝聚力。始皇帝的统一大业，结束了战国时代“兵革不休，士民罢敝”的乱世，当时，“元元之民，冀得安其性命，莫不虚心而仰上”。秦国统一六国之后，焚书坑书，儒家思想苟延残喘，刻薄寡恩造成了政权内部君民离心。秦朝不行德治，不能以道德教化怀柔百姓，到了秦二世胡亥那里，政令暴戾，赵高蛊惑于下，终于把人民逼上造反之路。以至于到了秦王子婴时，最终处于“孤立无亲，危弱无辅”的境地，根本无力回天，只有束手就擒。秦以武力吞并六围，六国虽亡而民心不服。若秦能施仁政于民，以道德化育百姓，而非强力催逼之，那么秦政权的向心力、凝聚力自会经久不衰，而不至于二世即告瓦解。之后的汉、唐、宋、明、清等政权，之所以政权能够持久，是吸取了秦不行德治的教训，它们的执政者捡拾起了被秦所丢弃的道德教化，并将其作为国家的治国方略。

战国时期孟子游说诸侯王时说了这样一番话：“桀纣之失天下也，失其民也。失其民者，失其心也。得天下有道，得其民，斯得天下矣。得其民有道，得其心，斯得其民矣。得其心有道，所欲与之聚之，所恶勿施，尔也。民之归仁也，犹水之就下，兽之走圹也。”是说得民心者得天下，失民心者失天下，其旨归总结为一句话，即民心不可失。夏桀“率遏众力，率割夏邑”，他的人民则诅咒他，“时日曷丧？予及汝偕亡”，宁愿太阳消失，与昏君一同灭亡，可见人民对夏桀的怨恨之深。夏桀失去了人民的支持与拥戴，也就在覆灭的道路上越滑越远。商纣王与夏桀一样残暴荒淫，政权最终被兴起于陕西的小邦周所取代。“皇天无亲，唯德是辅。民心无常，唯惠之怀”，民心无常，谁能施惠于民，布德于众，百姓就拥护谁。夏商用覆灭的悲剧给后人总结出来的政治经验，不可谓不深刻。

历史上著名的圣君明主，都能深刻地认识到“民心”的重要性，他们所开创的“治世”“盛世”，都有一个共同的特点，即天下民心凝铸为一，秩序稳定。这是施行德治的结果。例如，上古时期的成汤，“不迩声色，不殖货利；德懋懋官，功懋懋赏；用人惟己，改过不吝；克宽克仁，彰信兆民”，他“克宽克仁”，以宽仁之德行昭信于万民，成为后世执政者的楷模。汉文帝、景帝的文景之治，唐太宗的贞观之治等，无不是德治的结果。

而各朝代末期的通病，就是昏君当政，吏治腐败，道德涣散，王朝走上下坡路，暴虐峻急的统治必然会削弱甚至会瓦解一个政权的凝聚力，前期几代圣君施德治积累下来的凝聚力被消耗殆尽，国家政权由聚合走向离散，为新政权让道。民心是个易消品，不以仁德呵护，凝聚起来的民心就会如汹涌的潮水将政权反噬，如《尚书》中所言，“安民则惠，黎民怀之”“抚我则后，虐我则仇”“民为邦本，本固邦宁”。

二是官员的忠诚。中国地域广阔，黎民众庶，中央不得不借助各级官员来管辖百姓，只能选任值得信赖的官员委以重任。所以，必须确保官员的忠诚。

所谓天高皇帝远，皇帝最怕的就是下面的官员欺上瞒下，生有二心，背着自己搞小动作。古代的皇帝们，无论英明与否，对臣子的忠诚可以说没有不多疑的。战国时秦国吹响了统一六国的号角，伐楚时，老将王翦亲率六十万大军伐楚，几乎带走了秦国的全部精锐。倘若王翦叛主背秦，那中国的历史真要改写了。出征前，秦王政亲自送到灞上，为了打消秦王政对自己的疑虑，王翦向秦王索要

“美田宅园池甚众”，以此表明自己目光短浅，眼里只有财富，没有政治野心。

刘邦征战四方，萧何替他守关中，稳定后方，安抚百姓，供应粮饷，倘若没有萧何，刘邦在秦末群雄逐鹿中未必能够走到最后。这位自诩才能不及张良、萧何、韩信等臣子，但却“能用之”，所以“取天下”的皇帝，其实对臣子疑心深重。刘邦担心萧何“倾动关中”，曾经多次打听萧何在后方的言行举动。有门客向萧何献策，不妨“多买田地，贱贳贷以自污”，即多买田置地，搞低息借贷，以玷污自己的名声。萧何采纳其计。百姓上书，告相国强制低价购买田宅数千万，刘邦果然大悦，说“夫相国乃利民”，相国正剥削百姓啊。

秦汉两朝的开国之主嬴政和刘邦，算得上中国古代历史上难得的英明之主了，文臣武将尚且如此小心翼翼地表明自己的忠诚，其他皇帝更是如此。明朝末年，皇太极劫掠北边，明思宗朱由检任命袁崇焕为兵部尚书，督师蓟辽。皇太极绕过袁崇焕防区，率军直抵北京城下。袁崇焕急速挥师驰援，但此时的北京城内已经流言四起，说他拥兵纵敌。当是时，皇太极使出反间计，造谣袁崇焕已与自己定下密约。就这样，袁崇焕死在朱由检的疑心之下。

皇帝们为了对臣子的真假诚伪验明正身，可谓煞费苦心。五代十国时期，有个南汉政权，亡国之君刘鋹下令，所有官员要想得到重用，必须先进行阉割，哪怕是中了进士和状元的读书人，也必须阉割才能走马上任，以禁绝他们的篡位之心，以至于小小的南汉朝廷，宦官人数竟达到了两万多人，显贵及有权势者，大都是宦官。这背后的逻辑是公私之分。如果官员没有子嗣，就不会有为自己的家室子孙谋算的私心杂念，只有无牵无挂的宦官才能对皇帝保持忠诚。据史载，“一状元闻之惧，辞官而逃，及抵家，则侯阉者已在门矣，状元请与妻诀别三日后就刑”。一些趋炎附势的文臣不惜变身阉臣，以表明自己的忠诚。一状元不想阉割，立马辞官归家，等回到家中，发现阉割人者早已经在等了。状元无可奈何，请求与妻儿告别后，三天前往就刑。可想而知，为了谋得一官半职而受阉割的臣子，廉耻尚且不顾，如何懂得忠诚呢？对执政者而言，到了用阉割摧残人的躯体才能验明臣子的忠诚，是何其悲哀！这样的方式更是与政治文明背道而驰。当然，这样极端卑劣的做法，也表明执政者对臣子的防范之重。

宋朝的皇帝想到用高薪来确保官员的忠诚。当然，这不是宋代皇帝的首创，早在战国时期，那位以胡服骑射而闻名于史的赵武灵王，就曾提高臣子的品级，增加他们的俸禄，以确保他们的忠诚。然而，这样却给行政支出增加了沉重的负担。

战国时期思想家韩非子提出了“疑诏诡使”“挟知而问”等政术，就是故意让臣子猜不透君主的真实意图，这样臣子就会心怀畏惧，行事不敢越轨。韩非子举了一个“周主求簪”的例子：东周国君故意丢失了一对玉簪，并下令家下吏四处寻找，众人找了几天也没有找到。周王又派人私下里寻找，几日就找到了。他因此斥责家吏：尔等平日不尽职，玉簪并不难找到，偏偏你们找了几天也没有找到。这能证明你们对我的忠诚吗？发生在东周君身上的类似的事不止这一件事。某日，周主下令索求一根曲杖，下面的官员索求几天也没有找到。周主便私下里派人去寻找，一到一天时间就找到了。周主遂对下面的官吏说：“吾知吏不事事也。曲杖甚易也，而吏不能得，我令人求之，不移日而得之，岂可谓忠哉？”意思是说，你们不用心做事，这根曲杖很容易找到，我派人去找一天就找到了，而你们找了三天却寻而不得，这能说你们忠于我吗？官吏无不惶恐。用这样的诈术来试探臣子的忠诚，多少带有“阴”的色彩。

君臣同心同德是政权向心力的一个重要因素。无论是用钱收买臣子的忠诚，还是用卑劣的诈术等逼迫臣子忠实，都是通过外力强制官员，不是一个健康的社会应有的状态。而加强官员的道德建设，教化百官，以德治官，官员具备了良好的道德修养，建立起崇高的信念，才能从精神上真正与执政者同心同德，认同国家推行的政策。正如孟子认为，以力服人不如以德服人，以力服人只能使人慑服，只有以德服人才能使人心服。与其用外力强制官员，不如教化官员形成良好的官德，使忠诚、公心、勤勉、廉洁等成为官员的内在追，自我约束，自我塑造。

君臣同德，君民同心，整个国家就会像磁场一样有向心力、凝聚力。春秋时期，楚庄王欲攻打晋国，就派大夫豚尹前往刺探晋国国情。豚尹汇报说："不可伐也。其忧在上，其乐在下，且贤臣在焉。"晋国国君忧心国政，还有贤臣在辅佐朝政，晋国民安其乐，全国上下同心，实在不是攻打晋国的时机。时隔一年，庄王又派豚尹探察晋国国情。这一次，豚尹汇报说可以攻打晋国了，因为贤明的大臣已经死了，国君贪图享乐不讲礼法，人民怨声载道，上下离心离德，不能团结合作。现在攻打晋国，晋国的百姓一定会趁机造反。

结语

古代中国有着辉煌光明的政治文明，在治乱兴衰和统一分裂的更替中，古代的思想家和政治家们总结和实践出了两种行之有效的国家治理方式，一为法治，一为德治。中国传统价值观更倾向于德治，尽管法治也是治理社会必不可少的手段。这不仅仅是因为秦亡的历史教训说明专任刑法对于理政治民是行不通的，还在于孔子提出了“为政以德”的儒家思想深入人心，其后学如孟子、荀子等儒家弟子继续将这一思想发扬光大，至西汉武帝时，儒家思想在与文、景二帝及窦太后提倡的黄老无为之术的较量中胜出，赢得了国家统治思想的高地。汉武帝的“罢黜百家，独尊儒术”，成为中国政治文明的分水岭，自此以后，中国政治文明都深深地打上了儒家文化的烙印，从民间社会到政府朝臣，从普通百姓到社会精英，都普遍接受并尊崇儒家思想，其中的“为政以德”更是成为传统政治的重要特征，是执政者施政的重要标准，精英阶层也以“为政以德”来批评和劝谏执政者。

德治，是三代以来多少王朝用陵谷更替、兴衰治乱的政治实践总结出来的治国方略，贯穿于封建王朝始终，至今仍具有现实意义。君主要有人君之德，官员要有为官之德，德不仅仅是执政者个人的道德品格，从本质上讲，它是一种政治道德，关系到执政者的政治责任。德治不仅仅是对执政者的道德要求，而是对全社会而言的，是将道德运用于政治领域，以道德约束君主的言行，以道德检视官员的操行，以道德教化黎民。

纵观中国古代历史，可以说几乎每一个王朝走到后期，都会出现昏君庸主当政，都会发生君臣奢靡无度，出现暴虐百姓的虐政暴政。后一个王朝在总结前朝覆灭的悲剧时，总是能将其国灭的悲剧追溯到失德上来，因此会重新检视自己的德行，在上修身养德，中间整肃吏治，对下施惠于民，所以在王朝的前中期，才会孕育出盛世、治世。这也雄辩地说明，有德则兴国，无德必失国，以德治国是历史发展的必然选择。

每一个执政者都希望政权长治久安，自己长享权力和财富。然而，一个国家的兴盛，靠的不仅仅是山河之坚固，也不仅仅是律法之严密，更要靠德政。执政者为政以德，根本目的就是为了政权的长治久安。这一点早在战国时期魏国的第二代国君魏武侯初即位之时，和吴起讨论“山河之固”时就有了“在德不在险”的定论。

魏国扼守险要之地，魏国开国国君魏文侯任用李悝进行变法，使魏国强大起来，有了与列国争霸的资本，先后打败了齐、楚等大国。魏武侯继承了他的父亲魏文侯创下的“家业”，武侯初即位，魏国形势相当乐观，当时吴起正在魏国，被任命为西河守，防御秦国和韩国的兵锋，对魏国军事，吴起做出了贡献。君臣一行乘船巡游西河，武侯看到魏国山河之坚固壮观，不禁心潮澎湃，感叹道坚固的河山乃魏国之宝。群下王钟附和道，认为山河坚固就是当初晋国强盛的原因。如果政治清明，那么魏国就具备了争霸天下的条件。但是吴起却说：山河坚固不是保全国家的基础，魏国的珍宝不在于形胜的险要，而在于德政。吴起还给魏武侯举了历史上凭借形胜之优越却依然不免于亡国的例子。三苗居住的地方，形势可谓优越，左边有洞庭湖，右面有彭蠡湖（今鄱阳湖），南有文山，北有衡山。国家拥有天险之地，但他们不行仁义，遂被大禹所灭。夏桀的居住之地，左边是黄河、济水，右边是泰华山（今华山，陕西华阳），伊阙山（今龙门山，河南洛阳南）在其南，羊肠（今羊肠坂）在其北，但因为不行仁义，而被商汤驱逐。商纣王的都城，左边是孟门，右边是太行山，常山在其北面，黄河流经其南，仍以施政不仁，而被周武王所杀。可以说，吴起在战国变法的这样一个特殊的时代，对国君理政治国提出了新的要求，德政与否关系到国家的兴衰存亡，道德在政治生活中占有突出地位，吴起这一远见卓识，对后世产生了深远的影响。

历史的前车之鉴证明：一个国家的兴亡，形胜的坚固和国防的巩固，不是决定性因素，施政的优良能够左右政权的走向。执政之欲要保持自己的政权，应当养贤用才，除旧布新，为政以德。

历朝历代的执政者、政治家和思想家对德治进行了极其丰富的论述。德治作为一种优秀的政治文化，直到今天仍然能对行政有积极的镜鉴意义。

为政以德从来不是一句空洞无物的政治口号，而是要落实到执政者、各级官吏以及百姓的具体行动上来。

对于执政者而言，要求官员公忠体国，百姓爱国敬君，自己首先就要垂涎垂范。齐桓公用贤重才，汉文帝俭约宽刑，唐太宗从谏如流，就是从政修德的现成样板。春秋时期鲁国宗室公叔务人与国同难的行动，就很好地说明了这一点。《左传·鲁哀公十一年》中记载了齐鲁“战于郎”之事：

公叔务人见保者而泣，曰：“事充政重，上不能谋，士不能死，何以治民？吾既言之矣，敢不勉乎!”

公为与其嬖僮汪锜乘，皆死，皆殡。孔子曰：“能执干戈以卫社稷，可无殇也。”

这里不妨交代一下公叔务人的背景：这两段记载中公叔务人和公为是同一人，是鲁昭公的儿子。鲁国发生了三桓之乱，季孙、孟孙、叔孙三家卿大夫瓜分了鲁君的权力和军队。齐国刚打鲁国，季孙作为执政不愿意出兵，另外两家孟孙、叔孙为保存自己的实力也不愿意出兵。当时孔子的学生冉求是季孙家的家宰，即管家。冉求建议三家之中，一家守城，两家跟随国君出站。季孙曰“不能”，另外两家曰“不可”。冉求劝谏道：“二子之不欲战也宜，政在季氏。当子之身，齐人伐鲁而不能战，子之耻也。大不列于诸侯。”叔孙氏向冉求询问战事，冉求曰：“君子有远虑，小人何知？”孟孙氏也来问冉求，冉求对曰：“小人虑材而言，量力而共者也。”冉求对季孙氏所言，意在说明职掌国家权柄之人，有保卫国家的责任。对孟孙、叔孙氏所言，在于强调像两家这样的君子、贵族，应该具有远略，否则就是鼠目寸光的小人。当时作为被废黜的太子公叔务人，在前线遇见士兵扛着武器，疲倦地走进堡垒休息。公叔务人感慨道：国家向百姓征收徭役，已经使百姓不堪重负，尽管如此，一旦国家陷入危难，百姓仍然会挺身而出，与国同难。看看今天的贵族（春秋战国时期，贵族即执政者，是权力的所有者），没有一个能够为国家出谋划策，士人也没有能为国家献身的。有感于此，公叔务人与其邻居家的孩子汪踦同乘一车，慷慨参战，为国献身。他在赴死前说的那句话“我则既言矣”，是可以光耀古今的。“我既然这样说了，就应该这样去做！”历代执政者都强调“荷治民之任”的地方官员，要“与国同忧”，官员当如此，执政者自身更应当承担社会责任，发扬执政者的善性。公叔务人虽然不是当权者，但他是公室成员，是享有权力之人，身为执政阶层，应该有与国同难的勇气和担当，给天下臣民做个表率。

对于各级官员来说，国家的德治要靠他们来领会和落实，他们是直接面对民众的衣食住行，处理民众的纠纷和诉求的，在这个过程中，他们落实德治的与否和程度，直接决定着百姓对国家的态度。各级官员不落实德治，那么国家德治的大政方针就得不到发扬。国家对各级官员提出了官德要求，这是德治思想的重要组成部分，也是国家能够推行德治的关键。

唐代的李绅，写了很多关切民瘼的诗歌。时值安史之乱之后，社会动荡不安，人民生活困苦无着。李绅目睹了民生维艰，写下《悯农》一诗，“锄禾日当午，汗滴禾下土，谁知盘中餐，粒粒皆辛苦”。敦煌文献中还有一首《悯农》：“垄上扶犁儿，手种腹长肌。窗下掷梭女，手织身无衣。我愿燕赵姝，化为嫫女姿。一笑不直钱，自然家国肥。”

李绅曾经是个爱民敬业的好官。被贬谪端州司马、寿春太守期间，能够为民除害，惩治奸吏，兴修水利。但是随着官职的迁升，这位笔下如此爱民的李绅，却走向了百姓的对立面，为官暴刻，治绩堪称劣迹斑斑。李绅生活的中唐时期，政治正值牛李党争的纷争之中，他属于李德裕一党骨干，太和七年（833年），李德裕为相，李绅任浙东观察使，时境内爆发蝗虫灾害. 他隐瞒灾情不报，奏称蝗虫过境“不食田苗”，文宗下旨颁奖，李绅特地在相国寺立碑夸耀自己的德政。国家设官以治民，官员却将百姓的性命当作自己的投名状。

会昌五年（845年）李绅出任淮南节度使，江都县尉吴湘被揭发贪污，强霸民女。李绅立刻将吴湘投入大牢，准备处死。事情传到朝廷，朝廷派人巡查，发现吴湘贪污属实，但数额不大，无抢占民女之事。有罪但罪不至死。吴湘与李德裕家是世仇，李绅身在李党，为了向李德裕邀功，一意孤行，杀了吴湘。儒家先圣早就有过训诫，“君子矜而不争，群而不党”，士君子出仕做官，应当摈弃个人冤仇利益公心为国。李绅为官治民，陷于党争旋涡，危害国家公器，此其罪一。身为官员，操弄法律，擅断擅杀，徇私枉法，此其罪二。最终李绅为自己的行为付出了惨重的代价，“削绅三官，子孙不得仕”，为官不密，祸及子孙。

实行德治是中国传统政治文化的特征，饱读儒家经书的知识分子，一旦入仕为官，更应该以德治民。自古至今对官员的德行有非常高的要求，践行公、勤、廉等官德，一言一行都应该符合自己的身份和地位，行不逾矩，动不失范。

以上是德治对执政者和各级官员的要求，民众也是德治的一环。以德治民，以仁化人，引导民众遵纪守法，在各自的岗位上安守本分。

法治与德治是治国的两种策略，德主刑辅，以德指导法治的运行，将个人的善性和国家的善性结合在一起，是古代中国做出的历史选择。德治在中国有很深厚的历史文化基础。

从文化心理的角度来说，中国自古就是宗法社会，尽管从秦汉立国之后，宗法制度走向消亡，但是宗法势力仍然存在，并且影响着社会生活和家庭伦理的方方面面。宗法重视遵尊亲亲，强调“以弟事兄，以兄率弟”的家庭伦理，这样的观念深植于每一个人心中，深刻地影响了中国人的群体性格。在家庭关系的处理中，人们宁愿隐忍自抑，也要维护亲情的维系和家庭的和谐。同时，在古代社会生产力水平低下的背景下，天灾人祸经常会对社会生活造成毁灭性影响，人们只有倚赖家庭、宗族的经济情感支持，生产相扶，生活相助，生则聚居，死则助丧，才能应付自然灾害的侵袭，应付人祸的袭扰，确保温饱和安全，自己的支脉才能生存下去。一个不忠不孝、违法犯规之人，一旦被宗族除名，是很难在社会上立足的。在这样的时代背景下，个人和家庭、宗族是密不可分，血缘亲情在其中起了凝聚作用。因此，在处理家庭纠纷的诉讼中，纯以法裁决，的确可以给予公正裁判，但是看似公正的裁决，却是以伤害血缘亲情，宗族伦理为代价的，显然不符合中国人看中家庭的文化心理。若在社会生活中引入德的教化和裁决，或可在公正裁判的基础上倾向于维护亲情，引导社会崇德行、尚礼仪。

再从政治文化的角度来讲，古代中国对官民关系的理解在世界上都堪称独特，人们将执政者和官员视为民之父母，而百姓也认同和接受这样的关系定位。中国早在西周初年对官民关系就已经有了这样的认识。例如姜太公曾向周武王说明治国之道：“善为国者遇民，如父母之爱子，兄之爱弟，闻其饥寒为之哀，见其劳苦为之悲。”治国理政的真谛就在于“爱民如子”，“心中为念农桑苦，耳里如闻饥冻声”。

无论是从历史发展，还是文化心理、政治文化，抑或是地理国情的角度来看，实行德治都有其必要性和不可替代性。

很多人经常将德治和法治截然对立起来，事实上这两种治国思路可以相互补充，相得益彰，法治社会也需要道德的引领，德治社会也需要法律的补充。一个国家，无论古今，如果道德缺失，那么对个人、对家庭、对社会而言都是一种危害。执政者需要修身养德，各级官员也需要加强自身的官德建设，黎民百姓更需要加强道德建设。中国古代的“德治”虽然有很大的人治成分，但关于“德治”的治国思想和实践，是中国传统政治文化的重要内容之一，我们今天可以批判地继承其中的精华，并将德治进行制度化建设，使其成为代代沿用的范式。

参考文献

班固，1965.汉书［M］. 北京：中华书局.

曾振宇，2009.春秋繁露［M］. 开封：河南大学出版社.

陈谷嘉，朱汉民，1998.中国德育思想研究［M］. 杭州：浙江教育出版社.

陈谦，2009.中国古代政治传播思想研究：以监察、谏议与教化为中心［M］. 北京：中国社会科学出版社.

陈寿，1962.三国志［M］. 北京：中华书局.

陈爽，2018.纵囚归狱与初唐的德政制造［J］.历史研究（2）.

戴者春，2001.试论我国古代“礼法并用、德主刑辅”的治国方略［J］.黑龙江社会科学（5）.

邓名瑛，2015.中华民族道德生活史：魏晋南北朝卷［M］. 北京：东方出版中心.

董国柱，2019.中国古代管理思想概要［M］. 北京：企业管理出版社.

杜佑，1984.通典［M］. 北京：中华书局.

范晔，1965.后汉书［M］. 北京：中华书局.

冯尔康，等，1994.中国宗族社会［M］. 杭州：浙江人民出版社.

高恒，2014.中华民族道德生活史：秦汉卷［M］. 北京：东方出版中心.

高兆明，2016.道德失范研究基于制度正义视角［M］. 北京：商务印书馆.

关健英，2011.先秦秦汉德治法治关系思想研究［M］. 北京：人民出版社.

郭建，1997.中国古代官场百态［M］. 北京：东方出版中心.

何建章，1990.战国策注释［M］. 北京：中华书局.

何永军，2016.中国古代司法的精神［M］. 北京：中国政法大学出版社.

贺清龙，2016.古代巡视制度史话［M］. 北京：中国方正出版社.

胡戟，刘后滨，2003.唐代政治文明［M］. 西安：西安出版社.

蒋礼鸿，1986.商君书锥指［M］. 中华书局.

焦循，1987.孟子正义［M］. 沈文倬，点校.北京：中华书局.

荆孔荣，2015.从政九鉴［M］. 北京：中国社会出版社.

荆门市博物馆，1998.郭店楚墓竹简［M］. 北京：文物出版社.

黎翔凤，2004.管子校注［M］. 北京：中华书局.

李承贵，2004.德性源流：中国传统道德转型研究［M］. 南昌：江西教育出版社.

李明泉，2015.中华官德文献集萃［M］. 北京：光明日报出版社.

李学娟，2009.两汉教化研究［D］.济南：山东大学.

梁劲泰，2012.大道官德［M］. 北京：北京出版社.

廖才定，2003.以德治国的历史光辉中国古代德治思想和实践［M］. 长沙：岳麓书社.

刘亮红，2015.唐中期官德思想研究［M］.湘潭：湘潭大学出版社.
刘社建，2018.古代监察史［M］.北京：东方出版中心.
刘文典，2017.淮南鸿烈集解［M］.冯逸，乔华，点校.北京：中华书局.
刘昫，等，1975.旧唐书［M］.北京：中华书局.
龙文懋，崔永东，2001.传统文化的沉思中国传统政治法律文化研究［M］.呼和浩特：内蒙古人民出版社.
马新，校潇，2016.论语品读［M］.济南：山东大学出版社.
毛国权，2007.宗法结构与中国古代民事争议解决机制［M］.北京：法律出版社.
欧阳修，宋祁，1975.新唐书［M］.北京：中华书局.
彭定光，2015.中华民族道德生活史：明清卷［M］.北京：东方出版中心.
皮伟兵，2007."和为贵"的政治伦理追求"和"视域中的先秦儒家政治伦理思想研究［M］.北京：生活·读书·新知三联书店.
齐涛，2008.中国清官的归宿大结局［M］.济南：齐鲁书社.
齐涛，2012.中国传统政治检讨［M］.海口：南海出版公司.
任福全，吴德义，左守秋，2012.中国德治思想和政治实践［M］.北京：中央编译出版社.
商爱玲，2019.设官为民和君臣道合［M］.北京：商务印书馆.
水野清一，2019.中国文化的开端［M］.杨晓钟，吴震，译.成都：四川人民出版社.
司马光，1956.资治通鉴［M］.北京：中华书局.
司马迁，1959.史记［M］.北京：中华书局.
孙星衍，2004.尚书今古文注疏［M］.陈抗，盛冬铃，点校.北京：中华书局.

唐镜，2007.德治中国：中国古代德治思想论纲［M］. 北京：中国文史出版社.

王鹏宏，2019.浅谈儒法之争及其对中国现代社会的影响［J］.法制与社会（5）.

王先谦，1988.荀子集解［M］. 沈啸辰，王星贤，点校.北京：中华书局.

王先慎，1998.韩非子集解［M］. 钟哲，点校.北京：中华书局.

王泽应，2014.中华民族道德生活史：先秦卷［M］. 北京：东方出版中心.

王泽应，2015.中华民族道德生活史：宋元卷［M］. 北京：东方出版中心.

吴凡明，2008.从人伦秩序到法律秩序——孝道与汉代法制研究［M］. 长春：吉林大学出版社.

熊伟，2011.秦汉监察制度史研究［M］. 天津：天津人民出版社.

徐朝旭，2003.德治论［M］. 厦门：厦门大学出版社.

许健，2006.汉代礼法结合综治模式的确立及其影响［D］.北京：中国政法大学.

许维通，2009.吕氏春秋集释［M］. 梁运华，整理.北京：中华书局.

杨伯峻，1979.列子集释［M］. 中华书局.

杨伯峻，2009a.论语译注［M］. 北京：中华书局.

杨伯峻，2009b.春秋左传注［M］. 北京：中华书局.

杨建祥，2004.中国古代官德研究［M］. 上海：上海古籍出版社.

杨麻，2004.德治的力量［M］. 北京：中国广播电视出版社.

杨一凡，1987.儒家伦理道德对封建司法的影响［J］.学习与探索（1）.

杨知勇，2000.家族主义与中国文化［M］. 昆明：云南大学出版社.

杨洲，周秀菊，胡利敏，等，2017.中国文化与中国精神［M］. 北京：光明日报出版社.

余才林，2019.韩延寿为颍川太守考论：兼论汉初法治德治并行的治理模式［J］.文史哲（2）.

张怀承，2015.中华民族道德生活史：隋唐卷［M］. 北京：东方出版中心.

张怀承，邓名瑛，2013.中国传统道德文化的现代转型与创新研究［M］. 长沙：湖南师范大学出版社.

张惠芬，2009.中国古代教化史［M］. 太原：山西教育出版社.

赵复强，杨金元，2016.古代判案评析［M］. 北京：中国政法大学出版社.

赵雅丽，2012.史说官德［M］. 北京：北京出版社.

后记

本书是泰山出版社《中国传统政治文化》丛书中的一本。幸蒙山东大学马新先生和山东政法学院蒋海生教授推荐，并得齐涛先生和出版社的信任，我承担了丛书中《中国传统德治文化》一书的撰写工作。

作为一个历史文化大国，中国有着丰硕的德治思想遗产，也有躬行德治的政治传统。撰稿之初我常常思考，应该以一种什么样的态度对待德治的历史传统。我认为“古为今用”是赋予历史传统生命力的最好方式。国家治理从古至今都是一个复杂而艰巨的课题。随着改革开放的逐步深入，我们国家更加需要法治，同时德治的重要性亦更加突出。法律使人不敢犯禁，而道德能使人不能犯禁，德治的优势是经过了历史检验的。

历朝历代治乱兴替，执政者们统御四方，文人入相，武人出将，其间最惊心动魄的是皇权争夺、党同伐异的角斗术，而宫闱秽事似乎更惹人注目，让人几乎忘记了德治文化才是中国传统政治文化底色上的经纬纹理。翻开中国古籍，经史子集四部，关于以德治国的论述和实践可谓汗牛充栋。一部中国史，也可以说是一部中国人的道德史。本书尽力从浩如烟海的史册中钩沉，并参考借鉴前贤和今人的研究成果，将传统德治文化中对今世有镜鉴价值的部分梳理出来，敬现给读者。

本书的撰写，要感谢的人很多。感谢山东大学齐涛教授为本书的选题立意和框架设计付出了大量心力。出版社编辑们也提出了很多有启发意义的建议，为本书拓宽了广度，凸显了立意，在此致以真诚谢意。感谢泰山出版社以及为此书付出的所有人。

经过一年多的思考和撰稿，这本书终于要面世了，激动感恩之情溢于言表。回首撰稿之初，方寸之间大有闳中肆外的豪情，但在写作的过程中，读史涉足愈深，愈发觉得德治文化研究是一个很博大的课题，在这里我承认自己学识有限，定稿之时仍旧觉得很多话没有说尽说透，实为憾事。因此我虽竭尽全力，也自知书中肯定有许多不如意处或舛误处，愿祈明达，有以教我。

马德青

2022年5月11日